정세현
정청래와 ——————— 함께 **평양
갑시다**

정세현
정청래와

함께

평양
갑시다

여행자를 위한 재미와　　　사업가를 위한 정보와　　　평화시대의 비전을 담은
　　　　　　　　　　　　　　　　　　　　　　　　　　　　　　첫 번째 종합안내서

정세현 · 황재옥 · 정청래 지음

평양 '국빈 코스'로 안내합니다

미리 가보자, 시베리아 횡단열차 타고 베를린으로　　　　　　평양에 치맥 붐을 일으킨
서울 치킨집　　　　　　　　북한 곳곳에 진출한 천 개의 우리 기업
　평양 사람들이 사는 법　　　　　　인구 7천5백만의 힘
　　　　　　통일 이후 GDP 성장률 유럽 1위된 독일　　　　　　　이념 차이
생각보다 빨리 없어진다　　　미국은 왜 북한 핵 완성을 방치했나　　　통일되면 나에게
어떤 이익이 올까　　　　금방 통일이 된다는 거짓말　　　　　경제공동체부터 만들자

푸른숲

일러두기

1. 이 책은 총 4부로 구성되어 있다. 1~3부에서 '평양 1박 2일' '평양에 치맥 붐을 일으킨 평양 락원식당' '평양 사람들이 사는 법' '만나면 길이 보인다'는 정청래가 인터뷰한 내용을 정리했다. '시베리아 횡단열차 타고 유럽까지'는 정청래가, '남북 경제협력을 이끈 1천 개의 기업'은 정숙경이 썼다. 4부는 정세현과 황재옥이 썼다. 각 부의 내용을 소개하는 글은 정청래가 썼다.

2. 인명과 지명을 비롯한 외국어 표기는 국립국어원 외래어표기법을 따랐으나, 이 책에 등장하는 북한 인명, 지명, 기관명, 상호명 등은 현지 규정에 따라 표기했다.

3. 북한 사람이 한 말을 그대로 실은 경우 현장감을 전하기 위해 되도록 입말을 살려 적었다.

4. 정식 국호인 대한민국과 조선민주주의인민공화국 대신 한반도의 남쪽과 북쪽을 뜻하는 '남한'과 '북한'으로 각각 표기했다. 단, '남쪽', '북쪽', '남측', '북측'이라는 표현도 부분적으로 쓰였다.

5. 단행본은 《 》로, 신문, 잡지, 정부발표문건, 법안, 정책, 영화, 노래, 드라마 등은 〈 〉로 표기했다.

차례

1부 가보자

4부   알아보자

한반도 문제 전문가 · 전 통일부 장관 정세현
외교안보전문가 · 민족화해협력범국민협의회 정책위원장 황재옥

7장   인구 7천500만의 힘

8장   통일을 밀어내는 원심력

1부

가보자

평양, '국빈 코스'로 안내합니다

남북 정상의 만남과 북미 정상회담이 이루어지면서 곧 평양에 가볼 수 있겠다는 기대감이 생겼다. 2001년 나는 6.15공동선언 1주년 기념으로 3박 4일간 평양을 방문했다. 당시 고려호텔에 짐을 풀었는데 그때는 호텔 밖을 나가 한 발짝도 자유롭게 돌아다닐 수 없었다. 그런데 2018년 10.4선언 11주년 기념으로 평양에 다녀온 사람들의 얘기를 들어보니 통제 없이 고려호텔 앞을 구경하고, 대동강변까지 산책했다고 한다.

더 놀라운 일도 있었다. 평양에 도착한 날, 방북단 중 한 사람인 김현 전 국회의원에게 '어머님이 돌아가셨다'는 소식이 전해졌다. 급하게 남쪽으로 내려와야 했는데 처음에 북한은 비행기를 타고 베이징을 거쳐 서울로 돌아가라고 했다. 하지만 김영철 통일전선부장의 핵심비서 맹경일의 배려로 그는 폭스바겐을 타고 평양에서 개성공단까지 단 두 시간 만에 내려왔다고 한다. 고속도로를 타고 개성까지 내려가는 동안 남한 사람에게 보이고 싶지 않은 부분도 있었을 텐데 과감하게 배려한 것이다. 이처럼 북한도 기존 방식에서 벗어나 어떻게 하면 남북이 사이좋게 지낼 수 있을지를 생각한다.

문재인 대통령을 비롯한 방북단을 취재한 기록들과 TV프로그램을 통해 본 평양은 내가 17년 전에 가서 본 모습과는 많이 달랐다. 우선 거리가 깨끗해지고 고층건물이 많이 들어섰으며 사람들 표정도 한층 더 밝아 보였다. 한마디로 화려하고 활기차 보였다.

다시 한번 가보고 싶다는 생각이 들었다. 2019년 여름쯤이면 평양에 가볼 수 있을까? '정청래와 함께 떠나는 평양 여행단'을 모집해야겠다. 그러려면 먼저 코스를 짜야겠지.

평양 관광코스를 짜기 위해 나는 최근 탈북한 새터민 K 씨를 만나 인터뷰를 했다. 그의 이름, 나이, 성별, 직업을 밝힐 수는 없다. 아직 남북이 아무 거리낌 없이 교류할 수 있는 관계가 아니기 때문이다. 분명한 것은 그가 평양에서 나고 자라 누구보다 평양을 생생하게 알고 있다는 사실이다. K 씨가 들려준 평양 이야기를 들으면 평양은 겉모습만 달라진 건 아닌 듯하다. 더 큰 변화는 북한 사람들의 마음에 찾아온 것 같다.

2018년 3차 남북정상회담에서 문재인 대통령과 김정은 위원장이 카퍼레이드를 하다가 내려 손을 흔든 곳은 3대혁명전시관 앞이다. 북한이 자력으로 개발한 신상품을 전시하는 장소로 서울로 치자면 코엑스 같은 곳이다. 그리고 두 정상을 태운 차가 려명거리를 지날 때 뒤로 보이는 고층아파트에 놀랐을지도 모른다. 왜 북한은 카퍼레이드 경로로 3대혁명전시관과 려명거리를 택했을까? 전 세계에 북한의 발전상을 알리고 싶었던 것은 아닐까?

K 씨와 떠나는 평양 여행은 두 정상이 차에서 내린 3대혁명전시관부터 시작한다. 평양에는 먹을 것, 볼 것, 즐길 것이 다양하지만 대다수가 평양이 처음인지라 평양의 역사를 느끼면서도 신나고 특별한 경험을 할 수 있도록 그는 '국빈 코스'로 안내해주었다. 평양에 한번 가보고 싶은 많은 사람의 소망을 열망으로 바꿀 좋은 평양 안내서가 될 것이다.

정청래와 미리 가보자, 기차 타고 베를린으로

평양보다 나를 더 설레게 했던 것은 솔직히 시베리아 횡단열차였다. 하늘길이 아니라 땅 길로 국경을 넘고 또 다른 국경을 넘으며 지루할 만큼 오래 걸리는 여행을 해보고 싶었다.

한반도는 삼면이 바다로 둘러싸여 있다. 당연히 섬나라가 아니라 대륙의 일부다. 우리에게는 부산에서 출발해 시베리아를 경유한 뒤 모스크바, 유럽까지 갈 수 있던 한반도 종단철도가 있었다. 그 대

류철도가 끊어진 것이 6.25전쟁 중인 1951년 6월 12일이다. 그날 부산역에서 기적 소리를 울리며 시베리아로 출발한 열차는 아직도 돌아오지 못하고 있다.

1994년 7월 8일 김일성 주석이 사망했다. 그는 북한이 존재하는 한 지켜야 할 몇 가지를 유언으로 남겼는데 처음 두 가지는 이것이다.

'첫째, 한반도를 비핵화하라. 둘째, 남북철도를 연결하라.'

2005년 6월 노무현 대통령 특사 자격으로 북한을 방문한 정동영 통일부 장관에게 김정일 국방위원장이 말했다.

"남조선 기차가 혁명의 수도 평양을 지나가려면 응당한 대가를 지불해야 합네다."

북미수교와 평화협정 체결이라는 '응당한 대가'만 충족하면 선친인 김일성 주석이 유언했듯 남북철도를 연결하겠다는 의지의 표현이다.

남북관계, 북미관계가 잘 풀려 한반도에 평화의 봄이 찾아온다면 우리 국민은 가장 먼저 무엇을 하고 싶을까? 부산이나 목포에서 기차를 타고 평양과 원산을 거쳐 시베리아 횡단열차에 오른 다음 베를린, 파리, 런던까지 가는 게 아닐까? 실제로 기차를 타고 자유롭게 국경과 대륙을 넘나들면서 섬나라 아닌 섬나라에 갇힌 답답함을 푸는 것이 소망인 사람이 아주 많다.

2018년 9월 1일 나는 지난세월에 대한 복잡한 심정과 미래를 향한 꿈을 품고 시베리아 횡단열차를 탔다. '정청래와 함께 가는 시베리아 횡단열차 여행'에 동참한 분들과 떠난 길이었다. 기차로 국경을 넘어 통일을 이룬 독일의 수도 베를린까지 갔다. 여행을 마쳐서 뿌듯했고 우리 땅에서 출발할 수 없어서 아쉬웠고 꿈을 꿀 수 있어서 설레었다.

다음에는 기차를 타고 평양을 통과해 유럽으로 향하는 시베리아 횡단열차 여행을 하고 싶다. K 씨에게 평양 시내를 안내받으며 더욱더 그런 생각이 강해졌다. 남북관계와 북미관계가 좋아지고 한반도에 평화가 정착되어 자유롭게 평양에 갈 날을 소망한다.

시베리아 횡단열차 여행은 정청래가 안내한다. 여러분, 기차 타고 평양 갑시다!

평양 지도

서성구역

3대혁명전시관

4.25
문화회관

려명거리

김일성
종합대학교

증조우의탑

개선천년공원

모란봉구역

만경대구역

개선문

김일성
경기장

모란봉

능라도

을밀대

광복지구상업중심

류경호텔

북새거리

모란봉극장

천리마동상

해방탑

보통강구역

동평양대극

당창

만수대의사당

옥류관

청류관

평양제1백화점

김일성광장

인민대학습당

주체사상탑

중구역

창광거리

고려호텔

영광역

평천구역

평양역

김책공업
종합대학교

양각도호텔

두루섬

쑥섬

양각도

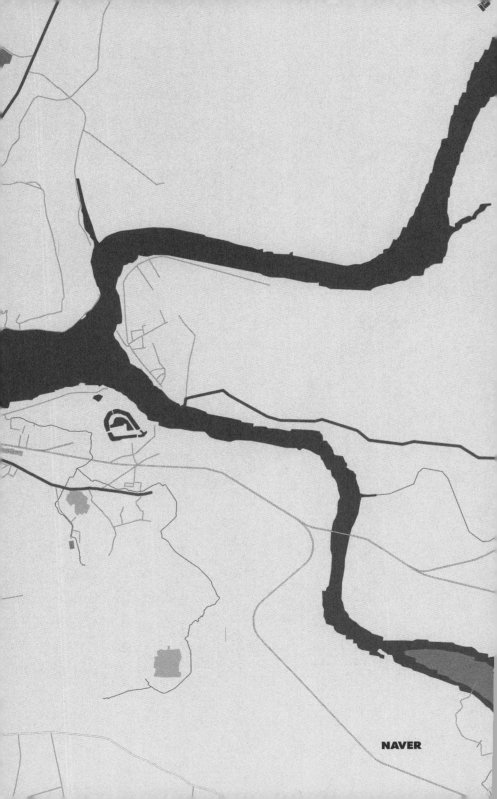

NAVER

최근 탈북한 새터민 K

첫 평양

평양은 6.25전쟁 때 폭격으로 거의 다 파괴되었다가 재건한 도시다. 통계자료에 따르면 6.25전쟁 때 평양에만 약 52만 발의 포탄이 떨어졌다고 한다. 그 무렵 평양 인구가 50만 명이었으니 한 사람당 포탄 하나가 떨어진 셈이다. 평양 시내 건물이 딱 두 채만 남고 다 무너질 정도로 참혹했다.

현재 제1백화점 자리에 백화점이 하나 있었는데 당시에 건물 뼈대만 남았었다고 한다. 평양은 전쟁의 상처를 보듬고 무너진 기반을 다시 일으키기 위해 국가에서 계획적으로 설계한 도시인만큼 전쟁을 기리기 위한 기념비, 사상과 체제를 강조한 상징물과 건축

물들을 곳곳에서 만날 수 있다.

문재인 대통령이 5.1경기장 연설에서 "우리는 5천 년을 함께 살고 70년을 헤어져 살았다"고 했는데 평양에는 남과 북의 역사가 하나라는 것을 실감할 만한 장소들이 있다. 평양 시내에서 차로 1시간 정도 가면 매년 개천절 행사가 열리는 단군릉이 있고, 평양 시민이 즐겨 찾는 휴양지 대성산에는 수나라, 당나라와 대항했던 고구려의 흔적이 남아 있다.

전 세계 많은 도시가 그렇듯 평양에서만 경험할 수 있는 먹거리와 즐길 거리, 볼거리가 있다. 대동강 맥주와 옥류관 냉면뿐 아니라 북새거리, 창광 음식점거리에 가면 다양한 먹거리를 즐길 수 있다. 날씨가 좋으면 대동강변을 걷거나 능라도 유원지로 소풍을 가도 좋다.

앞으로 평양에 갈 기회가 생긴다면 평양의 상징적인 장소, 역사적인 장소, 먹거리와 즐길 거리 등 도시의 여러 모습을 두루 경험하기 바란다.

평양의 자랑거리, 3대혁명전시관부터 려명거리까지

먼저 방문할 곳은 평양순안국제공항에서 평양시로 들어가는 입구에 자리한 3대혁명전시관이다. 이곳에서는 매년 봄, 가을마다 국제상품전람회를 열고 상설로 국내 신상품 전시회도 연다. 1980년대에 생긴 3대혁명전시관은 1974~1975년 김정일 위원장이 3대혁명노선(사상, 기술, 문화)을 제시한 뒤 북한이 자력으로 개발하고 생산한 기술적 성과물을 전시하는 곳이다. 예를 들면 건설에 필요한 기계·설비·기관차·화물차 같은 운수기재를 비롯해 트랙토르(트랙터) 같은 농기계와 과학기술 연구 성과물 등이다. 전시관은 중공업관, 경공업관, 농업관, 과학기술전시관 등 부문별로 나뉘어져 있고 전시회를 보고 마당에서 음료나 간단한 먹거리를 사 먹을 수 있다.

이곳에서는 신상품을 가장 빨리, 싼 가격으로 살 수 있다. 직장인은 평일 근무시간에 다녀오기도 하는데, 이들은 보통 외국에서 들여온 신상품을 벤치마킹하거나 다른 기업의 기술을 배우기 위해 찾아간다. 목적이 그렇기 때문에 직장에서 시간을 내 보내주기도 하고 차로 실어다주기도 한다. 이곳은 평양 외곽에 위치해 있지만 무궤도전차(전기버스)와 지하철이 다녀서 찾아가기가 편리하다. 그래서 평일에 가도 사람이 바글바글하다.

3대혁명전시관에서 나와 차를 타고 남쪽으로 5분 정도 내려오면 오른편에 4.25문화회관이 있다. 4.25문화회관은 북한의 주요 공식 행사장으로 이곳에서는 국가가 주관하는 기념식, 예술 공연, 군사 관련 행사가 열린다. 이곳에는 5천 석이 넘는 큰 공연장, 500석 이상의 회의장, 300석과 100석 정도의 소회의장이 있다. 외국에서 국빈이 오면 주로 4.25문화회관 광장에서 환영 행사를 하는데, 2007년 남북정상회담 때 노무현 대통령 공식 환영식도 4.25문화회관 광장에서 열렸다. 1932년 4월 25일은 김일성 주석이 항일유격대를 창건했다는 날이다. 북한은 원래 2월 8일을 건군절로 했다가 4월 25일이 유격대 창건일이라고 해서 이날을 기념하기 시작했다.

4.25문화회관에서 동쪽으로 15분 정도 걸으면 원통식 고층아파트가 들어선 주상복합단지 려명거리가 펼쳐진다. 려명거리는 대북제제가 가장 심하던 2016년 착공해 2017년 완공했는데, 대학교수, 당에 공로가 있는 사람, 아파트 부지에서 살다가 철거당한 주민에게 집을 우선 제공했다. 아파트 1층에는 주민을 위한 편의시설이 있는데, 이발소, 목욕탕, 수리소(철물점), 양복점도 있고 식당도 꽤 많다. 최근 북한에서는 밥도 먹고 노래도 부를 수 있는 식당이 유행이다. 두세 명이 들어가 노래할 수 있는 방칸과 여러 명이 들어가는 대중칸이 있는데 젊은 남녀의 데이트 장소이자 직장인의 회식 장소로 인기가 많다.

려명거리 끝자락에는 북한의 최고 명문 김일성종합대학교가 있다. 김일성종합대학교에 응시하려면 전국 도 단위에서 1, 2등을 해야 한다. 그만큼 경쟁력이 높은 대학교다. 북한에서는 김일성종합대학교 다음으로 김책공업종합대학교를 알아주는데, 김책은 김일성 주석의 혁명동지로 6.25전쟁 때 사망했다. 산업국장을 맡아 김일성을 도운 김책은 경제와 군대를 모두 살릴 정도로 지도력·영향력·실력을 갖춘 인물이었다. 그 밖에 행정간부를 양성하는 인민경제대학, 당간부를 양성하는 김일성고급당학교, 외교관을 양성하는 평양외국어대학교가 있다.

대성구역, 고구려 역사 속으로

김일성종합대학교 정문을 지나면 금수산태양궁전으로 가는 도로가 나온다. 금수산태양궁전의 본래 이름은 금수산의사당이었다. 이곳은 김일성 주석이 생전에 집무실로 쓰던 곳으로 그가 사망하고 1주기 되던 해에 금수산태양궁전으로 이름을 바꿨다. 바로 여기에 김일성과 김정일의 시신이 안치되어 있고 그들이 다른 나라 지도자에게 받은 훈장과 선물을 전시해두었다. 금수산태양궁전에서 올려다보면 5킬로미터 떨어진 곳에 있는 주작봉 언덕이 보인다. 생전에 자신의 집무실에서 혁명열사릉을 보고 싶어 한 김일성 주석은 대성산 주작봉 언덕으로 혁명열사릉을 옮겼다. 흥미롭게도 혁명열사릉이 있는 대성산에는 고구려 유적지가 모여 있다.

대성구역에는 대성산성과 고구려 장수왕이 세웠다는 북한 국보2호 안학궁터가 있다. 대성산 남문 근처에 있는 미천호와 동천호는 고구려가 당나라, 수나라와 싸울 때 만든 인공호수 아흔아홉 개 가운데 지금까지 남아 있는 것이다. 평양 시민들은 이 호수에서 여름에는 뱃놀이와 낚시를, 겨울에는 스케이트를 즐긴다. 안학궁터 주변에는 고구려 광개토대왕 때 지은 광법사라는 유명한 절이 있는데 6.25전쟁 때 대부분 불타 없어진 것을 1990년 복원했다.

대성구역은 평양의 대표적인 유원지이기도 하다. 특히 주말에는 중앙동물원, 유희장, 중앙식물원에 가족끼리 소풍을 나온 사람들로 가득하다. 중앙동물원에는 호랑이, 기린, 하마, 악어 같이 더운 지방에 사는 동물이 있고 말을 타는 곳도 있다. 중앙식물원은 명절에 가면 자리가 없을 정도로 사람이 많다. 가족끼리 돗자리 펴놓고 술을 한 잔 마시다가 취기가 오르면 합석도 하고 음악을 틀어놓고 춤을 추거나 악기를 연주하는 사람도 있다. 재미있는 곳이다.

식물원에는 여러 희귀식물과 북한에서 자랑하는 김일성화, 김정일화가 있다. 1965년 김일성 주석이 인도네시아를 방문했는데 그때 수카르노 대통령이 새로 개발한 꽃에 김일성 주석의 이름을 달아주었다. 당시에는 미국과 북한이 대결하는 구도였고 아시아에서는 김일성 주석의 인기가 꽤 높았다. 김정일화는 일본의 화초전문가가 개발한 꽃에 김정일 국방위원장의 이름을 붙인 것이다.

대성구역에는 식당도 많은데 그 가운데 평양식 오리불고기를 맛볼 수 있는 곳도 있다. 평양에서는 삼겹살보다 오리불고기를 더 많이 먹는다. 양각도 옆 두루섬에 큰 오리목장이 있으며 이곳에서 기르는 오리가 상당히 맛있다. 언젠가 오리가 제때 공급되지 않아 중국에서 수입했는데 퍽퍽하고 맛이 없어서 평양 오리와 확실히 비교되기도 했다. 평양식 오리불고기는 양념하지 않고 숯불에 구워 소스에 찍어먹는데 식당마다 만드는 간장소스가 그 맛을 좌우한다.

개선문부터 북새거리까지, 평양의 랜드마크와 번화가

평양 중심가로 눈을 돌려 려명거리를 시작점으로 남쪽으로 내려가면 중조우의탑이 보인다. 중조우의탑은 6.25전쟁 때 참전한 중국인민군을 기리기 위해 만든 탑으로 중국에서 대표단이나 특사가 오면 가장 먼저 가서 헌화하는 곳이다. 좀 더 내려와 TV송전탑을 지나면 평양 시내로 들어오는 입구 개선문이 나온다. 김일성 주석의 평양 입성을 기념해 당시 연설한 개선 광장에 만든 이 문은 높이가 60미터로 파리에 있는 개선문보다 10미터 더 높다. 그 옆에 김일성경기장이 있고 그 뒤에는 최근에 생긴 개선청년공원이 있다. 이 공원에는 남한의 놀이공원에서 볼 수 있는 바이킹, 자이로드롭 같은 놀이기구가 있는데 젊은 사람들이 정말 좋아한다. 특히 야간 개장 시간에는 데이트하러 온 사람들로 북적거린다.

개선문을 지나면 평양에서 가장 붐비는 모란봉구역이 나온다. 1948년 4월 19일 김구 선생과 김일성 주석이 참석한 남북연석회의 장소인 모란봉극장은 8월 15일 광복 이후 국회의사당처럼 쓰다가 6.25전쟁 때 폭격을 맞았다. 모란봉극장이 지하건축물이라 전쟁 때 이곳에서 회의를 많이 했다고 전해진다. 지금의 모란봉극장은 1956년 다시 지은 것으로 이곳에서는 큰 공연을 많이 한다. 천리마동상도 그 근처에 있다.

개선문에서 북새거리까지는 걸어서 10분 정도 걸리는데 차를 타지 않고 걸어 다니며 구경하기 좋다. 개선문 근처에 있는 개선영화관은 북한에서 최초로 3D 상영관을 도입한 곳이다. 개선영화관에서 조금 걸어 내려오면 서평양백화점이 있고 백화점을 지나면 기념품 상점이 모여 있다. 이곳에서는 엽서와 배지를 비롯해 돌 조각품, 도자기 같은 공예품, 말린 나물, 약초류, 개성인삼 등의 특산품을 구매할 수 있다.

북새거리는 평양에서 가장 먼저 변화한 곳이다. 지하철역과 가깝고 택시도 많이 다녀서 접근성이 편리하다. 비록 화려한 건물은 없지만 맛집이 즐비하고 사람이 많이 다녀서 구경하는 재미가 있다. 북새거리 옆 안상택거리는 안상택이라는 재일교포가 투자해 아파트를 지은 뒤 귀국한 재일교포들이 들어와 살던 곳인데 덕분에 북새거리에 상업이 발달했다. 북한에서 해외동포를 접대하는 해외동포영접부도 북새거리에 있다.

평양 시민은 같은 음식도 북새거리 음식이 더 맛있다고 할 정도로 북새거리를 좋아한다. 맥줏집과 식당이 많은 이곳에는 서민이 갈 수 있는 식당과 국정가격(국가가 정한 가격)으로 먹을 수 있는 식당이 있다.

북한에는 외화식당과 내화식당이 있는데 외화식당은 달러, 엔, 유로, 위안 같은 외국 화폐로 음식 값을 내는 식당이고 내화식당은 북한 화폐를 사용하는 식당이다. 음식 값을 내는 방식에 따라 합의제 식당과 국정식당으로 나뉜다. 합의제 식당은 시장에서 구입한 식재료로 음식을 만들어 국가로부터 가격 승인을 받아 판매한다. 국정식당은 국정가격으로 음식을 먹는 곳이다. 음식 재료도 국가가 승인한 가격으로 좀 싸게 구입할 수 있다. 그러다 보니 아무래도 국정식당은 음식의 질이 떨어진다. 북한에서는 외화식당을 가장 고급 식당으로 친다.

북새거리에는 만두, 고기볶음, 계란말이, 김밥 등 길거리 음식도 많다. 평양 최초 닭튀기('치킨'의 북한말)집인 락원식당은 외국인과 젊은 사람들이 좋아하는데 그러자 평양 시내 곳곳에 비슷하게 흉내를 낸 닭튀기집이 생겼다. 북새거리에는 단고기(개고기)집도 유명하다. 평양 곳곳에 단고기집들이 있는데, 통일거리 단고기집과 안산관 단고기집이 맛있다고들 한다.

평양에서 랜드마크로 꼽는 동상과 건물에는 전쟁 이후 평양을 복구한 역사가 담겨 있다. 모란봉 근처에서 대표적으로 볼 만한 것은 천리마동상이다. 천리마동상은 전쟁 이후 북한이 한창 복구를 진행하던 1960년대 초에 건립했다. 북한이 빨리 경제부국으로 들어서야 하고 다른 나라보다 100년 뒤처졌으니 한 번에 천 리를 가는 말을 타야 한다는 의미를 형상화한 것이다.

모란봉 근처에는 청년야외극장과 해방탑이 있는데 해방탑은 소련군이 1945년 평양으로 진격해 일제로부터 해방시킨 것을 기념해 1947년에 세운 탑이다. 그 맞은편인 만수대언덕에 김일성 동상과 김정일 동상이 나란히 서 있다.

이렇게 오전 내내 평양 시내를 돌아본 뒤 점심을 먹으러 모란봉 기슭의 대동강변에 있는 옥류관을 찾아가는 것도 좋다. 옥류관에는 냉면과 쟁반국수가 있다. 여담이지만 평양에서는 냉면 외에 옥수수를 면으로 뽑아 만든 강냉이 온면과 농마(감자녹말) 국수도 인기가 많다. 북한에서는 식량이 부족할 때 옥수수를 많이 먹다 보니 옥수수로 만든 국수가 발달했다.

대동강변의 낮은 산 모란봉은 명절은 물론 평일에도 굉장히 붐빈다. 평양에는 노인 조직이 많은데 주로 여성들의 조직이다. 그들은 매일 점심에 도시락을 싸와 모란봉이나 대동강변에 모여 춤추며 논다. 모란봉은 정월대보름이나 추석에 대동강 위로 뜬 달을 보며 소원을 비는 사람으로 발 디딜 틈 없이 복잡한 탓에 최근 입산료를 받는다. 모란봉 근처에는 을밀대, 애련정 같은 역사 유적지가 모여 있으며 애련정은 최근 노인들의 연애 장소로 부상했다.

정치 중심지 종로부터 대동강변까지

이제 모란봉에서 남쪽으로 내려오면 중구역이 나온다. 중구역 중에서도 종로동은 평양의 중심지이자 상징성을 띠는 곳이다. 평양에서 가장 오래된 평양 제1백화점이 있는 이곳은 인민대학습당을 비롯해 국가의 여러 중앙기관이 모여 있는 그야말로 평양의 중심지다. 특히 여기에 김일성광장이 있고 주석단 바로 아래에 나라의 중심을 표시하는 도로원표가 있다. 서울의 중심이 종로인 것과 마찬가지로 평양의 중심도 종로동에 있다.

남한의 국회의사당에 해당하는 만수대의사당은 중앙인민위원회, 상임위원회 회의가 열리는 곳으로 2000년에 김대중 대통령과 김정일 위원장이 회담한 장소이기도 했다. 만수대의사당 동쪽에는 2012년에 새로 지은 인민극장이 있다. 인민극장 옆 창전거리는

2~3년 전에 새로 만든 거리로 양옆에 고층아파트가 들어서 있고 아파트 1층에는 식당과 찻집이 가득하다.

창전거리를 따라 내려오면 인민대학습당이 보인다. 파란 기와 지붕 아래 김일성, 김정일 초상화가 붙어 있는 이곳은 나라에서 운영하는 중앙도서관이다. 북쪽에는 지역별로 도서관이 많은데 살 수 있는 책이 제한적이라 공부를 하거나 자료를 찾으러 중앙도서관에 많이 간다. 외국 서적을 많이 갖추고 있는 이곳에서는 외국어 교육 프로그램도 운영한다.

인민대학습당 앞이 바로 김일성광장이다. 북한에서는 국경일에 열병식을 하거나 무기 퍼레이드 같은 국가행사를 할 때 주로 행진 대열이 개선문에서 출발해 김일성광장까지 온다. TV에서 북한을 비출 때 가장 많이 나오는 곳이기도 하다. 김일성광장을 마주설 경우 오른쪽에는 외무성, 교육성, 농업성이 있고 그 반대쪽에는 무역성이 있다. 대학습당 뒤쪽으로는 조선로동당중앙위원회가 있으며 2018년 9월 18일 문재인 대통령과 김정은 위원장이 회담을 한 조선로동당사도 김일성광장 근처에 있다. 로동당사 위치는 지도에 따로 표시하지 않지만 평양 시민은 로동당사 위치를 다 알고 있다. 담장으로 둘러친 이곳은 일반인이 범접할 수 없으며 조선로동당사 안 3층 청사에 김정은 위원장의 집무실이 있다.

북한의 기관지 〈로동신문〉을 발간하는 곳도 중구역 안에 있다. 광장을 등지고 대동강을 바라보면 건너편에 주체사상탑이 보인다. 승강기를 타고 주체사상탑 꼭대기에 올라가면 평양 시내가 잘 보이는데 밤에는 운영하지 않는다.

김일성광장에서 차를 타고 5분 정도 내려가면 고려호텔이 나온다. 고려호텔 바로 뒤에 영광역이 있는데 평양 지하철을 보고 싶다면 평양에서 가장 큰 지하철역인 영광역을 가는 것이 좋다. 평양 지하철도는 전쟁이 일어날 경우를 대비해 만든 구조물이라 깊이가 아주 깊다. 평양 지하철역의 특징은 웅장함과 대리석 벽화에 있다.

평양 시민은 주로 버스, 전차, 지하철을 이용하며 개인 자동차를 소유한 사람은 드물다. 개인 자동차는 국제경기에서 우승한 사람, 운동선수, 예술인 같이 특별히 공을 세운 사람에게만 지급한다. 자동차는 개인이 사고팔지 못하는데 만약 이것을 허용한다면 아마 평양에서 자동차를 구입하는 사람이 꽤 있을 것이다. 최근 택시가 많이 생겼는데 요금이 비싸지 않아 사람들이 자주 이용한다. 택시 덕분에 도시 풍경도 좋아지고 교통 문제도 많이 풀렸다.

고려호텔이 있는 창광거리는 예전에 창광음식점거리로 불렸다. 건물 1층은 거의 다 음식점인데 집집마다 특색이 있어서 골라 먹는 재미가 있다. 탕집, 중국요릿집, 서양요릿집 등 다양한 음식을 맛보고 싶으면 창광거리를 가도 좋다. 길거리 음식점도 많다.

창광거리에서 배를 채우고 남쪽으로 내려오면 평양역이 나온다. 북한 철도의 중심지인 평양역에 단동, 베이징, 모스크바 등 다른 나라로 가는 기차를 탈 수 있는데 국제열차를 타려면 미리 예약하고 외화로 표를 사야 한다. 국제역치고 생각보다 조금 협소하지만 역 안에는 대기실, 매표소, 기념품 판매점, 매점 등 기본적인 시설이 갖춰져 있다.

평양역을 지나 대동강 쪽으로 가면 강변을 따라 미래과학자거리가 있다. 미래과학자거리에도 고층아파트가 질서정연하게 늘어서 있다. 평안남도 평성시에도 과학자거리가 있으나 평양의 미래과학자거리는 김일성종합대학교와 김책공업대학교의 교수, 박사, 교원처럼 평양에서 연구하는 과학자들이 사는 곳이다. 대동강변에는 산책하는 사람, 자전거를 타는 사람, 낚시하는 사람, 돗자리를 펴놓고 음식을 먹는 사람들로 늘 북적인다. 서울의 한강변과 비슷하다.

대동강구역 중심에는 평양 랜드마크 중 하나인 당창건기념탑이 있고 그 주변에 고려중앙병원, 평양산원, 장관급 이하 간부가 퇴직 후 가는 남산병원 같은 의료시설이 있다. 여성종합병원인 평양산원은 외국 손님이 많이 참관할 정도로 북한에서 최고 시설을 자랑한다. 평양에서 아이를 낳으면 거의 100퍼센트 평양산원에서 낳는다고 보면 된다. 그 정도로 규모가 크고 의료진이 많다. 평양산원과 마주한 옥류아동병원과 류경구강병원은 최근 생겼는데 이곳도 북한이 많이 자랑하는 의료시설이다. 옥류아동병원은 북한 최초이자 최대 아동전문병원으로 2018년 3차 남북정상회담 때 김정숙 여사가 방문해 남한에 소개되었다.

북한에서는 나라의 미래인 어린이와 청소년을 왕처럼 대한다고 해서 어린이와 청소년 교육기관에 '궁전'이라는 말을 붙인다. 평양 중구역의 학생소년궁전과 광복거리 만경대학생소년궁전이 대표적이다. 어머니가 두 팔을 벌려 아이들을 안는 모습으로 형상화해

지은 만경대학생소년궁전은 북한에서 자랑하는 시설로 남한이나 외국에서 온 손님이 많이 참관한다. 예체능 영재교육기관이자 아이들이 방과 후 취미 활동을 하는 곳이기도 하다. 한마디로 국가에서 운영하는 학원이라 할 수 있다. 참관을 끝내면 바둑, 발레, 수영, 자수, 가야금 등 각 소조활동을 하는 아이들이 공연을 보여주는데 꽤 볼 만하다.

평양에서 가장 성공한 수제맥주

평양에 가면 대동강맥주 외에도 여러 종류의 수제맥주를 맛볼 수 있다. 보통강변의 락원백화점은 수입한 원료를 숙성시켜 만든 흑맥주, 황맥주로 유명하고 고려호텔 1층 식당의 수제맥주가 유명하다. 북한 원료로 만든 맥주로 옥류맥주, 락원맥주 같이 조금 저렴한 것도 있다. 북한에서 가장 오래되고 유명한 맥주로는 평양맥주, 그다음으로 봉학맥주와 룡성맥주가 뒤를 잇는다. 대동강맥주가 나오기 전 가장 인기가 많던 맥주는 룡성맥주였다. 칼로리나 건강지표상으로도 최고라고 알려져 있지만 대동강맥주가 나오면서 많이 밀려나고 말았다. 대동강맥주는 국가가 공급하는 맥주공급소가 동마다 있다.

북한에서는 국가가 노동자들에게 맥주 전표를 나눠준다. 한 달에 열 장 정도 지급하는 맥주 전표는 보통 식구 수대로 나오며 그것을 다른 사람에게 주거나 팔 수도 있다. 북한에도 회식문화가 발달해 있는데 부서별로 많이 이뤄지며 회식비는 대부분 직급이 높은 사람이 낸다. 직장에서는 생일을 맞은 사람이 밥을 사기도 한다. 북한에서는 가족과 친지가 생일을 쇠어주고 직장에서는 생일인 사람이 밥을 사는 것이 보통이다.

평양 사동구역 송신동에 있는 대동강맥주 공장은 평양역에서 차를 타고 20분 정도 걸린다. 이곳에 가면 공장에서 바로 뽑은 맥주를 맛볼 수 있다. 평양 시내에는 동마다 맥주공급소가 있지만 공장에서 곧바로 맛보는 맥주는 그야말로 기막히게 맛있다. 이곳에서는 양고기를 얇게 저며 숯불에 구워주는 양불고기도 파는데 특유의 냄새 때문에 양고기를 꺼리는 사람도 거부감 없이 잘 먹을 정도로 맛이 좋다.

대동강에는 유람선과 배 식당이 있다. 유람선에 오르면 밥도 먹고 공연도 보는데 여름에는 주체사상탑을 가운데 놓고 양옆에 배를 하나씩 띄워 대동강 맥주축제를 연다. 그렇게 축제가 열리면 유람선과 대동강 부두 주변 길인 유보도는 굉장히 붐빈다.

예전에 맥주가 워낙 귀했던 터라 국가에서 맥주를 개발한 이후 공급소를 여러 곳에 두고 장려하고 있으나 소주는 북한 인민이 오래전부터 먹어온 것이라 따로 공급소를 두지 않는다. 소주는 보통 식당에서 판매하며 평양 시민은 평양소주와 솔잎소주를 즐겨 먹는다. 솔잎소주는 남한의 한 소주 브랜드의 병 모양과 로고 디자인을 모방한 것으로, 맛이 순해 인기가 많다.

놀 거리, 먹을거리가 가득한 능라도와 광복거리

능라도는 대동강 위에 떠 있는 긴 섬으로 서평양과 동평양을 이어준다. 능라도의 5.1경기장은 3차 남북정상회담 때 문재인 대통령이 연설한 곳으로 남한에서도 유명해졌다. 5.1경기장은 최대 15만 명이 들어갈 수 있는 북한 최대 종합체육경기장이다. 이곳은 매년 가을 〈아리랑〉 공연을 하는 곳으로도 유명하다. 임수경이 참가한 1989년 13차 세계청년학생축전도 이곳에서 열렸다. 원래 이름은 능라도경기장이었는데 노동절이자 경기장 준공일인 5월 1일을 따 5.1경기장으로 이름이 바뀌었다.

능라도에는 놀 거리가 아주 많다. 능라인민유원지 안에는 놀이기구, 수영장, 체육시설 등 가족 단위로 시간을 보낼 만한 시설이 갖춰져 있어서 휴일이나 명절에 사람들이 바글바글하다. 그중에서도 능라도 곱등어(돌고래)관은 서해에서 바닷물을 끌어와 만든 수족관으로 다양한 해양 동식물과 곱등어 쇼를 관람할 수 있다.

능라도에서 청류다리를 건너면 대동강구역이다. 이곳은 극장 같은 문화시설, 종합편의시설, 병원 등이 몰려 있다. 2018년 4월 남측예술단이 〈봄이 온다〉 공연을 한 곳이 대동강구역의 동평양대극장이다. 대동강구역 강변에는 마사지숍, 식당, 노래방, 사우나, 볼링장 등 종합문화후생시설이 있다. 최근 남한에 소개되어 많이 알려진 문수물놀이장도 대동강구역에 있다.

대형마트를 가보고 싶다면 2012년에 생긴 북한 최초의 대형마트 광복지구상업중심을 추천한다. 광복지구상업중심은 여러 시장의 들쭉날쭉한 가격을 조정하고 통제하는 역할을 한다. 이 마트가 성공적으로 운영되자 평양 시내에 비슷한 규모의 마트가 두 곳이 더 생겼다.

광복거리에는 수영, 태권도, 역기, 농구, 배구, 탁구, 축구 등 경기장이 모여 있어서 '체육촌'이라 불린다. 광복거리에 가면 평양에서 제일 큰 중국요릿집 향만루에 가보는 것이 좋다. 향만루에서는 된장과 감자가 들어간 평양식 자장면, 직접 빚은 만두와 찐빵을 맛볼 수 있다.

시간이 좀 더 있으면 보통강구역에 가보는 것도 괜찮다. 보통강을 따라 올라가면 105층 높이의 류경호텔과 평양교예극장, 정주영체육관이 나온다. 평양에서 가장 먼저 생긴 종합후생시설 창광원도 보통강구역에 있다. 미용실, 마사지숍, 수영장, 운동실을 갖춘 이곳은 목욕탕과 사우나도 있어서 평양 시민의 만족도가 높다. 수제 맥주도 다소 저렴하게 팔기 때문에 목욕하고 나서 한 잔 하는 맛이 쏠쏠하다. 보통강 근처에 있는 청류관도 유명한 음식점인데 어떤 사람은 옥류관 국수보다 청류관 국수를 더 좋아한다. 이곳은 냉면뿐 아니라 여러 음식을 파는 종합식당이다.

보통강을 따라 내려가면 과학기술전시관과 통일거리가 나온다. 이곳에는 평양에서 가장 큰 야외시장인 통일시장이 있다. 통일시장은 서울에 있는 시장처럼 가건물 위에 지붕을 씌웠다. 통일시장에서 물건을 팔려면 점포 승인을 받고 번아 자릿세를 내야 하며 통일복장이라는 유니폼도 입어야 한다. 이 시장은 평양에 있는 외교대표부 직원들이 많이 이용하는데 수산물, 야채, 과일, 의류, 안경, 시계 등 없는 게 없다.

평양의 밤

평양의 전기 사정이 예전보다 좋아져 밤늦게까지 반짝이는 곳이 많다. 그렇다 해도 서울과 비교하면 평양의 밤은 빨리 어두워지는 편이다. 서울에는 밤에도 낮처럼 환한 번화가가 많지만 평양은 밤 10시가 넘어가면 깜깜해진다. 평양 식당은 손님이 있을 때까지 영업하는 곳도 더러 있지만 보통 밤 10시에 문을 닫는다. 봄 모내기철, 가을 추수철에는 국가가 나서서 식당 문 닫는 시간을 밤 9시로 조정한다. 농번기는 농촌총동원기간이어서 공무원들이 농촌에 가서 일을 도와야 하기 때문이다.

평양 야경을 볼 계획이라면 고려호텔 45층 회전전망대 식당을 추천한다. 맥주 가격이 다른 식당의 두 배에 이르지만 360도 돌아가는 식탁에 앉아 편안하게 야경을 즐길 수 있다. 양각도호텔 꼭대기에도 전망대 식당이 있다. 양각도호텔 지하에 있는 카지노는 외국인 전용으로 최근 중국 사람들이 많이 온다. 양각도는 중구에서 양각다리로 연결된 작은 섬으로 국제영화관, 양각도 축구경기장이 있고 북한에서는 보기 드문 골프장도 있다.

여담으로 요즘 평양에서는 항공결혼이 인기다. 신혼부부가 경비행기를 타고 평양 시내를 45분이나 1시간 30분 정도 도는데, 경비행기는 항공구락부에서 운영한다. 평양에서는 결혼하는 날 신랑이 신부 집에 가서 신부와 함께 신랑 집까지 차를 타고 시내를 돌아다니다 중간에 내려 사진을 찍는다. 그러다보면 세 시간을 훌쩍 넘긴다. 비행기를 타면 발품을 덜 팔아도 되고, 하늘을 날며 평양 시내를 구경하니 아마 특별한 경험일 것이다. 항공관광은 어떨까? 언젠가 다시 평양에 간다면 비행기를 타고 평양 시내를 둘러보고 싶다.

2장

시베리아 횡단열차 타고 유럽까지

남북통일의 꿈을 안고
정치를 시작한 정청래

세계 최장 거리 시베리아 횡단철도

동서양을 연결하는 9천900킬로미터 기차레일이 100년 전 탄생했다. 사람의 손으로 지구둘레 4분의 1에 해당하는 역작을 25년에 걸쳐 만들어낸 것이다. 달에서 보이는 지구의 유일한 인공구조물이라는 중국의 만리장성보다 길다.

고대 이집트 제1피라미드는 쿠푸 왕이 통치했던 시기뿐 아니라 몇 대에 걸쳐 완공되었다고 한다. 사각형 밑변둘레 230.4미터, 당초의 높이 약 146.6미터(현재 높이 137.8미터) 규모의 건축물을 변변한 기계도 없던 BC 2천580년경 오로지 사람의 손으로 만들었다는 것을 확인할 때면 새삼 놀랍다. 자랑스럽고 유구한 역사를 확

세계 최장 거리 시베리아 횡단철도

1936년 손기정 선수는 서울역을 출발해 신의주를 거쳐 시베리아 횡단열차를 타고 베를린에 입성했다. 나는 손기정 루트를 따라 블라디보스토크에서 이르쿠츠크까지, 모스크바에서 베를린까지 기차를 타고 가보기로 했다.

인해주고 관광자원으로 경제적 풍요를 돕는 피라미드와 그리스 신전, 만리장성 그리고 시베리아 횡단철도에는 숱한 사람들의 수고와 정성이 깃들어 있다.

시베리아 횡단철도의 시작과 끝에는 제정러시아의 마지막 황제 니콜라이 2세(니콜라이 알렉산드로비치 로마노프)가 있었다. 1891년 5월 9일, 니콜라이 2세는 당시 황태자 신분으로 블라디보스토크에서 열린 시베리아 횡단철도 착공식에 참석했고 이듬해인 1892년 '시베리아철도건설위원회' 위원장에 취임했다. 25년 후인 1916년 10월 18일, 황제 니콜라이 2세는 시베리아 횡단철도 전 구간을 개통했다. 그러나 시베리아 횡단철도의 착공부터 완공까지 앞장서 진두지휘한 니콜라이 2세는 철도를 완전 개통하고 4개월 후인

1917년 러시아 2월 혁명으로 폐위되고 러시아제국은 멸망했다.

이후 니콜라이 2세는 마지막 은신처인 예카테린부르크 근교에서 1918년 7월 가족과 함께 처형당했다. 과연 그는 시베리아 횡단철도 전 구간을 타봤을까?

역사란 과거와 현재의 끊임없는 대화다

복잡하고 예민하고 미묘한 남북관계와 북미관계가 어찌어찌하여 잘 풀리면 니콜라이 2세가 깔아놓은 시베리아 횡단철도가 곧 연결될지도 모른다. 니콜라이 2세는 시베리아 횡단철도가 평화의 상징으로 자리매김하리라는 사실은 몰랐을 것이다.

1936년 베를린올림픽 마라톤에서 금메달을 목에 건 손기정 선수는 바닷길로 베를린에 가지 않았다. 그는 6월 4일 서울역을 출발해 신의주 – 단동 – 심양 – 하얼빈을 거쳐 러시아 치타에서 시베리아 횡단열차로 갈아타고 13일 후인 17일 베를린에 입성했다. 일제강점기라 금메달을 목에 걸었어도 태극기를 휘날리지 못하고 애국가도 울려 퍼지지 않았지만 그는 여전히 우리의 영웅이다.

나라를 잃은 백성으로서 온갖 설움을 받으며 시베리아 횡단철도에서 눈물을 흩뿌린 사람이 손기정 선수만은 아니었을 터다. 1937년 소련 스탈린 정권의 강압으로 이주한 사람들 중에는 조선 백성도 많았다. 연해주에 살던 고려인 17만 명(추정)도 시베리아 횡단열차에 몸을 싣고 중앙아시아로 이주당했다. 시베리아 횡단열차 화물칸에 짐짝처럼 실린 이들 중 2만 명(추정) 정도가 이동하다가 목숨을 잃었다. 1917년 러시아 볼셰비키 혁명 이후 소련 국제공산당을 등에 업고 독립운동에 몸을 던진 당시 이르쿠츠크파(고려공산당) 조선인 공산당원도 이 열차를 탔다.

동아시아 제패라는 제정러시아의 꿈과 대륙진출이라는 일본의 욕망이 만나 이글거리던 시베리아 횡단철도. 그 열강의 틈바구니에서 무방비로 내팽개쳐진 조선 민족의 한이 서린 시베리아 횡단철도. 2018년 한반도 평화의 바람 속에 우리의 마음속에 실려 온 대륙철도.

세상에, 대륙철도라니! 생각만 해도 가슴속에 뭉클한 무언가가 쉼 없이 차올랐다. 한반도에 평화가 찾아오면 부산에서, 목포에서, 서울에서 기차를 타고 평양을 거쳐 국경을 넘을 수 있지 않겠는가. 비행기가 아니라 기차를 타고 유럽의 베를린, 파리, 런던에 갈 수 있지 않겠는가.

역사적인 4.27 판문점 선언에 이은 남북철도 연결 사업 소식에 들썩이던 나는 2018년 9월 1일 베를린을 목적지로 정하고 시베리아 횡단열차를 타러 집을 나섰다. 손에 잡힐 듯 말 듯 저 아래로 백령도 넘어 흐릿한 해주 벌판을 바라보며 비행기는 러시아에서도 가장 동쪽 땅인 블라디보스토크로 향했다.

인천 국제공항에서 비행기로 1시간 30분이면 가는 블라디보스토크는 아시아풍이 아닌 러시아의 이국적인 맛과 정취를 느낄 수 있어 한국인 사이에 인기가 많은 관광지다. 주요 관광지인 아르바트 거리나 독수리 전망대에 가면 한국인 관광객을 쉽게 만날 수 있다. 그런데 살벌하게도 '블라디보스토크'는 '동방 정복'이라는 뜻이란다. 얼마 전 블라디보스토크에서 열린 동방경제포럼에서 블라디미르 푸틴 러시아 대통령은 서방 열강들이 북한의 체제안전보장을 연대 보증해주자는 말을 했다. 푸틴 대통령은 한반도에 하루빨리 평화체제가 구축되어야 러시아 가스를 한국에 팔아먹을 수 있다는 계산을 한 것 아닐까?

모스크바에는 모스크바역이 없다

유서 깊은 러시아 건축물이 많은 블라디보스토크는 상당히 이국적이다. 해변에는 일광욕을 즐기는 사람들로 북적이고 신나게 노래하며 춤추는 길거리 가수들 앞에 멈춰선 사람은 모두 흥겹게 들썩거린다.

시베리아 횡단열차를 타는 사람으로서의 기본자세랄까, '정청래와 함께 떠나는 시베리아 횡단열차 여행단' 스무 명은 개선문 앞에서 각자 자기소개를 했다. 개선문은 시베리아 횡단철도 착공식에 참석한 니콜라이 2세의 블라디보스토크 방문을 기념해 지었는데 소비에트 시절 파괴되었다가 다시 지었다고 한다.

본래 '보수꼴통'이었지만 법륜 스님의 강연을 듣고 평화통일

지지자가 됐다는 절임반찬회사 (주)승화식품 사장 자매 내외, 대전에서 중학생·고등학생 아들 둘과 함께 온 엄마, 휴직계를 내고 여행에 동참한 40대 아저씨, 〈나는 꼼수다〉 팟캐스트를 듣고 정청래 지지자가 됐다는 50대 직장인, 엄마의 강요(?)에 자신의 의지를 보태 참가했다고 우기는 중학교 2학년 학생, 광주에 사는 40대 자매, 약 100개 나라를 여행했다는 자유로운 영혼의 50대 노총각, 그 과정을 책으로 엮을 (주)도서출판 푸른숲 직원, 여행단을 인솔할 여행사 직원 그리고 나 정청래. 사는 곳, 나이, 직업이 다 다른 개성 넘치는 스무 명의 공통분모는 딱 하나였다. 한반도에 평화시대가 열리면 시베리아 횡단열차를 한 번쯤 타보겠다는 꿈을 미리 실현하는 것!

그럭저럭 안면을 익히고 나니 탑승시간이 얼마 남지 않았다. 블라디보스토크에서 이르쿠츠크까지 가는 3박 4일, 그러니까 일흔다섯 시간 동안 중간 중간 길게는 30분씩 두세 번 그리고 5~8분씩 몇 번 정차하지만 우리는 꼼짝없이 열차에 갇혀 있어야 한다. 그런데 기차에 식당이 없단다.

우리 일행은 기차역에서 가장 가까운 커다란 슈퍼마켓으로 우르르 몰려갔다. 경력 5년째라는 현지 가이드는 물만큼은 충분히 사라고 강조했다. 한국에서 비상식량을 가방이 미어터지도록 준비해 갔지만 혹시 하는 마음에 과일, 빵, 과자, 컵라면 등을 가방에 잔뜩 밀어 넣고 기차역으로 출발했다.

모스크바에는 모스크바역이 없다. 흥미롭게도 러시아는 출발지가 아니라 도착지에 따라 역 이름을 짓는단다. 그러니 당연히 블라디보스토크에는 블라디보스토크역이 없다. 기차로만 베를린까지 가려면 열흘 쯤 걸리지만 우리 여행단은 일단 기차로 3박 4일을 달려 이르쿠츠크에서 1박하기로 했다. 여행이 아니라 고난의 행군이 될까 봐서다.

고풍스런 블라디보스토크의 기차역에는 에스컬레이터가 없었다. 무거운 가방을 들고 계단을 오르내리려니 여간 힘든 게 아니었다. 서로 동지애를 나눠가며 우린 꾸역꾸역 그 불편함을 이겨냈다.

밤 11시, 기차가 덜커덩거리며 움직이기 시작했다. 기차 한 량에서 객실 하나만 러시아 손님이 들었고 나머지 객실을 몽땅 우리 일행이 차지해서 30미터 가까운 공간을 전세 낸 기분이었다.

4인 1실 침대칸 2층에 앉으면 정수리가 기차 천장에 부딪힐 듯했다. 눕자 마치 배를 탄 듯 몸이 아래위로 스르륵 움직였다. "순천자順天者는 흥하고 역천자逆天者는 망한다"고 했던가. 나는 기차의 요동에 장단을 맞추듯 몸을 맡기고 잠을 청했지만 기차의 반동과 율동에 몸이 대책없이 흔들렸고 기차 바퀴의 덜컹대는 소리가 뇌파를 역방향으로 자극했다. 명색이 '정청래' 이름을 걸고 온 여행인데 내가 잠을 설쳐 늦잠이라도 자면 얼마나 창피한 일인가. 제멋대로 흔들리는 몸에다 걱정까지 더하니 더욱 잠이 오지 않았다. 100개 나라를 여행했다는 내 짝꿍, 50대 노총각은 영혼뿐 아니라 몸마저 자유로운지 이미 곯아떨어져 있었다. 때와 장소를 가리지 않고 척척 적응하는 진정한 여행가다.

나는 짝꿍이 깨지 않도록 슬쩍 빠져나와 차창 밖으로 흘러가는 러시아의 밤을 지켜봤다. 그저 기차만 요란스레 어둠을 헤집고 나아갈 뿐 천지는 온통 암흑 그 자체였다. 아무리 눈을 크게 떠봐야 아무것도 보이지 않으니 억지로라도 잠을 청하는 수밖에 없었다.

얼마를 잤을까. 방 밖에서 덜컹거리는 기차 바퀴 소리보다 더 크게 사람들이 오가는 소리가 들려왔다. 깜짝 놀라 문을 열자 어느새 기차가 어둠을 탈출해 밝은 아침을 향해 달리고 있었다. 나는 또다시 창문에 매달렸다. 끝없이 이어진 강물과 전봇대가 연이어 기차를 따라왔고 자작나무에는 엄지손톱만 한 이파리가 매달려 희끗희끗 웃고 있었다. 빠끔히 열린 창문 틈새로 싸늘한 바깥 공기가 들어왔다.

'여기가 러시아겠거니' 짐작만 할 뿐 달리는 기차 안에서는 땅의 경계를 알 수 없었다. 내가 시베리아 횡단열차를 탈 계획이라고 했을 때 이미 경험해본 사람들은 지겹도록 기차를 탈 것이고 또 끝도 없이 줄지어 밀려가는 자작나무만 볼 것이라고 말했다.

유독 추운 지방에서 잘 사는 자작나무는 몸에 하얀 페인트라도 뒤집어쓴 듯 애처로워 보였다. 자작나무 줄기의 하얀 껍질은 종이처럼 얇게 벗겨진다. 옛날에 사랑하는 연인들이 그 껍질에 사랑의 글귀를 써서 전하기도 했다는 얘기가 있다. 고대 이집트 사람들은 파피루스라는 나무를 재료로 만든 파피루스지에 글을 썼다. 이집트에 파피루스가 있다면 지구 북반구에는 자작나무가 있는 셈이다.

자작나무는 멀리서도 하얗게 빛난다고 하여 나무 이름을 한자 '빛날 화樺'로 쓴다. 결혼식에서 화촉樺燭을 밝힌다는 말을 한자 뜻

그대로 풀면 자작나무 껍질에 불을 밝힌다는 의미다. 기름기가 많아 오래 잘 타는 자작나무 껍질에 불을 붙여 촛불처럼 사용했기 때문이다. 팔만대장경 중 일부도 자작나무에 새길 만큼 자작나무는 한국에서도 오랫동안 서식해왔다. 그래서 어느 정도 낯이 익은 나무지만 시베리아 횡단열차 차창 밖을 스쳐 지나가는 자작나무는 왠지 낯설었다.

기차의 덜컹거림에 따라 몸을 흔들며 하염없이 자작나무를 바라보다 보니 갑자기 허기가 밀려왔다. 아침 - 점심 - 저녁 - 아침 - 점심 - 저녁을 먹으며 이르쿠츠크까지 3일 동안 4천104킬로미터를 달려야 땅 위에서 밥을 먹을 수 있다. 그때까지는 달리는 기차에서 불편함을 반찬 삼아 적어도 아홉 끼니를 해결해야 한다.

유럽의 고급 기차와 달리 100년 전과 거의 흡사한 시베리아 횡단열차 환경은 그리 좋은 편이 아니다. 시베리아 횡단열차는 옛적 기찻길 옆 오막살이에서 보고 듣던 그 기차 그대로다. 다만 줄지어 앉던 의자를 밀어내고 2인용, 4인용 침대칸으로 개조해 객실을 만든 뒤 미닫이문을 달았을 뿐이다. 학생운동을 하던 시절 2년간 살았던 목포교도소 독방은 1.04평 크기에 네 명이 2층 침대칸을 비스듬히 밀쳐 올려놓고 쪼그려 앉을 정도의 넓이였다. 그래서 그런지 마주앉아 있다가 기차가 뒤뚱거리면 금세 이마와 이마가 맞부딪힐 듯 좁은 기차 객실은 문득 그 시절을 떠올리게 했다.

내 걸음걸이로 서른 걸음 정도인 30미터 기차 공간에 갇혀진 시설은 화장실 두 개와 손이 닿으면 화상을 입을 정도로 뜨거운 온수통이 전부였다. 그 온수통이 우리 일행의 생명줄이 될 줄은 처음엔 미처 몰랐다. 아침식사 시간이 되자 객실 밖으로 길게 나 있는 좁은 복도로 스무 명이 분주하게 오갔는데 목적지는 달랑 두 곳이었다. 기차 앞뒤 쪽 화장실과 뒤쪽의 온수통이다.

샤워실이 없는 기차라 화장실에 들러 고양이 세수만 하고 냄비에 온수통의 물을 받아 컵라면에 붓고 햇반을 데워 볶은 김치를 곁들이니 진수성찬이 따로 없었다. 나와 객실을 같이 쓰는 50대 노총각(홍콩에서 사업을 한단다) 가방은 그야말로 요술가방이었다. 슈퍼마켓을 반쯤 가방에 구겨넣고 왔는지 그는 통장에서 돈을 인출하듯 온갖 반찬과 용품을 꺼내 창가 쪽 작은 식탁에 올려놓았다. 심지어 전자레인지 대용 커다란 전기주전자도 나왔다. 우리는 여기에 온수를 받은 다음 그 안에 햇반을 넣어 밥을 뜨끈뜨끈하게 만들었다.

첫 식사를 마치고 나는 이 방 저 방 다니며 일행을 살폈다. 어떤 객실에서는 딱딱한 여행 가방을 1층 침대칸 사이에 걸쳐놓고 그 넓디넓은(?) 가방 위에 식탁을 차렸다.

"밤새 안녕하셨습니까? 식사는 하셨습니까?"

"아이고, 잘 주무셨어요? 식사는 하셨어요? 이리 들어오세요. 아직 식사를 하지 않았으면 같이 먹어요."

눈이 의심스러웠다. 그 좁은 기차 객실에서 호텔 식당에서나 볼 수 있을 법한 반찬 박람회가 열리다니. 어떻게 조리했는지 폴폴 김이 나는 고기에 깻잎과 마늘, 고추, 된장을 곁들여 파티를 하고 있었다. 어디 그뿐인가. 족히 열 가지는 됨직한 새콤한 김치에 마늘장

시베리아 횡단열차 복도와 '생명줄' 온수통

75시간 동안 침실과 화장실, 30미터의 복도를 오가며 창문으로
하염없이 펼쳐지는 자작나무를 바라보았다. 힘든 여행이 기억에 오래 남는다고
했던가. 이렇게 오래 혼자 생각할 시간을 얻은 게 얼마만인지 모르겠다.

아찌, 야채샐러드까지. 어느새 내 손에 숟가락이 들려 있었다. 혀끝을 스쳐 목구멍을 타고 넘어가는 우리 음식의 감칠맛에 저절로 흥이 났다. 하지만 이미 힘껏 부풀어 오른 내 배가 항의를 하는 바람에 몇 숟가락 뜨지 못했다. 이어 뚝딱뚝딱 만들어주는 따끈한 커피를 마시며 그 기막힌 준비에 한마디 하지 않을 수 없었다.

"어떻게 이런 진수성찬을 준비하셨어요?"

"명색이 반찬회사 사장 아닙니까? 우리 회사에서 만드는 반찬 가짓수가 200종이 넘어요."

"아, 그러세요?"

"그럼요, 우린 절임반찬 전문이에요. 깻잎장아찌, 무말랭이, 고추장아찌, 마늘종장아찌, 곤드레장아찌, 된장, 고추장, 우거지해장국, 김장아찌……"

반찬 종류를 열거하는데 축구중계 아나운서보다 말이 더 빠르고 발음이 정확했다. 나는 속으로 '땡잡았다' 하고 쾌재를 불렀다. 궁하면 통한다고 사람이 죽으란 법은 없나 보다. 내 방에서 먹을 게 없을 때 이 방으로 달려와 슬쩍 끼어들면 적어도 배고플 일은 없을 것이었다.

첫 번째 정차역 하바롭스크

기차 안에서 식사를 두 번 하고 객실 청소를 마치자 주변 땅을 열심히 밀어내던 기차가 끼익하며 속도를 늦췄다. 첫 번째로 정차한 곳은 하바롭스크역이다. 정차시간은 30분. 모두 우르르 밖으로 향했고 나는 반바지에 슬리퍼 차림으로 쏜살같이 출입문으로 갔다. 열두 시간 만에 맛보는 그 달콤한 해방감이라니. 사람은 흔히 현재 누리는 것이 얼마나 고마운지 잊고 산다. 비록 플랫폼 밖으로 나갈 수는 없었지만 서 있는 기차 옆을 끝에서 끝까지 걸으며 밖을 걸을 수 있다는 것이 얼마나 고마운 일인지 가슴 깊이 느껴졌다.

그때 러시아인들이 알아듣지 못하는 말을 건네며 우리 곁으로 다가왔다. 어떻게 여기까지 들어왔을까 싶어 잠시 의아했다. 양손에 튀긴 빵과 구운 빵, 허술하게 포장한 과자, 푸르스름한 생선 등을 들고 있는 것으로 보아 행상들이다. 호기심이 발동한 몇몇이 손짓, 발짓을 해가며 몇 가지 물건을 샀다. 비록 말은 통하지 않았지만 그들은 손가락 셈법만으로도 주고받을 돈을 정확히 계산해낸다.

기차 출발시간 5분 전, 다소 앳되어 보이는 차장이 말없이 손짓으로 얼른 기차에 타란다. 뭐라도 물어보면 금세 'No'라고 말할 준비가 된 기숙사 사감 같은 단호한 표정이다. 모르긴 해도 땅보다 기차 안에서 더 오랜 시간을 보내야 할 그녀의 일상에 마음이 무거워진다. 고작 며칠뿐이지만 종착역까지 함께 가야 할 동반자라서 그런가.

하바롭스크역에서 기차는 다시 출발했다. 7분의 1정도 달린 셈이니 벨로고르스크 - 체르니솁스크 - 치타 - 울란우데 - 이르쿠츠크까지 아직 갈 길이 멀다. 100년 전 기차라 속도가 그 시절 기준이다 보니 비행기로 한 시간 거리를 하루 종일 달린다.

　내가 탄 기차는 중국 국경 바로 위쪽에서 북쪽을 오른쪽에 두고 서쪽으로, 서쪽으로 달렸다. 서쪽에서 동쪽으로 흐르는 시간과 반대 방향이라 시간을 거슬러 가는 묘미가 있다. 인천 국제공항에서 오후 2시에 출발해 한 시간 정도 비행기를 타고 중국 청도에 가면 또 오후 2시다. 시계를 고칠 필요가 없다.

　자동 로밍을 설정한 휴대전화가 현지시간을 알려주었지만 손목시계는 고치지 않고 고정해놓았다. 100여 년 동안 한결같은 모습으로 우직하게 똑같은 길을 달렸을 기차 안에서 나는 현대 문명인 인터넷으로 구글 지도의 현재 지점을 눌러보며 묘한 시간차, 공간차를 느꼈다. 아직 인터넷 사정이 좋지 않아 정차하는 기차역 가까이에서만 간간히 뉴스를 검색할 수 있었다. 하지만 정차역에서도 다운로드 속도가 어찌나 느린지 괴나리봇짐을 메고 걸어도 그보다는 빠를 것 같았다.

　하루 중 가장 중요한 일정은 밥 먹는 것과 기차가 잠시라도 정차하면 얼른 뛰어내려 땅맛을 좀 보았다가 눈치껏 다시 기차에 올라타는 것이 전부였다. 보통의 여행이라면 하바롭스크에서 내려 콤소몰 광장, 레닌 광장, 아무르스키 거리, 아무르 강변에서 산책을 했겠지만 우리 여행단의 일정에 그런 한가한 여정은 없었다. 조상들이 묵묵히 봇짐을 끌어안고 덜컹거렸을 그때처럼 무작정 기차를 타고 이르쿠츠크까지 가는 것이 우리 일정이다.

호모사피엔스의 기발한 적응력

끝도 없을 것처럼 마냥 달리기만 하느라 지루함이 세포 속까지 침투하는 시베리아 횡단열차 안에서 가장 중요한 의식은 뭐니 뭐니 해도 먹는 일이었다. 아침식사를 마치고 객실 여기저기를 돌아다니며 순회공연(수다 떨기)을 끝내면 곧바로 점심식사 시간이 찾아왔다. 점심식사 준비는 아침식사 때보다 빨리 마칠 수 있다.

기차 안에서의 첫 끼니 준비가 수렵과 채취에 가까웠다면 그다음부터는 돌도끼에서 청동기 문명으로 진화하듯 요령과 효율이 잽싸게 따라붙었다. 우리 일행은 조상의 DNA를 되살려 온갖 도구를 찾아냈을 뿐 아니라 지난 경험을 학습해 노하우를 갈고닦고 나누었다.

단 두 번 만에 우리는 식사준비의 효율과 식사의 질을 획기적으로 끌어올렸다. 미리 햇반을 온수(사실은 뜨거운 열수)에 담가 덥히는 동안 가져온 밑반찬으로 상을 차리는 것은 요령 축에 끼지도 못했다. 전자레인지는커녕 전기콘센트마저 부족한 열차 안에서 우리의 두뇌와 몸짓은 기발하게 돌아갔다. 아, 호모사피엔스가 그 짧은 기간에 지구를 점령한 이유를 알 것 같았다.

일상에서도 그렇지만 아침식사와 점심식사 사이보다 점심식사와 저녁식사 사이가 훨씬 더 길다. 남아도는 시간을 주체할 길이 없어 어슬렁거리며 일행들 객실을 돌아다니니 다양한 여가선용 방법이 눈에 들어왔다. 잠자는 사람, 책 읽는 사람, 이야기꽃을 피우는 사람, 다운로드한 팟캐스트를 듣는 사람, 미국 드라마 보는 사람, 게임하는 사람. 주어진 시간을 똑같이 쓰는 사람은 거의 없었다. 나는 간간이 그들 틈에 끼어들어 수다를 풀어내며 시간을 소모했다.

벨로고르스크역에서 또 15분 간 정차했다. 열차가 거친 숨을 몰아쉬며 긴 몸뚱이를 잠시 추스를 때면 어김없이 러시아 행상들이 우르르 몰려와 이런저런 물건을 권하며 뭐라고 외쳤다. 사감 선생 같은 차장은 손짓으로 몇 분간 정차인지 알리고 기지개를 켜는 우리를 바라보았다. 정차라고는 해도 밖에 나갈 수는 없지만 나는 자유의 소중함을 만끽하며 담배 한 대를 물었다.

나는 무단횡단을 하지 않고 담배꽁초를 함부로 버리지 않는 습관이 몸에 배었는데, 러시아는 그런 내 습관에 콧방귀를 날렸다. 공교롭게도 정차역에는 휴지통이 없었다. 러시아 사람들은 담배꽁초를 선로 위에 그냥 버렸다. 건널목을 옆에 두고 무단횡단하는 데도 아무런 거리낌이 없었다. 그들은 경계하거나 조심하지 않았고 이를 제지하는 역무원도 없었다. 나는 눈치를 살피다 에라 모르겠다 싶어 선로 건너편으로 슬쩍 건너가 봤다. 펜스 밖의 러시아, 별것 없었다. 개 한 마리가 배가 고팠는지 비포장도로 옆 풀숲에서 이것저것 뒤지며 돌아다니고 있을 뿐이었다.

다시 열차는 출발했고 그새 차장은 앳된 청년으로 바뀌어 있었다. 사감 선생 같던 차장은 사복으로 갈아입고 우리 객실의 절반쯤 되는 공간에서 웅크리고 앉아 무언가를 먹고 있었다. 몇날 며칠을 가야 하는 열차라 1일 2교대 근무를 하는 것 같았다. 제복을 입으면 근무시간이고 사복을 입으면 퇴근이지만 집에 갈 수 없는 퇴근인 셈이었다.

처음에는 말을 붙일 엄두를 내지 못했으나 가이드가 먼저 차장에게 한마디씩 농담을 던지기 시작했다. 내가 "굿모닝" 하면 차장은 말없이 씩 웃고는 금세 또다시 빙그레 웃었다. 그리 빨리 달리지 않는(내 짐작으로는 110킬로미터 정도) 열차 속도만큼 우리는 느릿느릿 친해졌다.

이틀 밤을 열차 안에서 보낸 뒤에야 나는 그들과 함께 사진을 찍었다. 짧은 기간이지만 한 열차에 탄 운명공동체로서 나는 특유의 변죽을 살려 두 차장 모두와 사진을 찍었다. 일단 우리 일행 중 어느 한 사람이 정보를 알아내면 그것은 LTE급으로 금세 객실을 돌았다. 두 차장 모두 러시아 대학생들이란다. 어느 대학교 몇 학년인지 이런 고급 정보는 캐낸 사람이 없었지만 정확한 사실은 이 친구들도 등록금을 벌기 위해 밤낮없이 열심히 사는 알바생이라는 것이었다.

차창 밖은 여전했다. 자작나무와 풀숲이 내게 다가왔다가 멀어지고 다른 듯 같은 듯 한 풍경이 끊임없이 스쳐 지나갔다. 간간이 〈동물의 왕국〉에나 등장할 법한 목초지가 시야를 온통 초록빛으로 물들였다. 옛날 옛적 이곳에서 호랑이와 사자가 호탕하게 뛰어다니며 살았을까. 혹시 호랑이는 시베리아 횡단철도 건설로 밀려난 것은 아닐까. 저 자작나무는 역사가 어떻게 흘러왔는지 온몸으로 기억하고 있는 게 아닐까. 사물과 의사소통이 가능해지면 우린 태곳

시베리아 횡단열차를 지키는 사람들
우리보다 더 긴 시간을 열차 안에서 보내는 기차의 두 차장은 아르바이트를 하는
러시아 대학생이다. 제복을 입으면 근무시간이고 사복을 입으면 퇴근시간이지만
퇴근해도 집에 갈 수 없는 퇴근인 셈이다.

적 인류의 삶까지 세세히 알 수 있을까. 온갖 상념이 머릿속을 스쳐
지나간다. 멀리 높지 않은 산등성이가 고등어 등처럼 이어지고 나
무물결이 지느러미 같이 숲을 헤집고 있었다.

　　내가 꼼짝 않고 서 있어도 열차에 타고 있으니 바깥 풍경은 획
획 공간이동의 마법을 부렸다. 물줄기가 상류에서 하류로 바뀌고
그 하류가 끊어지더니 다시 상류가 나타났다. 강줄기가 없으면 이
넓은 땅의 경계를 어떻게 정할까. 이르쿠츠크라는 지명도 이르크
강 주변이라는 뜻이라니 강줄기가 대지를 가르는 경계이자 행정구
역이고 그 지방 이름이었으리라. 이것이 자연스러운 이치일진대 안

타깝게도 한반도에는 인위적으로 강과 산을 뚝 잘라 그어놓은 선이 있다. 자를 대고 선을 그은 듯 반듯한 국경선으로 나뉜 아프리카대륙처럼 말이다.

세 번째 맞는 저녁식사 시간, 모두들 민첩하게 움직이는 소리가 리드미컬하게 들려오고 여기저기서 구수한 냄새가 풍긴다. 평소에 나는 아침을 먹지 않는데 어찌된 일인지 아침을 먹으니 점심이 더 기다려졌고 점심을 먹으니 저녁식사 시간이 되기도 전에 배가 꼬르륵거렸다. 햇반을 넘어 '컵반'까지, 한국인의 위대함이여! 컵반은 그야말로 사막의 오아시스 같은 존재였다. 컵 용기 안에 육개장 소스가 있으면 육개장이 되고, 황태가 있으면 얼큰한 해장국이 된다. 간편하고 신기한 맛에 세상 부러울 게 없었다. 사람들에게 "솔직히 나는 집에서 먹는 밥보다 더 잘 먹고 있다"라고 했는데 여기엔 조금도 거짓이 없었다.

2층 침대에 올라가 누웠다. 내 마음은 평화롭기 그지없는데 기차 바퀴는 쉴 새 없이 요란을 떨었다. 이럴 때는 귀를 막는 것이 상수인지라 이어폰을 꽂고 팟캐스트를 들었다. 길게 끊어졌다 짧게 들리다가 곧장 또 길게 끊어지기를 반복한다. 든 자리는 보이지 않아도 난 자리는 크게 보인다더니 새삼 인터넷 강국의 기틀을 놓아준 김대중 대통령이 생각났다.

자는 둥 마는 둥 잠을 설쳐도 아침이면 어김없이 나는 기지개를 켜며 '아, 잘 잤다'를 외쳤다. 눈에 띄는 사람마다 "잘 주무셨습니까? 밤새 이상무입니까?"라고 아침인사를 하면 "잘 잤어요? 잘 주무셨습니까?"라는 답이 돌아왔다. 잘 잤을 리 없겠지만 그렇게 다들 아침을 맞이했다.

백범 김구 선생도 이 기차를 탔을까

기차에 오른 지 3일째, 기차는 이르쿠츠크를 향해 달리고 또 달렸다. 이제 한 밤이 지나면 지상낙원이 우리를 맞이하리라. 땅 위에서 밥을 먹고 땅 위에서 잠을 잘 수 있다는 생각만으로도 비비 꼬이던 몸에 조금은 숨통이 트이는 것 같았다.

일제강점기에 이 열차를 탄 우리 조상들에게도 이르쿠츠크가 지상낙원이었을까? 천문학적 현상금이 붙었던 대한민국 임시정부 주석 백범 김구 선생, 의열단 단장 약산 김원봉 선생도 이 열차를 탔을까? 당시 현상금 60만 원(지금의 200억 원)이 붙은 수배자 김구, 최고액 100만 원(지금의 320억 원)이 붙은 수배자 김원봉이 탔다면 이 열차 안에서 무슨 생각을 했을까? 이르쿠츠크파 고려공산당원은 당연히 이 열차를 타고 이르쿠츠크를 오갔겠지. 연해주에서 강제 이주당한 고려인들도 이 열차를 타고 끌려갔다지. 끊임없이 이어지는 기차 바퀴처럼 생각이 생각을 밀어내면서 머릿속은 풍선처럼 팽팽해졌다.

평평해 보이는 땅에서도 물줄기는 제 갈 길을 정확히 찾아 흐른다. 물이 향하는 쪽이 낮고 그 반대가 높다. 벌써 상류와 하류가 몇 번이나 바뀌고 변화에 변화를 거듭했지만 내내 그 변화가 그 변화다.

산꼭대기를 호위하는 구름 사이로 해가 고개를 내밀었다 사라지며 조용히 존재감을 알린다. 9월의 시베리아 들녘은 햇빛이 제법 눈부시다. 호위무사 구름이 사라지면 해는 차창을 뚫기라도 하듯 여지없이 강렬한 빛을 난사한다. 두꺼운 유리가 방패막이가 되어 떡 버티고 있어도 커튼을 칠 수 없으니 온몸으로 햇살을 맞이하는 수밖에. 어느덧 지친 해가 뉘엿뉘엿 넘어가면 언제 날카롭게 공격을 했느냐 싶게 다소곳이 아름다움을 뽐낸다.

이제 체르니솁스크를 지났고 치타역도 지났다. 열차가 중간 중간 정차하긴 해도 그때마다 내릴 수 있는 것은 아니다. 5분 정도 쉴 때는 문을 열어주지 않는다. 자동문이 아니라 열쇠로 열어야 하는 까닭에 열쇠를 쥔 사람이 대장이다. 서서히 산과 들이 아시아풍에서 러시아풍으로 바뀌었다. 유럽과 아시아를 다 품에 끼고 있는 광활한 러시아 땅에서 키워내는 풀과 나무는 지역마다 다르리라. 물론 자작나무는 예외다.

기찻길 옆에 도열해 변함없이 박수를 치고 있는 자작나무 사이로 러시아 농촌이 눈에 들어왔다. 빛바랜 낡은 슬레이트지붕에 2층 집이 거의 없다. 눈이 많이 와서 그런지 지붕은 뾰족하고 경사가 가파르다. 잿빛구름처럼 집도 마을도 온통 먹구름 색깔이고 멀리 규칙적으로 서 있는 집들이 어쩐지 처연해 보인다.

낡은 슬레이트지붕은 내게 남다른 추억을 소환했다. 1970년대 초 새마을운동 때 우리 집은 초가지붕을 걷어내고 슬레이트지붕으로 바꿨다. 초대 새마을지도자였던 아버지가 제일 먼저 우리 집을 슬레이트지붕으로 바꿨을 때의 그 기쁨은 뭐라 표현하기 어렵다. 그 지붕은 내 어린 마음에 한껏 자부심을 덧칠해주었다. 러시아의 슬레이트지붕 밑에 사는 꼬마도 그때의 나처럼 행복할까. 꼬마들이 자전거를 타고 놀다가 열차가 지나가자 손을 흔들었다. 집 옆 울타리 안 젖소들도 음메~ 하며 나를 쳐다보았다. 그렇게 또 하루가 지나갔다.

울란우데역을 지나 바이칼호로

4일째 아침 눈을 뜨자 햇살이 유난히 눈부셨다. 아침이라 눈을 뜬 건지 눈이 떠져서 아침인지는 중요하지 않다. 이제 목표가 코앞에 있다. 울란우데역을 지나면 이르쿠츠크가 오늘 안으로 내 눈에 들어올 것이었다. 고지가 가까운 만큼 발걸음이 가벼웠다. 괜히 기차 바퀴 소리마저 명랑하게 들리고 공기가 상쾌하게 느껴졌다. 간혹 비포장도로가 사라지고 포장도로가 나타났고 지붕마다 솟은 굴뚝도 더 우람했다. 확실히 러시아는 서쪽이 더 발전했다. 모스크바, 상크페테르부르크가 있는 러시아 서쪽에 비해 동쪽 도시는 옛 도시에 가깝다.

울란우데역에서 몽골 수도 울란바토르를 관통하는 몽골 종단철도가 갈라진다. 몽골로 가는 승객은 울란우데역에서 내리는데 정차시간은 30분이다. 긴긴 시간 동안 열차 안과 플랫폼 안에 갇혀 있다 처음 역 밖으로 나갔다. 행상들이 역 안으로 들어오는 샛길을 포착해 재빨리 움직였다. 다른 사람들도 우르르 따라 나와 옆에 있는 조그만 슈퍼마켓에 들렀다. 특별히 살 것도 없었지만 몇몇 사람이 슈퍼마켓을 싹쓸이를 하듯 뭐든 훑어 넣으며 일흔 시간 만의 탈출을 흥거워했다.

이윽고 차장이 손짓을 하자 우리는 우르르 열차에 올랐다. 이제 몇 시간 후면 이르쿠츠크역에 도착한다. 바이칼 호수가 나타나자 여기저기에서 환호성이 터져 나왔다. 저녁녘의 바이칼은 오른쪽에서 끝도 없이 몇 시간을 따라왔다. 호수 길이가 한반도보다 더 긴 거대한 갇힌 바다, 해초가 살지 않는 바다 아닌 바다, 해변 같지만 해변이 아닌 호변, 그렇지만 밀물과 썰물은 있는 거대한 지구의 눈이 바로 바이칼 호수다. 긴 산맥조차 더는 들어오지 못하고 그저 수평선 저 끝에서 바이칼호를 물끄러미 쳐다볼 뿐이다. 바다는 아니지만 바다보다 더 무서운 기세로 산맥의 침입을 막고 있는 셈이다.

밤이 깊어지자 어둠이 그 넓은 손아귀로 바이칼마저 움켜쥐었다. 바로 그 시각 우리 앞에 이르쿠츠크역이 나타났다. 무려 4천104킬로미터를 달려 도착한 이르쿠츠크역을 빠져나오자 120년 전인 1898년에 이 역을 만들었다는 표지판이 제일 크게 눈에 들어왔다.

콧노래를 부르며 가방을 끌고 역 밖으로 나갔다. 버스에 올랐는데 출발할 기미가 보이지 않았다. 일행 중 한 명이 역 앞에서 담배를 피웠는데 러시아 공안이 벌금을 내라고 한단다. 역에서 몇 미터 떨어져 흡연을 해야 한다는데 실은 그 경계도 없었다. 돈이 궁한 러시아 공안의 횡포였다. 그만큼 러시아 경제가 좋지 않다는 방증이리라. 눈치 빠른 가이드가 몇 루블을 쥐어주고 해결을 했다. 그깟 일로 기쁨과 환호 분위기를 망칠 수는 없는 노릇이었다.

러시아 가이드 5년째인 청년 김승중은 러시아 경제에 출구가 보이지 않는다고 했다. 러시아는 군사강국이지만 우크라이나 사태 이후 미국의 경제제재로 석유도, 가스도 팔지 못하는 실정이라 경제가 엉망이라는 얘기였다. 루블의 유로환율은 1 대 30 정도가 적당한데 1 대 70~80이라니 러시아의 월급쟁이는 앉아서 절반 넘게 월급이 깎이는 꼴이다.

모스크바 대졸 직장인은 급여가 월 80만 원 정도인데, 모스크바의 평균적인 방 월세가 무려 80만 원이란다. 월급을 받아 방세를 내면 남는 게 없다는 말이다. 그래서 기차로 3~4시간 걸리는 교외에서 출퇴근하는 젊은이가 많다고 한다. 남북철도를 연결하면 러시아산 가스가 동해선을 타고 한국에 오지 않을까? 그럼 우리는 3분의 1 가격으로 질 좋고 값싼 러시아산 가스를 쓸 수 있지 않을까? 그런 계산으로 푸틴은 한반도 평화에 협조적인 것일까? 문득 이런 저런 생각이 머리를 스쳐지나갔다.

나흘 만에 샤워를 했다. 흔들리지 않는 호텔 침대에도 누웠다. 행복이란 게 별것 없다. 못하던 샤워만 해도 엄청나게 행복하다. 우리 여행단 모두들 각자 자기 방에서 행복한 밤을 즐기리라 생각하며 잠이 들었다.

　다음 날 우리는 이르쿠츠크 관광에 나섰는데 관광이라고 해봐야 바이칼호 유람선을 타는 게 전부였다. 갈 길 바쁜 우리에게 남들처럼 알혼섬, 바이칼 생태박물관까지 갈 시간은 없었다. 저녁 비행기로 곧장 모스크바에 가야 하는 처지였으니 말이다. 그래도 이번에는 열차가 아니라 비행기다!

　부슬부슬 비가 내렸다. 아침식사를 호텔식으로 해서 그런지 아니면 샤워를 한 까닭인지 모두들 어제와 비교할 수 없을 만큼 준수한 용모로 유람선 선착장으로 갔다. 가이드가 우릴 보더니 어쩔 줄 몰라 했다. 오전 10시인데 선장이 아직 출근하지 않았단다. 러시아 사람들 특유의 여유인가? 짜증이 나기보다 왠지 재미있고 신기했다.

　우비를 입고 배를 탔는데 그곳은 영락없는 바다다. 잘 터지지도 않는 인터넷을 살살 달래가며 겨우 검색을 시도했다. 바이칼 호수는 2천500만 년 전 생긴, 세계에서 가장 오래된 호수이자 가장 깊은 호수란다. 면적 3만 1천500킬로미터, 제주도 면적의 17배라고 한다.

　이르쿠츠크 공항에서 비행기표 발권을 마치니 한 시간 정도 여유가 생겼다. '정청래' 이름까지 건 여행단을 꾸려 거기까지 갔는데 정청래 강연은 없는가? 있다. 급하게 공항 카페를 빌려 스무 명이 카페 의자를 끌어다놓고 빙 둘러앉았다. 강연 주제는 인생 성공법이고 내용은 대충 이랬다.

손흥민 선수가 왜 성공했을까요? 손 선수가 막 뜨고 있을 때 전 축구국가대표 감독에게 물었습니다. 그의 대답은 의외로 평범했습니다. 손 선수는 체력과 개인기도 뛰어나지만 성공을 안겨준 결정적 우위는 좋은 사람이란 점입니다. 다른 선수에게 어시스트를 많이 해주니 손 선수 자신도 패스를 많이 받는 답니다. 그렇게 결정적 찬스에 패스를 많이 받으니 확률적으로 골을 많이 넣는 거지요(실제로 2018년 아시안게임에서 손흥민 선수는 1골에 5어시스트를 기록했다).

우리 인생도 그렇습니다. 손 선수가 단독 드리블로 골을 넣을 수 없듯 우리도 남의 도움 없이는 단 하루로 제대로 살 수 없습니다. 우린 남이 농사지은 밥을 먹고 남이 만들어놓은 제품을 사용하지요. 우리는 모두 남의 피와 땀으로 맺은 결실 덕분에 일상생활을 이어갑니다. 저 같은 정치인은 더더욱 타인을 존중해야 합니다. 예를 들어 제가 마포지역구에서 국회의원에 당선되기 위해 5만 표가 필요하다면 제가 갖고 있는 가장 확실한 표는 달랑 한 표입니다. 4만 9천999명의 다른 사람이 찍어줘야 당선이 가능합니다. 물론 제가 잘나서 찍어주는 게 아니지요.

사업가가 이윤을 얻는 것도, 직장인의 승진하는 것도 결국 남의 평가에 따라 이뤄집니다. 정치인은 유권자,

사업가는 소비자, 직장인은 상사와 부하직원의 평가에
따라 자신이 바라던 결과를 얻습니다. 당선도 하고
성공해서 돈도 벌고 승진도 하는 거지요.
그럼 뭐가 제일 중요합니까? 그 사람의 호감도와
평판지수입니다. 성공하고 싶으면 좋은 사람이
되십시오. 저도 좋은 사람이 되려고 노력하고 있습니다.
물론 능력은 기본으로 갖춰야 하고요.

두서없이 강연을 하는 동안 문득 선한 눈빛의 문재인 대통령이
떠올랐다. 좋은 사람이라서 대통령도 되고 자신을 낮추는 겸양으로
트럼프 대통령과 김정은 위원장의 중재자 역할을 하며 한반도 평화
문제를 풀어가고 있는 게 아닐까. 나는 좋은 사람인가?

서쪽 러시아의 두 도시: 모스크바와 상트페테르부르크

이르쿠츠크에서 모스크바까지는 4천211킬로미터로 비행기를
타고 여섯 시간이 걸린다. 기차 극기 훈련은 뒤로 미루고 우리는 비
행기에 올랐다. 비행기의 차창 밖과 기차의 차창 밖은 시야 넓이부
터 달랐다. 기차보다 족히 열 배는 더 빨리 이동하는 비행기 시야는
열 배 이상으로 넓고 기차보다 훨씬 더 느리게 뒤로 밀려간다.
"소매치기 조심하세요!"

가이드는 모스크바 공항에 내리자마자 거듭 주의를 주었다. 귀중품이 든 가방은 반드시 품에 안고 다니라고 몇 번이나 강조했다. 상트페테르부르크 가이드도 마치 가이드 매뉴얼의 1조 1항에 적혀 있기라도 한 것처럼 똑같은 말을 반복했다.

모스크바 관광코스 1번지는 크렘린 궁전과 붉은 광장, 그 옆에 있는 상크트바실리 대성당이다. 어린 시절 반공교육에 찌든 내게 그토록 멀게만 느껴졌던 모스크바 한가운데에 내가 서 있다니. 뇌리 속에 새겨진 각인은 참으로 질긴 것이라 모든 것이 변했음에도 기억 저편에서는 아직도 그 시절이 스멀스멀 기어 올라온다. 붉은 광장에는 뉴욕이나 파리처럼 셀카 찍는 관광객들이 넘쳐난다. 레닌 영묘 앞에는 살아 있듯 죽어 있는 레닌의 모습을 보려는 사람들이 길게 줄을 지어 서 있었다. 러시아 사람들은 '붉은' 시절을 그리워할까.

하루 일정으로 어찌 모스크바를 다 볼 수 있겠는가. 나는 상트페테르부르크에서 만날 더 러시아다운 러시아를 기대하며 노보데비치 수도원을 주마간산으로 훑고 다시 기차역으로 향했다.

모스크바에 있는 상트페테르부르크역으로 가니 우리가 블라디보스토크에서 탄 기차와는 그야말로 급이 다른 기차가 기다리고 있었다. 한국의 KTX와 비교해도 손색이 없을 정도였다. 속도도 아주 빨라 상트페테르부르크역에서 상트페테르부르크까지 네 시간이 걸린다(잘못된 문장이 아니다).

밤 12시에 상트페테르부르크에 도착하니 역이 인산인해였다.

사람물결이 파도처럼 밀려왔다가 썰물처럼 빠져나가는 와중에 새로 만난 상트페테르부르크 가이드가 소매치기가 극성이니 자기 것은 스스로 철저히 보호해야 한다고 겁을 줬다. 젊은 여성인데 한눈에 봐도 엄청나게 용감무쌍하다. 드르륵 드르륵. 돌을 박아놓은 상트페테르부르크 거리를 걷는데 여행 가방 바퀴가 기차 바퀴보다 더 요란스레 소리를 내지르며 나를 따라왔다.

상트페테르부르크는 1703년 표트르 대제가 발트해를 메워 건설한 인공기획도시라 길이 반듯하다. 도시의 중심을 흐르는 네바강도 바닥을 파서 만든 물길이다. 표트르 대제가 직접 24년간 삽을 들 정도로 심혈을 기울였다고 한다.

유럽의 러시아에 거주하던 여러 민족을 규합해 '전 러시아 국가통합'을 이루고 스스로 황제라 칭한 그는 제국의 수도를 국토 중심에 위치한 모스크바에서 변방의 상트페테르부르크로 옮겼다. 전쟁이 한창이던 스웨덴의 최전방 코앞인데다 사람이 살기에 부적합한 '늪지대' 위로 말이다.

표트르 대제는 왜 이런 '미친 짓'을 했을까. 여행을 다녀와 이것저것 자료를 살펴보니 상트페테르부르크가 자리 잡은 발트해 연안은 수로와 육로가 만나는 네바강 어구의 교통요충지였다. 어쩌면 그는 호적수 스웨덴을 제압할 하나의 전략 전술로 이곳을 택한 것인지도 모른다. 결과적으로 그 덕분에 러시아는 세계적인 문화와 예술의 도시를 얻었다. 상트페테르부르크는 도시 전체가 유네스코가 지정한 세계문화유산이다. 상트페테르부르크의 주 수입원이 관광업이라고 하니 이곳 시민은 표트르 대제가 고맙고 또 고맙지 않을까.

영국 대영 박물관, 프랑스 루브르 박물관과 함께 세계 3대 박물관으로 불리는 에르미타주 박물관은 러시아의 자부심이다. 겨울 궁전을 비롯해 네 개의 건물이 통로로 연결된 이곳은 1천50개의 전시실과 120개의 계단이 있다. 건물 규모도 규모지만 약 300만 점의 전시 작품을 보려면 한 개당 1분씩 잡아도 25년하고도 100일이 걸린다. 1년을 246일로 잡아 계산하면 그렇다(2018년을 기준으로 할 때 365일에서 토요일, 일요일과 빨간 날을 빼면 246일이다). 박물관에 보관된 작품은 전시한 작품보다 더 많아 다 보려면 평생이 걸릴 정도라는 말은 과장이 아니다.

여름궁전은 또 어떠한가. 이 궁전은 추운 지방에 사는 러시아 황제가 여름 피서와 파티를 즐기는 곳으로 표트르 대제의 명으로 1714년 착공해 9년 동안 건설했다고 전해진다. 사실 공사가 끝난 시기는 150년 뒤라고 한다. 20여 개의 금빛 찬란한 궁전, 140개의 화려한 금칠 분수대, 7개의 아름다운 궁전은 러시아와 유럽 최고 건축가 그리고 예술가의 합작품이다. 러시아 황제의 위엄과 권위를 드러내고자 동원된 러시아 백성은 화려한 이 궁전을 보며 웃었을까, 울었을까.

부르기도 어려운 상트페테르부르크는 우리에게 레닌그라드라는 이름으로 더 익숙하다. 레닌이 물러가면서 도시 이름이 바뀌었지만 볼 것은 바뀌지 않고 여전하다.

피의 사원은 러시아정교 성당으로 정식 이름은 '피 흘리신 구세주 교회Church of Our Savior on Spilled Blood'다. 알렉산드르 2세가 폭탄 테러로 피를 쏟고 쓰러진 바로 그 자리에 아들 알렉산드르 3세가 아버지를 추모해 지은 성당이다. 이곳은 붉은 광장의 상크트바실리 대성당처럼 아름답기로 유명하다.

카잔 대성당은 카잔이 아니라 상트페테르부르크 중심부에 위치한 성당이다. 신앙의 핵심 상징인 그리스도, 성모, 성인 등을 그린 그림과 조각을 이콘Icon이라 부르는데 이곳은 러시아에서 가장 성스럽게 여기는 '카잔의 성모'를 모신 곳으로 널리 알려져 있다.

가이드는 카잔 대성당 앞에서 인심 쓰듯 우리에게 자유 시간을 주었다. 카잔 대성당 주변은 상트페테르부르크의 최고 번화가이자 젊음의 거리라고 했다. 마침 주말이라 대로변 인도는 사람으로 넘쳐났고 우리는 사람 숲을 헤치며 걸어야 했다. 나는 가이드가 유명하다고 소개해준 도넛 집에 들러 도넛을 한 조각 사 먹고 미리 모이기로 약속한 장소 앞에 있는 커피숍에서 남은 시간을 즐겼다.

기차로 국경을 넘다

이제 헤어져야 할 시간이 다가왔다. 여행단 일행은 상트페테르부르크에서 귀국하는 비행기에 오르고 나와 출판사 직원, 여행사 직원은 다시 기차를 타고 모스크바로 가서 폴란드 바르샤바행 기차를 타야 했다. 블라디보스토크에서 이르쿠츠크까지 3박 4일 동안 한 기차를 타고 흔들거리며 운명공동체로 지내온 그들과 헤어지면서 나는 남북이 만났다 헤어질 때면 항상 부르는 노래를 속으로 흥얼거렸다.

'잘 있으라, 다시 만나요. 잘 가시라, 다시 만나요. 목메어 소리칩니다. 안녕히 다시 만나요.'

바르샤바로 가는 기차역은 이른 아침인데도 역답게 북적거렸다. 오전 10시 20분에 기차에 올라 스몰렌스크 - 오르샤 - 민스크 - 브레스트 - 테레스폴을 지나는 1천151킬로미터를 13시간 58분이나 달렸다. 중간에 벨라루스라는 낯선 나라를 통과해 밤 11시 35분에 바르샤바에서 내렸다.

다행히 이번 기차는 2인 1실 1등석으로 객실 안에 화장실도 있고 샤워 시설도 갖추고 있었다. 1층 푹신한 의자는 젖히면 곧바로 침대로 변신한다. 문제는 따로 있었다. 말이 통하지 않는 낯선 외국인과 함께 타면 열네 시간을 어떻게 함께 갈까? 누가 1층 침대를 쓸지 어떻게 정해야 할까? 다행히 출발할 때는 나 혼자였다.

기차가 서서히 모스크바 근교를 지날 때, 펜스 없는 기찻길 옆에 남루한 차림의 행상들이 고단한 삶의 무게만큼이나 무거운 표정으로 줄지어 서 있었다. 시베리아 열차에서 본 바깥 농촌 풍경이 그러했듯 모스크바 가정집도, 공장도 족히 30∼40년은 되었음직한 슬레이트지붕을 얹고 슬픈 표정을 한 채 획획 지나갔다. 여긴 분명 러시아의 영광 모스크바를 관통하는 기찻길이거늘 비포장도로도 자주 눈에 띈다. 사회주의 종주국 소련의 영광은 어디로 사라졌단 말인가. 세계 군사력 2위 러시아의 힘은 어디에 있는가. 뭔지 모를 애잔함에 젖어 있는 사이 슬그머니 허기가 찾아왔다.

다행히 그 기차에는 식당 칸이 있었다. 넓지는 않지만 기차 객실이 아닌 탁 트인 공간에서 밥을 먹는다는 것은 즐거운 일이다. '베를린 정복자' 일행 네 명은 메뉴판 그림을 손가락으로 짚고 식당직원과 눈을 맞춰가며 한국말로 주문을 했다. 직원은 눈치코치로 알아듣고 주문을 받아갔다.

외국 여행 중에 말이 통하지 않는 불편함을 어찌 다 말로 표현할 수 있으리. 내가 터득한 비법은 간단하다. 영어권은 대충 중고등학교 때 배운 단어만 활용해도 얼추 통한다. 완벽한 문장을 만들려고 애쓰지 말고 그냥 단어만 죽 나열해도 다 알아듣는다.

그럼 영어권이 아닌 나라는? 이게 정말 비법 중의 비법이다. 영어 플리즈^{Please}, 땡큐$^{Thank-you}$와 쓰임이 같은 그 나라 말만 알면 된다. 폴란드에 가면 '프로셍^{Proszę}'하면서 손가락으로 메뉴판 그림을 가리키면 원하는 것을 가져다준다. 서비스를 받았을 때는 '지엥꾸옝^{Dziękuję}'하면서 감사를 표시하면 그 나름대로 완벽하다.

스피커에서 뭐라고 얘기를 하는데 도통 알아들을 수가 없다. 어느 역에서 정차한다는 안내방송 같다. 오후 3시 28분, 우리는 벨라루스의 오르샤역에서 12분간 정차한 뒤 기차로 국경을 넘었다. 우리 땅에서 육로로 국경을 넘을 수 없어서 그런지 그처럼 간단하게 국경을 넘는 것이 늘 새삼스럽고 신기하고 부럽다. 터널 하나 없이 평원을 달리지만 기차는 이리저리 흔들리며 옆으로 앞으로 쏠리기도 했다. 벨라루스에서도 어김없이 자작나무가 나를 쫓아왔다.

"자작나무, 작작 따라와!"

내가 뭐라고 중얼거리든 말든 자작나무는 한결같은 모습으로 나를 따라왔고 바뀐 풍경은 별로 없었다. 벨라루스의 수도 민스크에 잠시 내려 우리나라 60~70년대를 연상하게 하는 허름한 시골장터 같은 모습을 보니 새삼스러웠다. 벨라루스의 '벨라'에는 'White'라는 뜻이 있어서 예전에 백러시아로 불리기도 했다. 이 나라는 1922년 12월 벨라루시 소비에트사회주의공화국이었다가 소련 해체와 함께 1991년 독립했다.

기차로 국경을 통과하려니 여권 검사를 했다. 공안인지 경찰인지 우락부락한 친구가 자꾸만 내 가방을 가리켰다. 그는 두 손으로 지퍼를 열라는 신호를 했다. 제복이 깡패라고 하는 수 없이 가방을 열자 허락도 없이 가방을 마구 뒤지더니 인사를 생략한 채 문을 꽝 닫고 나가버렸다. 곰곰 생각하니 정말 어이가 없었다.

기차 바퀴는 어둠을 밀어내기도 하고 어둠에 잠기기도 한다. 어느새 폴란드 국경인가? 이번에는 폴란드 제복을 입은 사람이 다시 여권을 보잔다. 땅의 경계는 알 수 없어도 폴란드 영토 안에 진입했음이 분명하다.

밤 12시, 바르샤바에 내리니 휑하니 깜깜했다. 버스도 택시도 다 끊긴 모양이었다. 영어를 잘하는 여행사 직원이 콜택시를 부르는지 열심히 통화 중인데 표정을 보니 택시가 없는 것 같았다. 이럴 때 같이 초조해하면 그 직원이 더 당황해서 일을 그르친다. 나는 저만치 떨어져 모르는 척 담배를 피우면서 일부러 트로트를 흥얼거렸다. 바로 그때 부르지도 않은 택시 두 대가 나타났다. 사람이 죽으라는 법은 없나보다. 그렇게 택시는 잡았지만 호텔에서는 잠만 자고 아침 일찍 다시 베를린행 기차를 타야 한다. 폴란드는 냄새만 맡고 스쳐 지나가야 하는 내 신세가 죽을 맛이었다.

드디어 베를린에 도착하다

다음날 아침 9시 39분, 바르샤바 중앙역에서 드디어 우리를 베를린까지 데려다줄 기차에 올라탔다. 519킬로미터를 7시간 3분 만에 주파해 오후 4시 42분 목적지에 도착할 예정이었다.

기차 밖의 폴란드 풍경은 한결 풍요롭고 여유로워 보였다. 사실 폴란드는 유럽연합 국가 중 그리 잘사는 나라가 아니지만 그곳 농촌 풍경은 러시아와는 수준이 달랐다. 우선 빛바랜 슬레이트지붕이 눈에 띄지 않았고 반듯반듯한 농경지, 영화에 나옴직한 목초지, 집집마다 빨간색, 파란색, 주황색, 하얀색으로 칠한 지붕과 울타리가 멋지게 어우러졌다. 관개시설과 밭도 잘 정리되어 있었고 현대식 농기계도 보였다.

한데 포즈난글로브니역인지 즈바시네크역인지에서 큰일을 당할 뻔했다. 폴란드 경치가 삼삼해서 정차 시간에 잠깐 넋 놓고 구경하는데 그만 기차 문이 닫히고 말았다. 0.1초간 정말 등골이 오싹했다. 건너편에 있던 철도 회사 직원이 알아듣지 못할 폴란드어로 뭐라고 고래고래 소리를 질렀다. 아, 고작 프로솅과 지엥꾸엥밖에 아는 말이 없는데 대체 어쩌란 것인가. 그때 누군가가 문 옆에 붙어 있는 초록색 단추를 누르자 놀랍게도 천국의 문이 열렸다.

폴란드 정차역에서는 인터넷이 터졌고 나는 페이스북에 글을 썼다.

9월 10일: 기차 타고 국경을 넘다.
모스크바에서 벨라루스를 통과해 폴란드 바르샤바까지
13시간. 바르샤바에서 1박 하고 바르샤바 중앙역에서
베를린으로 출발. 7시간 후 베를린 도착. (…)
리얼리티가 중요한 이 시대 참생생인 올림.

글을 올리자마자 댓글이 달렸다.

Park Florence: 베를린 사는 청래당 지지자입니다.
베를린 입성을 환영합니다. ㅎㅎ 혹시 베를린 현지에서
조금이라도 도움이 필요하면 무엇이든 언제든 카톡이나
페메 연락주세요.

알려준 카톡 ID로 재빨리 반가운 마음을 담은 메시지를 보내자 기차가 독일로 진입하자마자 낭보가 날아들었다.

'베를린 중앙역 근처 호텔 로비에서 만나요.'

독일은 폴란드와 또 달랐다. 달리는 기차 안에서도 인터넷이 터졌다. 구글 지도를 켜니 현재 위치 검색도 가능하고 주변 건물을 보는 것은 물론 강줄기 방향까지 바로바로 알 수 있었다. 베를린 시내로 들어선 기차는 간혹 거리 조정을 하는지 느리게 달리다가 빠르게 달리다가 했다. 아, 기쁜 소식 하나 더! 드디어 자작나무가 내 시야에서 사라졌다. 굿바이, 자작나무. 그동안 나를 따라다니느라 고생 많았다.

비행기로 출발했다면 11시간이면 왔을 거리지만 평화통일의 염원을 품은 우리는 굳이 시베리아 횡단열차를 타고 손기정 코스로 산 넘고 물을 건너가며 열흘 만에 독일 베를린에 도착했다. 베를린 중앙역에서 나는 열하루 동안의 대장정이 끝났다는 신호로 두 팔을 벌렸다. 설령 지나가는 행인이 흉을 볼지라도 나는 그 순간을 기록하고 싶어 그 자리에서 사진을 찍고 페이스북에 글을 올렸다. 기록이 곧 역사니 말이다.

오후 5시, 밝은 대낮에 도시에 도착하니 마치 정글을 헤매다 온 것처럼 새삼스럽다. 호텔에 도착하자마자 먼발치에서 한국인이 걸어왔다. 박지형 씨다. 베를린자유대학교에서 유학하고 한국에 잠시 갔다가 다시 독일로 돌아와 자유대학교에서 시간강사를 한단다. 세상에 이보다 더 반갑고 고마울 수가 있을까. 세상이 넓은 만큼 사는 맛은 참으로 다양하다. 처음 보는 사람이 이토록 반가울 수도 있

베를린행 기차를 기다리며
모스크바에서 오전 10시 20분에 기차에 올라 무려 1천151킬로미터,
13시간 58분을 달려 바르샤바에 도착했다. 남북철도가 연결되어 서울역에서
모스크바와 베를린으로 가는 기차 시간표를 볼 날이 기다려진다.

다니. 나는 그를 만나자마자 다짜고짜 베를린 장벽에 가자고 했다.

베를린을 네댓 차례 방문했는데 부러운 마음에 올 때마다 가보는 곳, 이스트사이드 갤러리. 이스트사이드 갤러리는 동서 베를린을 가로막은 그때의 장벽에 여러 나라 화가가 그림을 그려놓은 담벼락 미술관이다. 세계사에 남을 2018년의 한반도에 사는 사람으로서 그곳은 가장 부러운 역사의 현장이다.

여행은 끝나가지만 평화와 통일을 향한 우리의 여정은 앞으로 갈 길이 멀다. 쉽지 않을 그 길, 도중에 절대 낙담하지 말고 지치지도 말고 끝까지 가자고 다짐하며 거기까지 간 것이다. 한 걸음, 한

걸음을 꾹꾹 눌러 걸었다.

우리 일행은 슈프레강을 따라 1.3킬로미터를 걸었다. 가장 유명한 것은 동독 에리히 호네커 서기장과 소련 레오니트 브레즈네프 공산당 서기장이 입맞춤하는 그림이다. 1991년 7월 25일 처음 전시했는데 내가 전에 와서 볼 때 이미 낙서가 심했다. 말끔해졌기에 알아보니 2009년 복원해서 다시 그렸다고 한다.

지금은 담벼락 미술관이 되었지만 말없이 서 있는 베를린 장벽은 분단독일의 아픔을 온몸으로 겪은 역사의 요체다. 땅속 깊은 곳 진원에서 암석이 파괴되기 시작하면 지진을 알리는 '조짐'이 나타난다. 마침내 그 힘이 지표에 가까워질수록 더 많은 '조짐'이 해일처럼 걷잡을 수 없이 밀려온다. 독일 통일도 그랬다. 베를린 장벽은 1989년 11월 9일 무너졌지만 그 조짐은 그해 봄부터 나타났다.

1989년 5월 헝가리가 오스트리아와의 국경을 가로막았던 철조망을 철거했다. 그러자 헝가리, 체코, 폴란드 주재 서독대사관과 동베를린 주재 상주대표부에 동독 탈출민이 물밀 듯 밀려들었다. 1989년 9월 헝가리 정부는 오스트리아와의 국경을 개방한 뒤 동독 주민의 출국을 허용했고 9월 한 달 동안 3만 명 이상이 서독으로 탈출했다. 바로 이것이 독일 통일의 시작이었다.

내가 시베리아 여행을 다녀온 뒤 2018년 3차 남북정상회담에서 남북 간의 신뢰 조치로 일체의 군사적 적대행위 전면금지를 합의했다. 나아가 실질적 종전선언이 이뤄지고 남북철도를 연결하기 위해 동해선과 서해선을 잇는 철도 착공식을 한다는 반가운 합의를 발표했다. 아직 넘어야 할 산이 많지만 이것이 한반도 평화와 통일을 데려오는 좋은 조짐이었으면 좋겠다.

분단에서 통일로 가려면 끊어진 것을 다시 이어야 한다. 끊어진 철도를 다시 잇는 것만큼 가시적이고 상징적인 것이 또 어디 있겠는가. 끊어진 철도를 다시 잇는 것은 끊어진 민족의 혈맥을 다시 잇는 것이자 끊어진 역사를 다시 잇는 것이다.

우리는 베를린 중심가 파리저 광장에 있는 브란덴부르크 문으로 갔다. 그곳은 분단독일 시절 동서 베를린의 경계로 통일독일과 통일베를린의 상징이다. 1989년 11월 약 10만 명의 인파가 이 문 앞에 운집해 베를린 장벽을 허물었다. 분단독일의 장벽을 부수고 분단의 역사를 허문 것은 동독 정부도 서독 정부도 아니다. 양쪽 독일 국민이 힘과 뜻을 합쳐 이룬 쾌거다. 지금도 그날의 감격을 잊지 말자는 취지로 브란덴부르크 문 뒤 도로 바닥에 베를린 장벽의 흔적을 남겨두었다. 지금 그 위로 자동차들이 쌩쌩 달리고 있다. 동서독 구분 없이 누구나 자유롭게 분단의 흔적을 넘나드는 것이다.

서로 이름을 불러주자

바다가 아닌 철조망에 갇힌 한국의 서울에서 열한 시간이면 올 수 있는 거리를 일부러 열하루를 써가며 통일독일의 수도 베를린까지 왔다. 기차로 100시간이나 걸려 1만 1천71킬로미터를 달렸고,

중간에 비행기로 여섯 시간 동안 4천211킬로미터를 날았다. 그중에서도 시베리아 횡단열차를 타러 비행기로 날아가야 했던 것이 가장 아쉽다. 전체 일정 열하루의 1만 5천여 킬로미터 가운데 고작 두 시간 거리인 800킬로미터였기에 더욱 아쉽다.

돌아오는 길, 베를린 공항에서 빈병을 모으는 사람들을 봤다. 독일은 빈병을 가져오면 값을 쳐서 돈으로 돌려주는 판트Pfand 시스템 덕분에 빈병 재활용률이 60~70퍼센트를 자랑한다. 남북철도를 재활용하면 그것이 판트에 비할까. 부산이나 목포에서 출발한 기차가 평양을 거쳐 중국, 러시아 시베리아를 경유한 뒤 유럽으로 가는 세상. 비행기가 아니라 기차로 국경을 넘는 꿈. 일본의 공산품이 40일이 아니라 14일 만에 유럽에 가면 남도 좋고, 북도 좋고, 러시아도 좋고, 중국도 좋고, 일본도 좋지 않겠는가. 그것이 갈등과 공포에서 멀어지고 평화와 번영이 가까워지는 길이다.

21세기 지구에 남은 최후의 분단국가 대한민국과 조선민주주의인민공화국. 분단 70년 동안 한번도 서로의 국가 이름조차 제대로 불러주지 않았다. 대한민국은 북쪽을 북한으로, 조선민주주의인민공화국은 남쪽을 남조선이라 불렀다. 김춘수 시인의 시 〈꽃〉처럼 남이 북의 이름을 불러주고 북이 남의 이름을 불러주었을 때, 남도 북도 서로 의미 있는 꽃이 되지 않을까.

귀국하는 비행기 안에서 나는 베를린이 시야에서 사라질 때까지 내려다보았다. 숲이 많은 나라, 중소기업이 강한 나라, 대학생이 등록금을 내지 않고 고등학교만 졸업해도 취직이 잘되는 잘사는 나라, 독일. 그들도 분단국가였지만 지금은 우리만 분단국가로 남았다. 독일은 제2차 세계대전의 전범국가로서 죗값을 치르느라 분단의 아픔을 겪었지만 우리는 아무런 죄 없이 분단되었다. 이건 경우가 다르다. 그러나 지금은 원인을 따지기에 앞서 부럽고 또 부럽다.

나는 마음속으로 다짐했다. 이번에는 평양을 건너뛰고 왔지만 다음엔 평양역을 거쳐서 다시 오리라. 평양을 생략하고 블라디보스토크를 거쳐 베를린으로 온 시베리아 횡단열차는 무효다. 서울에서 온전히 기차를 타고 평양을 통과한 다음 베를린에 도착해 나는 외치겠다.

"독일, 우리도 통일했다! 우리도 통일했다니까!"

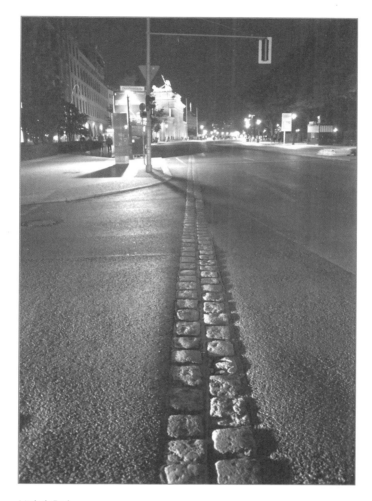

분단의 흔적

파리저 광장에 있는 브란덴부르크 문은 분단독일 시절 동·서 베를린의 경계로 통일독일과 통일베를린의 상징이다. 브란덴부르크 문 뒤 도로 바닥에 베를린 장벽의 흔적을 남겨두었다.

2부

해보자

평양에 치킨집을 내다

2018년 1차 남북정상회담이 열리기 하루 전, 〈CBS 노컷뉴스〉
는 광화문 광장에서 시민들을 만나 '평화로운 한반도, 남북정상에
게 바라는 점'을 물었다. 평양을 관광하고 싶다, 옥류관 냉면을 먹고
싶다, 시베리아 횡단열차를 타고 유럽에 가고 싶다 등 북한을 자유
롭게 오가고 싶다는 의견과 함께 '북한에서 미용실을 열고 싶다'도
있었다.

북한에서 사업을 한다니, 생각만 해도 설렌다. 미용실, 네일숍,
카페, 편집숍, 꽃가게, 서점, 빵집 등이 북한에 문을 열면 반응이 상
당히 괜찮을 것 같다. 그러나 즐거운 상상은 여기까지고 현실적으

로 생각해보니 가능할지, 무엇부터 해야 할지 감이 오지 않는다. 남한의 자본주의식 운영 방식과 마케팅이 북한에서도 통할까? 북한에서 사업을 하려면 제약이 많지 않을까? 계약은 누구와 해야 할까?

믿기 힘들겠지만 이미 평양에 치킨집을 연 사람이 있다. 평양에서 가장 번화한 개선문 옆 북새거리에 120평 규모의 락원닭고기 전문식당(이하 락원식당)을 열었던 최원호 대표가 그 주인공이다. 서울에서 오랫동안 치킨집을 운영한 최 대표는 서울에서 쓰던 재료와 조리법 그리고 인테리어 디자인까지 그대로 평양 시내 한복판에 옮겨 식당을 열었다. 서울식 '치맥' 개념까지 더해 평양 시민들을 사로잡았다고 한다.

〈워싱턴 포스트〉, 〈BBC〉, 〈산케이신문〉, 〈후지TV〉 등에서 취재해 기사로 실을 정도로 해외에서 더 화제가 되었다. 최 대표는 〈CNB 저널〉과의 인터뷰에서 이렇게 말했다.

"평양특별시 모란봉구역 개선문동 북새거리 최고의 요지에 입점했다. 북한에 치킨이라는 개념이 처음 들어갔기에 손님들 반응이 대단했다."

그는 지금 서울에서 치킨집을 운영하고 있다. 아이템 선정·시장조사·메뉴 선정·인테리어·운영 방식·가게 홍보 등 락원식당이 평양에서 문 열기까지 어떤 과정을 거쳤는지, 어떤 어려움과 기회가 있는지 최 대표에게 직접 들어보았다.

북한 곳곳에 진출한 우리 기업들

김대중 정부와 노무현 정부 10년 동안 금강산과 개성공단을 제외하고도 북한 내륙까지 진출한 기업이 무려 1천100개에 이른다. 그런데 2010년 이명박 정부는 5.24조치를 발표한다. 5.24조치는 2010년 3월 26일 천안함 사건 이후 개성공단을 제외하고 교역, 왕래, 투자, 인도적 지원 등 북한과의 모든 관계를 단절한다는 내용으로 이명박 정부가 내린 행정명령이다.

결국 개성공단 외의 지역에서 활발하게 사업을 하던 사람들은 졸지에 사업을 접을 수밖에 없었지만 피해 보상도 받지 못했다. 개성공단을 다시 열어달라는 목소리나 금강산 관광을 재개하자는 목소리는 언론에 자주 등장하고 여기에 귀를 기울이는 국민도 많다. 그러나 금강산과 개성공단 외에 북한 곳곳에 진출한 우리 기업인들은 잘 알려지지 않았다

금강산에서 금강산관광호텔을 운영한 안교식 사장은 19대 국회외교통상위원회에 참고인으로 나와 양주병 하나 들고 나오지 못한 채 전 재산을 잃고 신용불량자가 된 심정과 본인이 선택할 수 있는 카드는 자살밖에 없다며 자신의 상황을 상세하게 증언했다. 실제로 북한에서 사업을 한 많은 기업인이 10년 넘게 피눈물을 흘리고 있다.

남북경제협력에 뛰어든 기업인은 돈을 번다는 목적도 있었지만 가슴 한쪽에는 남북경제협력으로 남북관계 발전과 통일에 기여

한다는 자부심도 있었다. 그들은 남북관계가 좋아져 북한에 있는 자기 사업장에서 녹슨 연장을 챙기고 기계에 기름칠을 하고 다시 사업을 할 그날이 하루빨리 오기를 바란다.

남과 북이 자유롭게 왕래하며 북에서 다시 사업을 할 수 있으리라는 희망의 끈을 놓지 않은 사람 중에는 고故 유동호 남북경제협력기업비상대책위원회 위원장도 있었다. 그와 함께 일한 사단법인 남북경제협력협회 정숙경 운영지원실장은 남북경제협력의 역사와 북한에서 사업을 한 사업가들의 사례를 글로 써주었다. 남북경제협력의 선구자들이 먼저 닦아놓은 넓은 길을 따라가 보자.

3장

평양에 '치맥' 붐을 일으킨
평양 락원식당

서울 맛대로촌닭 대표
최원호

시장조사부터 계약서 쓰기까지

2007년 평양의 번화가 북새거리 한복판에 120평 규모의 식당을 열었다. 그런데 정작 가게 문을 연 다음에는 거의 가보지 못했다. 2007년 개업하고 소스, 식용유, 파우더 같은 식자재를 인천항에서 남포항으로 올려 보낸 것이 마지막이었다. 그 뒤 5.24조치로 길이 아예 막혀버려 사람도, 물자도 올라가지 못했다. 가게를 운영할 준비를 모두 끝냈는데 정작 가게 주인인 나는 평양에 못 갔던 것이다.

북한에 식당을 차리면서 중간에 포기할까 하는 생각도 많이 했으나 그만두기에는 너무 아까웠다. 서울에 있는 아파트를 담보로 잡을 만큼 자금도 많이 들어갔고 북한에 문을 열기만 하면 잘될 거라는 믿음도 강했기 때문이다. 그런데 이렇게 길이 막혀버릴 줄 미처 몰랐다. 지금도 북새거리에는 '락원식당'이 있지만 메뉴가 많이 바뀌었다고 한다. 한때 락원식당 치킨이 북한에서 선풍적인 인기를 끌었다고 들었다.

한국에서 운영한 치킨집 프랜차이즈는 그런대로 잘나가는 편이었다. 2004년에는 닭고기 수입 사업을 했는데 당시 미국, 중국, 태국, 브라질 등에서 10만 톤 이상의 닭을 수입했다. 그런데 어느 순간 돈이 해외로 나가는 게 아깝게 느껴졌다. 그 돈을 해외로 내보내지 않고 북한에서 닭을 길러 수입하면 북한도 좋고 경비도 절약할 수 있겠다는 생각이 들었다. 북한은 인건비가 저렴하고 가까워서 물류비도 줄일 수 있으니 조건은 여러모로 좋다고 봤다. 그러던 차에 조류독감이 터져 닭을 수입할 수 없는 지경에 놓였다.

2005년 11월 처음 평양을 방문해 시장조사를 했는데 그때 얻은 자료와 '쉬운 것부터 하라'는 주변의 조언을 보태 치킨집을 내기로 결심했다. 서울에서 10년 넘게 치킨집 프랜차이즈를 운영하며 돈을 벌어 건물까지 샀으니 그것은 내 장기나 다름없었다. 서울에서 하던 방식대로 평양에서 치킨집을 운영하면 분명 잘될 거라는 확신이 들었다.

평양에 닭집을 내려면 일단 점포부터 잡아야 하는데 가보지 않았으니 어디에 사람이 모이는지, 어디가 역세권인지 알 수 없었다. 이때 필요한 것이 북한쪽 파트너다. 북한에서 사업을 하려면 가장 먼저 합자할 회사, 즉 사업파트너를 골라야 한다.

나는 2005년 북한 국영목장관리국(또는 가금총국) 소속 설경무역을 통해 가게 자리를 알아봤다. 상권을 보는 데는 자신이 있었는데, 설경무역에서 처음 보여준 자리가 중심가와 떨어진 개선문 위쪽이었다. 이건 아니다 싶어 거절하자 다음으로 월향각이라는 건물을 보여주었다. 2, 3층을 통째로 쓰라는 제안이었지만 치킨집을 하기에 너무 컸다. 그래서 곧바로 계약하지 않고 합의서만 써주고 한국으로 돌아왔다. 합의서는 북한에서 사업을 할 때 계약서를 쓰기 전에 작성하는데 법적 효력은 없다.

얼마 뒤 다시 북한에 가서 이번에는 락원무역총회사를 만났다. 처음 만난 설경무역은 뭔가 나와 맞지 않는다는 생각이 들었기 때문이다. 락원무역은 자리를 여러 개 보여주었고 현장에 가보니 지금의 락원식당 자리가 딱 눈에 들어왔다. 무엇보다 개선문과 김일성경기장에서도 보이고 지하철역이 가까웠다. 행정구역으로는 평양특별시 모란봉구역 개선문동으로 흔히 북새거리라고 부른다. 이름 그대로 사람이 많이 다니는 곳이다.

그 건물을 보자마자 나는 '아, 여기에서 해야겠다'라고 결심했다. 락원무역 사장이 북한에서 영웅 칭호를 받을 정도로 영향력이 커서 그런지 가게 자리도 좋은 곳을 많이 알았고, 계약서를 쓰고 나니 일이 일사천리로 진행되었다. 그 경험으로 북한에서 사업을 하려면 사업파트너를 잘 만나야 한다는 것을 깨달았다.

지금의 락원식당 자리로 가게를 정하고 락원무역과 계약서를 썼다. 15년 영업권 보장에 이익금을 배분하는 방식으로 이익금은 내가 70퍼센트, 락원무역이 30퍼센트를 갖는 조건이었다. 계약은 연장이 가능했고 보증금과 월세는 따로 없었다. 한마디로 락원무역에서 건물을 대고 내가 설비를 갖춰 운영하는 식이었다. 그 정도면 북한에서 사업하기에 좋은 조건이다.

1984년 북한은 선진국 자본과 기술 유치를 위해 '합영법'을 제정했다. 이것은 외국인 투자를 활성화하기 위한 합작투자법이다. 제도적으로 주식회사처럼 출자 지분에 따라 경영이윤을 배분하는 합영기업 방식으로 운영할 여건을 마련한 셈이다.

운영은 남한식, 표현은 북한식

계약하고 나서 문을 열기까지 6개월 정도가 걸렸다. 일단 나는 프랜차이즈를 운영한 경험을 살려 '서울에서 하던 방식'대로 운영하기로 했다. 인테리어 디자인과 메뉴 선정까지도 서울에서 하던 방식을 그대로 살렸다. 내가 서울에서 운영한 치킨집은 매장에서 치킨과 생맥주를 팔고 배달도 했는데 북한에서도 그 방식이 먹힐 거라고 보았다.

월세가 없으니 임대 조건은 서울보다 훨씬 좋았고 팔리는 대로 이익금을 나눠 갖는 조건도 만족스러웠다. 반면 서울에서 인테리어 자재를 다 보내야 하는 까닭에 그 비용이 꽤 들어갔다. 식당이 120평이었는데 공사비로 3억 5천만 원이 들었다.

락원식당 외관
인테리어에 필요한 자재는 단동에서 구해 평양으로 보냈다. 간판 디자인은
북한의 규격을 따랐다.

일단 식당 도면과 사진을 서울로 갖고 와서 인테리어 회사에
내부 디자인을 맡겼다. 서울에서 설계도면 시안을 여러 개 그려 락
원무역에 보내 디자인을 확정한 다음 공사를 시작했다. 서울식으로
인테리어를 하려면 자재가 필요한데 북한에는 그런 자재가 충분치
않다. 궁리 끝에 인테리어에 필요한 자재를 중국 단동에서 구해 신
의주를 거쳐 평양으로 보냈다. 식당 건물 지붕은 원래 슬레이트였
는데 공사를 하는 김에 지붕에 필요한 자재를 보내 다 해버렸다.

가게 출입구는 자동문으로 결정해 자재를 보냈지만 운반 도중
네 짝 중 한 짝이 파손되는 문제가 발생했다. 북한에서 자재를 구하
려다 잘 안되자 문 한 짝을 긴급히 구해 보내달라고 한 적도 있다.

자재를 다시 보내주었고 다행히 공사는 락원무역에서 돌격대를 동원해 신속하게 끝냈다.

한국은 간판 디자인과 규격 제한이 엄격하지 않지만 북한은 다르다. 북한은 글씨체도 북한 신문에서 자주 볼 수 있는 모양이어야 하고 색상도 빨강, 연두, 파랑 등 원색 계통 몇 가지로 정해져 있다. 무엇보다 영어를 쓰면 안 된다. 나는 락원무역이 보여준 디자인과 규격에 맞춰 간판을 디자인했다.

매장에 들어가는 다른 물품과 식자재도 모두 인천항에서 남포항을 거쳐 평양으로 보냈다. 냉장고·냉동고·테이블·의자는 기본이고 그릇, 수저, 맥주 컵, 소주 컵, 가스레인지, 튀김기, 기름종이, 치킨박스, 알루미늄 호일, 냅킨, 이쑤시개, 주방세제까지 보냈다. 냉동탑차와 승용차도 보냈는데 보낸 물품과 식자재를 세어보니 180종이 넘었다. 하다못해 생맥주 기계까지 보내야 했다. 서울에서 가게를 내면 생맥주 기계는 맥주회사에서 빌릴 수 있는데 평양으로 가는 것은 빌릴 수가 없으니 사서 보낼 수밖에 없었다.

가게 문을 열기 전까지 락원무역 담당자와 수차례 메일을 주고받는 과정에서 북한말을 익혀야 일이 수월하겠다는 것을 느꼈다. 좀 배우다 보니 외래어를 쓰지 않는 북한말이 재미있게 다가왔다. 가령 북한에 물품을 보내기 전에 메일로 미리 목록을 주어야 하는데 목록을 보냈더니 이런 답장이 왔다.

'평양식당공급품목에서 의문되는 주방 도구 및 설비들의 명세를 아래에 보내니 우리말로 표기해주시기 바랍니다.'

평양 식당 남한 공급 품목

공사명 : 평양점

가격조건 : **FOB INCHEON PORT**

작성일 : 2007년 8 월 11일

환율 : $1 = 930 원

번호	품 명	규 격	수량	단가(USD)	금 액(USD)	비 고
1. 기 물						
1	투톤 브라운 접시	TR-14경	180	14.70	2,646.00	
2	투톤 브라운 웰빙 사각접시	웰빙 011	120	6.80	816.00	
3	투톤 브라운 특8볼	SEP-8볼(ø192)	120	3.70	444.00	
4	투톤 브라운 특6볼	SEP-6볼(ø135)	120	2.00	240.00	
5	투톤 브라운 803	TH-803(ø90)	240	0.80	192.00	
6	투톤 브라운 8타	TH-8타(192*125)	120	2.00	240.00	
7	투톤 브라운 805(굽5반쿠프)	TH-805(ø139)	600	1.50	900.00	
8	투톤 브라운 물결공기	TH-704(ø107)	240	1.70	408.00	
9	투톤 브라운 컵(중)	투톤 컵(중)(ø89)	240	1.50	360.00	
10	투톤 브라운 쌍초장	WO-08(150*74)	120	1.70	204.00	
11	투톤 브라운 재털이	투톤 재털이(ø118)	60	2.00	120.00	
12	수저, 젓가락 SET	세일(저가)	240	1.30	312.00	
13	흑색 일품쟁반 (대)(논슬립)	TW-460(460*360)	60	5.00	300.00	
14	멜라민 4구식판	W-990(405*300)	20	4.50	90.00	직원용
15	국그릇	볼606(ø145)	20	1.50	30.00	직원용
16	수저, 젓가락 SET	일반	20	1.10	22.00	직원용
17	스테이크판 SET	원3호	120	9.80	1,176.00	
18	소주컵		240	0.10	24.00	
19	맥주컵		240	0.30	72.00	
20	양주컵(대)		240	0.30	72.00	
21	양주컵(소)		240	0.40	96.00	
22	주부저울	2KG	5	11.20	56.00	
23	접시지시저울	5KG	5	19.60	98.00	
24	식 도		10	14.00	140.00	
25	과 도		5	1.40	7.00	

< 1 / 7 >

남한공급(FOB)

북한에 제출한 식당공급품목

북한쪽 담당자에게 락원식당에 필요한 물품 약 200종의 목록을
보냈더니 투톤 브라운 접시, 냅킨꽂이, 마블코팅 프라이팬, 노가리 등
목록 중에서 '의문'되는 품목을 우리말로 바꿔달라는 요청이 왔다.

투톤 브라운 접시, 냅킨꽂이, 파라솔, 프라이드 파우더, 황도, 건파슬리, 빌지 클립, 마블 코팅 프라이팬 등 우리가 자연스럽게 쓰는 말도 북한에서는 쓰지 않으니 생소했던 거다. 모두 북한말로 바꿔달라고 하는데 사업을 시작하기 전에 이런 문제는 전혀 생각지도 못한 부분이다.

남한에서 통하면 북한에서도 통한다

식당을 열면 홍보를 해야 하니 전단지도 만들었다. 이때 역시 외래어를 북한말로 바꾸는 게 중요했다. 일단 치킨은 '닭', 프라이드는 '튀기'로 모두 바꿨다. 그리고 원적외선 구이는 '면적외선 구이'로, '쿠폰 10매 모으면 치킨 한 마리 무료'는 '봉사카드 10매 모으면 닭고기튀기 한 마리 무료'로 바꿨다. 북한에서 쓰는 방식대로 말을 바꿔 락원무역의 확인을 받은 다음 전단지를 인쇄해 보냈다.

여기에다 서울 치킨집의 메뉴를 그대로 판매하려고 한국에서 조선족 조리사를 뽑아 3개월간 교육에 들어갔다. 그런 다음 그들이 열흘씩 두 번 북한으로 가서 북한 조리사들을 가르쳤다. 요리법과 음식을 다루는 법을 가르쳐주고 매뉴얼대로만 하면 되니 크게 어려운 일은 아니었다. 북한 조리사들은 락원무역에서 뽑았고 회계 관리도 그쪽에서 담당했다. 한마디로 서울에서는 기술과 자재를 제공하고 북한에서는 노동력을 제공한 셈이다.

락원식당 전단지

메뉴는 서울식으로 하되, 표현은 평양식으로 했다. 치킨은 '닭'으로,
프라이드는 '튀기'로, 원적외선은 '먼적외선'으로 바꿨다. 서울과 마찬가지로
치킨집의 콘셉트인 배달을 꼭 하고 싶었다.

나는 서울과 마찬가지로 치킨집의 콘셉트인 배달을 꼭 하고 싶었다. 그래서 오토바이 다섯 대와 안전모, 배달통도 다섯 개씩 올려 보냈다. 당시 평양에는 전단지나 배달 개념이 전혀 없었다. 2005년 평양순안공항에 내리는데 포화 상태인 한국과 달리 할 것이 평양은 굉장히 할 것이 많아 보였다. 나는 한국에서 치킨집 프랜차이즈를 운영한 경험을 살려 종목을 닭으로 했지만, 닭뿐 아니라 다른 것도 다 되겠다는 생각이 들었다. 한국식 인테리어, 한국식 메뉴, 한국식 운영 방식이라면 모두 통하지 않을까?

아이템이 있다고 무조건 가서 할 게 아니라 한국에서 직접 부딪혀 해본 경험이 있어야 한다. 그래야 '어떤 장소에 가게를 열어야 장사가 잘될지' 알아볼 수 있다. 여기에다 가게를 하려면 어떤 물품이 필요한지 세심하고 구체적으로 챙겨야 한다. 운송비도 최대한 아껴야 하므로 수시로 보내기보다 한꺼번에 잘 추려서 보내는 것이 좋다. 그뿐 아니라 북한과 남한의 사정이 달라서 생기는 예상치 못한 상황에도 잘 대처해야 한다.

몹시 춥던 어느 해 겨울 한번은 가게 문이 열리지 않아 당황한 적이 있다. 전기 사정이 좋지 않아 난방이 약한 탓이었다. 그때 조리사를 파견했는데 물이든 뭐든 다 얼어붙어 아무것도 하지 못하고 두 번이나 왔다 갔다 했다. 결국 발전기까지 올려 보내야 했다. 가게 문을 열기 전까지 내가 여섯 번이나 왕래하며 기반 시설을 꼼꼼히 점검했지만 이런 일은 얼마든지 생길 수 있다. 어설프게 도전하면 위험 요소가 굉장히 크다.

넥타이와 우황청심환 사이에 오가는 뭉클함

가게 문을 열기 전까지 북한에 갈 때마다 나는 늘 고려호텔에 묵었다. 하루는 직원이 내게 다가오더니 20달러만 달라고 했다. 일단 주긴 했는데 그게 혹시 문제가 될까 봐 걱정스러웠다. 다음 날 안내원에게 얘기하자 20달러를 다시 받아 돌려주면서 "제가 혼내겠습니다. 자르지는 않을 테니 너무 걱정하지 마십시오"라고 했다. 여기도 사람 사는 사회구나, 상식이 통하고 말이 통하는 사회구나 하는 생각이 들었다.

나는 평양에 갈 때마다 락원무역 직원과 고려호텔 직원에게 주려고 문배주와 넥타이를 여러 개 사서 가져갔다. 실은 넥타이를 선물로 주면 그 사람이 넥타이를 맬 때마다 내 생각을 하지 않을까 하는 기대도 있었다. 서울에서 파는 넥타이는 디자인도 다양하고 비싸지도 않은데 잘 포장해서 주면 정말 좋아했다. 전기면도기도 평양 사람들에게는 굉장히 귀한 선물이었다.

언젠가 내가 평양에서 일을 마치고 서울로 돌아오는 날 고려호텔 지배인이 내게 우황청심환 한 갑을 주었는데, 왠지 눈물이 났다. 내가 그들을 생각하는 만큼 그들도 나를 생각한다는 느낌이 전해져 왔기 때문이다.

난 원래 북한을 잘 알지 못했다. 알려고 노력한 적도 없고 북한은 우리 민족이니 돕고 살아야 한다는 동포의식도 없었다. 그냥 먹고살기 바빴을 뿐이다. 그런데 우연한 기회에 북한에 가서 사람들을 만나고 평양에 머물다 보니 내가 알던 북한과 많이 달랐다. 솔직히 말하면 우리가 북한과 관련해 자라면서 배운 정보에 오류가 많다는 생각이 들었다.

나는 박정희 정부 때 군대에 갔는데 아침마다 멸공 구호를 외쳤다.

"때려잡자 김일성, 무찌르자 공산당."

막상 북한에 가보니 공산당은 없고 로동당만 있었다. 북한은 유일하게 공산당이 없고 사회주의 정당이 있으며 조선로동당이 집권당이다. 그걸 알고 나자 '아니, 내가 쳐부수자고 외친 공산당은 누구지?' 하는 생각이 들었다. 의심 없이 배우고 외친 구호가 얼마나 허망한 짓이었는지 평양을 몇 번 오가면서 깨달았다.

2018년 4월 열린 남북정상회담을 보면서 가슴이 뭉클했다. 그리고 당장은 아니어도 다시 갈 수 있겠다는 희망이 생겼다. 북한에는 기회가 많다. 무엇보다 땅값이 남한보다 싸고 인건비도 저렴하다. 철도가 연결되거나 육로가 뚫리면 물품을 실어 나르기도 한결 더 수월해진다. 여기에다 말이 통하고 그들도 우리처럼 손재주가 좋다. 한마디로 북한은 사업하는 사람들에게 기회의 땅이다. 기회가 닿는다면 다시 가서 사업을 하고 싶다.

4장

남북경제협력을 이끈
1천 개의 기업

사단법인 남북경제협력협회
운영지원실장 정숙경

남북경제협력의 초석을 다진 사람들

'남북경협' 하면 대다수는 가장 먼저 개성공단을 떠올린다. 사실 남북경제협력 사업은 2003년 개성공단이 문을 열기 훨씬 이전부터 평양, 해주, 남포, 송림, 김책, 은산, 신의주, 고산, 개성, 정촌, 금강산, 나진·선봉 등 다양한 지역에서 시작되었다. 경제협력에 참여한 기업만 해도 1천 개가 넘는다. 이들은 남북경협의 '개척자'라 할 수 있다.

남북 간 경제협력이 처음 이뤄진 것은 1988년 7.7선언 때부터였다. 1991년 남북기본합의서에는 남북관계를 '나라와 나라 사이의 관계가 아닌 통일을 지향하는 과정에서 잠정적으로 형성된 특수

관계'로 규정한다. 이에 따라 남북교역은 같은 민족 간 거래로 보아 무관세 혜택을 받았고, 가격경쟁력과 품질경쟁력이 있는 상품을 중심으로 반입했기에 판로 걱정 없이 들여오기만 하면 수익을 보장받았다.

1990년 이전에는 주로 북한 물품을 반입하는 일반 교역이 주종을 이뤘다. 하지만 1992년부터는 원부자재를 남한에서 북한으로 보낸 뒤, 북한에서 완제품이나 반제품으로 만든 것을 다시 남한으로 들여오는 위탁가공방식을 시작했다. 처음에는 북한 공장에 재봉틀을 사다주고 가방, 배낭, 의류, 봉제완구 등 단순임가공 제품의 생산을 맡기는 수준이었지만 제품의 질이 뛰어나고 인건비가 저렴해 수익률이 높았다.

의류로 시작한 위탁가공은 1990년대 중반부터 식품, 기계, 전자 등 기술집약형 임가공 제품으로 분야가 넓어졌고 현대로템에서는 기차 화차의 임가공도 맡겼다. 위탁가공을 활성화하려면 필요한 시설이나 기계설비에 투자해야 했기에 1995년부터는 북한 지역에 직접투자까지 이뤄졌다.

1998년 김대중 정부 들어 남한의 대북 포용 정책을 기반으로 분단 이후 남북 간 교류와 협력이 가장 활발하게 진행됐다. 분단 이후 지속되어온 잠재적 전쟁 위협 속에서도 각자의 마음속에 내재된 민족화합과 공동번영이라는 국민적 열망은 커져갔다. 그런 염원 속에서 1998년 현대그룹 정주영 회장이 소떼를 몰고 방북한 일은 우리를 비롯해 전 세계 많은 사람에게 깊은 인상을 남겼을 뿐 아니라 남북 교류 확대에도 큰 영향을 미쳤다.

그해 11월 금강산 관광특구를 착공하고 금강산 관광으로 인적·문화적 교류가 늘어나 남북 교역이 성장하면서 남북경제협력을 바라보는 국민의 관심과 공감대가 높아졌다. 뽀통령으로 아이들에게 사랑받는 〈뽀롱뽀롱 뽀로로〉도 하나로통신과 북한 삼천리총회사가 공동제작한 애니메이션으로 프랑스에 수출해 시청률 56퍼센트를 기록했다.

'북한'이란 낯선 말: 북한과 도대체 무슨 일을 한다는 걸까?

내가 북한에 관심을 기울게 된 때는 2007년 8월이다. 7년간 육아에 전념한 나는 어느 정도 아이를 키우고 나니 다시 일이 하고 싶어졌고 여기저기 일자리를 찾고 있었다. 그러던 어느 무더운 여름날 아침, 오늘 당장 면접 준비를 하고 나오라는 지인의 전화를 받고 종로구 계동에 있는 '지금우리가다음우리를(이하 지우다우)' 사무실로 갔다.

먼저 지우다우 면접을 주선한 지인을 안국역에서 만났는데, 함께 걸어가는 길에 지우다우가 무슨 일을 하는지 손수건이 다 젖도록 땀을 닦아가며 연신 열띠게 말을 이어갔다. 지우다우는 수만 명의 남북대학생이 금강산에서 만나는 행사를 진행하고, 2006년에는 '바두바투'라는 경제협력 회사를 세워 대북경제협력 사업을 준비하는 단체라고 했다. 나는 '북한'이라는 낯선 단어와 40여 년간 듣도 보도 못한 아리송한 이야기를 들으며 지인을 따라 서둘러 걸었다. 한편으로는 설레고 다른 한편으로는 북한과 일을 한다는 게 낯설고 두려웠다.

'북한과 일을 한다고? 북한 땅을 우리가 살 수도 있다고? 도대체 북한에 가서 무슨 일을 한다는 걸까? 위험하지는 않나?'

그날은 금방이라도 비를 뿌릴 듯 습하고 더웠다. 땀에 젖은 원피스는 내 몸을 감아 돌았고 땀이 이마를 타고 줄줄 흘렀다. 면접을 보러 가는 길이라 화장한 얼굴이 땀으로 얼룩질까 봐 걱정스러웠다. 그저 사무실에 도착하면 '화장실에 먼저 들러 거울부터 봐야겠다'는 생각만 머릿속을 맴돌았다.

이윽고 우리는 '큰대문집'이라는 간판을 단 커다란 한옥 대문 앞에서 발걸음을 멈췄다. 그 안으로 들어가자 양쪽으로 잔디가 깔린 자그마한 마당에 페르시안 고양이가 긴 몸을 늘어뜨린 채 뒹굴고 있었고 닥스훈트 한 마리와 말티즈 한 마리가 연신 꼬리를 흔들고 있었다. 그 평화로운 장면에서 내 편견은 한꺼번에 와르르 무너졌다. 나는 화장실에 가는 것도 잊은 채 쭈그리고 앉아 강아지들을 쓰다듬었다. 한옥이 주는 아늑함과 평온함에 젖어들어 '이런 곳에서 일하고 싶다'는 생각만 들었을 뿐이다.

지우다우를 만든 고故 유동호대표는 젊고 패기 넘치는 사업가로 따뜻하고 겸손했다. 학창시절 노동운동과 통일운동에 몸담은 그는 그 열정을 고스란히 이어 2003년 사단법인 지우다우를 설립했

다. 당시 대학생 사이에 금강산 평화캠프 열풍을 일으킨 주인공이
자 대북사업 분야에서 '떠오르는 샛별'로 불린 사람이다. 유 대표는
좀 더 많은 사람이 남북을 왕래하며 직접 만나 서로를 체험하는 것
이 통일을 앞당기는 길이라고 확신했다.

2003년 815명의 대학생이 처음 배가 아닌 버스로 민간인통
제선(이하 민통선)을 통과한 순간과 6.15공동선언 5주년이던 2005
년 815명의 대학생이 한반도기를 어깨에 메고 맨발로 걸어 민통선
을 통과한 장면은 남북 교류에서 역사적이고 감동적인 장면으로 꼽
힌다. 그토록 오랜 시간 굳게 닫혀 있던 빗장을 풀고 평화의 사신이
되어 걷는 그 길 위에서 학생들은 환호했고 감동의 눈물을 흘렸다.
이후 매년 2만 명 이상의 학생이 육로로 금강산을 밟았다. 그 수많
은 통일의 씨앗은 지금 어디서 무엇을 하며 그때를 기억할까?

북한에게 받은 5만 평의 토지이용증

북한과 일을 한다고 하면 대부분의 사람들이 눈을 동그랗게 뜨
고 쳐다본다. 그 눈빛에 여러 의미가 감춰져 있음을 잘 안다. 우리
어머니도 대뜸 이렇게 말하셨다.

"그놈들을 어떻게 믿고 일을 해? 당장 그만둬!"

나도 반공교육을 받은 세대이고 길에서 삐라를 한 장 주우면
상장을 받던 학창시절을 보냈기에 북한을 향한 막연한 두려움과 공

포가 내면에 잠재하고 있었다.

2006년 북한은 지우다우에 그동안의 돈독한 신뢰를 바탕으로 우리 민족이 공생공영의 기틀을 마련할 경제협력 사업을 하자고 제안했다. 그 제안을 받아들인 지우다우는 회사 바두바투를 설립했고 북한 국토환경보호성으로부터 평양과 개성을 포함하는 땅 5만 평의 토지이용증도 발급받았다. 북한에서는 토지가 곧 나라의 재산이기에 남한 기업인에게 토지이용증을 선뜻 내주지 않는다. 남북경협을 하는 기업은 많았지만 토지이용증을 확보한 기업인은 거의 없었다. 토지이용증을 받으면 일정 사용료를 지불한 다음 50년간 이용할 수 있고, 다시 50년을 우선 사용할 권리를 얻는다.

바두바투는 개성공단 근처 2만여 평에 호텔과 청소년수련관, 공연장을 세우겠다는 사업계획안을 북한에 제안했다. 이어 합의서를 체결하고 그 첫 사업으로 남측이 단독 투자한 최초의 주유소를 개성에 건설했다.

경제협력을 하려면 먼저 북측 파트너와 사업을 합의하고 통일부로부터 협력사업 승인을 받아야 한다. 전략 물자인 휘발유를 공급하는 주유소 사업은 남한 정부의 허가를 받기가 까다로운 아이템이었기에 사업 승인을 얻기까지 오랜 시간 공을 들였다. 북한과의 사업은 통신이 원활하지 않고 왕래 절차가 복잡해 일처리에 많은 시간과 비용이 들어간다. 특히 북한은 전력과 용수가 부족해 주유소를 건설하는 과정에 어려움이 많았다. 그런데 그토록 어렵사리 시작한 주유소 건설이 완공을 눈앞에 두고 중단되고 말았다.

말 한마디, 맥주 한잔으로 어색함을 풀다

2007년 10월 북한과 의류 지원 사업을 협의할 때 나도 처음 북한을 방문했는데, 그 설레던 순간을 지금도 잊을 수가 없다. 북한을 방문하거나 북한 사람을 만나려면 반드시 방북교육을 이수하고 정부의 승인을 받아야 한다. 일단 방문 날짜를 잡고 북한에 방문자 명단을 팩스로 보낸다. 이어 북한의 초청장을 받으면 그것을 통일부에 신고하고 승인을 얻은 뒤 방북증을 발급받는다. 개성에 가려면 먼저 도라산에 있는 남측 남북출입사무소(이하 CIQ)에서 출경^{出境} 절차를 마쳐야 한다. 그런 다음 차를 타고 민통선을 통과해 북측 CIQ에 도착하면 북측 군인들의 입경^{入境}심사를 받는다. 참고로 남한과 북한은 국가 간의 관계가 아닌 특수 관계이므로 서로 경계를 넘을 때 입국, 출국 대신 입경, 출경이라고 한다.

나는 평소 즐겨 착용하는 대로 검정색 미니원피스에 하이힐을 신고 갔다. 북측 CIQ의 여군 앞에 섰을 때 나는 애써 긴장감을 감춘 채 미소를 지으며 "안녕하세요?" 하고 인사하며 방북증을 건넸다.

군복 차림의 여성은 내게 "지우다우에서 오셨습니까?"라며 친근하게 말을 건넸고, "선생님은 배우 같습니다"라는 말로 단번에 나를 무장해제했다. 이후 자주 개성을 드나들며 나는 그녀와 가족의 안부를 물을 정도까지 가까워졌다.

먼저 평양에서 온 북측 파트너를 만나 얼떨결에 인사를 나눈 뒤 봉동관이라는 식당에서 함께 식사를 했다. 이른 아침부터 긴장한 탓인지 무척 갈증이 났던 나는 맥주를 한 잔 따라 마셨는데 그 맛에 깜짝 놀랐다. 북한 글씨체로 대동강맥주라고 쓰여 있던 그 맥주는 맛과 향이 잊을 수 없을 만큼 매혹적이었다. 맥주가 정말 맛있다고 했더니 북한 주재원이 눈시울을 붉히며 말했다.

"장군님(김정일 위원장)께서 인민들을 너무 사랑하시어 맥주 공장을 통째로 옮겨왔단 말입니다."

북한을 방문할 때마다 여러 종류의 술을 두루 섭렵했지만 대동강맥주는 내게 그 어떤 술보다 매력적이었다. 대동강맥주의 맛도 좋지만 아마도 맥주 한 잔이 처음 만난 북한 사람들과의 어색함을 친근함으로 바꾸는 데 한몫했기 때문인 듯하다.

'도와주자'를 넘어 '같이 하자'로

어느 날 사전 협의 없이 개성 시내에 들어간 적이 있다. 마치 1970년대 한국의 흑백사진을 보는 듯했다. 개울에서는 새까맣게 탄 아이들이 속옷 차림으로 물놀이를 즐겼고 곧고 넓게 잘 닦인 길에 자동차는 거의 없었다. 대신 자전거를 타고 지나가는 사람들과 소달구지가 눈에 들어왔다. 사람들은 대체로 키가 작고 마른 편이었는데 검게 그을린 피부에 반짝이는 눈동자가 인상적이었다. 달구지를 끌고 가는 황소는 갈비뼈가 훤히 드러나 있었다. 그 모습을 보는 순간 우리가 통일을 이루려면 먼저 남북 간의 격차를 줄이는 일부터 해야겠다는 생각이 들었다.

단순히 식량과 물자를 지원하는 것으로는 미약하다. 북한 스스로 경제개발의 주체로서 성장하도록 남한이 조력하는 일, 덕분에 남북한이 함께 더 나은 미래로 나아가게 하는 일이 바로 남북 간의 경제협력이다. 나는 남북경제협력이야말로 미래의 통일시대를 준비하는 가장 가치 있는 일이라고 확신했다.

2018년 3차 남북정상회담 이후 지방자치단체와 국내 기업들이 남북경제협력 활성화의 물꼬를 트기 위해 바쁘게 움직이고 있다. 경기도에 '옥류관 한국 분점 1호점'을 개점하고 황해도에 경기도의 농림복합형 시범농장을 세울 계획이라는 뉴스도 들린다. 5.24조치 이후 8년 만에 남북경제협력 사업을 재개하는 셈이다.

남북경제협력은 단순히 북한을 돕는 일이 아니라 남북이 서로 상생하는 사업이다. 오히려 북한보다 우리가 얻는 경제적 이익이 훨씬 크다. 2000년대 초반 남북경협 기업인들은 민족의 경제협력이 불러올 시너지와 밝고 희망적인 미래에 투자했다.

당시 그들은 북한이 블루오션이고 남북경제협력이 한국 경제의 돌파구임을 경험으로 확인했다. 이에 따라 나는 초기 남북경협에 나선 기업인의 이야기를 듣고 남북경제협력의 가능성을 짚어보기로 했다. 인터뷰에 응해준 사단법인 남북경제협력협회 모든 기업인에게 감사드린다.

성공사례 1: 예닮한복 평양 공장

국내 아동한복 대표 브랜드 예닮한복은 북한에서 위탁가공한 한복을 국내에서 판매해 매출이 급속도로 신장했다. 예닮을 만든 추정임 이사는 창립자 박춘하 회장의 딸이다. 박 회장은 생계를 책임지기 위해 결혼 혼수품으로 가져온 재봉틀 하나를 놓고 홍진주단이라는 이불집을 열었다. 그러다가 한복을 만들어 팔았는데 어머니가 일일이 손바느질로 만든 한복을 파는 걸 보아온 추 이사는 '한복은 기성복처럼 대량생산할 수 없다'는 편견을 깨고 한복 기성화에 성공해 한복 시장에 큰 파장을 일으켰다. 고객의 요구에 따라 맞춤 주문 생산을 하며 한복에 맞는 액세서리, 머리모양 등 개인별 맞춤 코디까지 해주는 참신한 아이디어로 개량한복의 붐을 타고 빠르게 성장한 것이다.

그런데 주문량이 늘어나고 매출이 오르자 생산라인이 부족해졌다. 여러 공정을 거쳐야 한 벌을 완성하는 한복의 특성상 국내 생산라인으로는 대량생산이 어려웠다. 때마침 월마트에서 대량주문을 받은 추 이사는 고심 끝에 집을 팔아 손에 쥔 1억 원 조금 넘는 돈을 들고 무작정 상하이로 갔다.

급한 대로 경험이 전혀 없는 공장을 잡아 추 이사의 어머니가 3개월간 상주하며 말도 통하지 않는 중국 사람들에게 한복 공정을 하나하나 가르쳐가며 옷을 만들었다. 어렵사리 납기에 맞춰 완성한 옷은 한 벌도 남지 않고 몽땅 팔렸다. 월마트에 이어 이마트와 롯데

마트에서도 주문이 들어왔는데 주문량이 늘어날수록 생산라인 문제는 더욱 커져갔다.

그때 추 이사는 한 통의 전화를 받았다. 자신을 북한에서 교역하는 한국 사람이라고 소개한 그는 한국 사람들이 북한에 옷을 주문해놓고 가져가지 않은 것이 있는데 혹시 홈페이지에서 팔아줄 수 있느냐고 문의했다. 추 이사는 북한이라는 말에 덜컥 겁이 나 혹시 간첩이 아닐까 가슴을 졸이며 그를 만났다. "북측과 교역하던 중 당 간부에게 판매를 부탁받았다"는 말을 듣고 더 무서웠다고 한다.

여기저기 손을 써서 신원을 조회해보니 믿을 만한 사람 같았다고 한다. 그의 소개로 눈이 어마어마하게 내리던 날 단동에 가서 북한과의 위탁가공을 중개하는 조선족을 만났다. 그런데 막상 원부자재를 보내고 주문이 들어가자 그 조선족은 무수한 거짓말만 남긴 채 납기를 지키지 않았고 결국 물건은 오지 않았다.

위기는 또 다른 기회로 이어진다고 했던가. 단동에서 동방명주호를 타고 집으로 돌아가는 길에 성공한 따이공(중국 보따리상)을 만나 또 다른 중개인을 소개받았다. 그 덕분에 추 이사는 평양에 있는 봉제공장에서 한복을 생산하게 되었다. 추 이사는 "북한에서 생산한 물건을 처음 받았을 때 이건 진짜 우리 민족의 솜씨라는 생각이 들었다"라며 하나하나 정성스럽고 예쁘게 포장한 상품을 가지런히 담은 모습에 애쓴 흔적이 보여 울컥했다고 했다.

평양 공장에서는 꼼꼼하게 기술을 분석했고 모든 작업을 철두철미하게 한다는 글을 또박또박 명조체로 쓴 손 편지를 동봉했다.

그들은 한복 제작의 특성상 까다로운 작업 공정에도 불평하지 않았고 불량률도 거의 없었다. 기술 지도차 평양에 다녀온 직원의 사진을 보고 질서정연하고 청결한 작업 환경을 엿볼 수 있었다고 한다.

아동한복 브랜드 예닮이 탄생해 국내 한복 시장을 석권하기까지 북한의 위탁가공은 그 비중이 무척 컸다. 4천 벌로 시작한 주문은 한 시즌에만 30만 벌까지 늘어났다. 한데 해마다 매출이 성장하면서 최고 절정기를 달리던 2010년 5.24조치로 북한과의 모든 교역은 중단되고 말았다. 추 이사는 지금이라도 남북교역의 문이 열리면 한달음에 달려가겠다고 말한다.

"당장 북한 파트너를 만나 평양의 가장 번화한 거리에 남북 합작 한복빌딩을 열고 싶다. 우리는 20년간 북한과 파트너를 맺어왔고 그쪽에서도 우리의 디자인과 철학을 신뢰한다. 평양을 근거지로 북한 내 전국 지점에 우리 옷을 만들어 공급하고 유통하는 명실상부한 SPA브랜드로 자리 잡고 싶다. 오랫동안 단절된 탓에 남한의 한복과 북한의 한복이 조금씩 달라졌지만, 민족의 전통의상을 함께 입는 데 기여한다는 것만으로도 스스로를 '작은 통일의 선봉자'라 부르고 싶다."

성공사례 2: 북한의 국보 '강서약수'의 한국 진출

북한 상품을 일반 교역 형태로 유통·판매해온 대동무역의 김영미 전무는 1999년 입사해 강서약수의 유통과 판매를 맡았다. 북한에서 국보 56호로 지정된 강서약수는 수억 년 전부터 형성된 흑운모와 운모암반층을 통과해 지하 118.5미터에서 분출되는 천연광천수다. 전 세계에서 북한, 프랑스, 이탈리아에서만 나올 정도로 귀한 물이다. 북한은 강서약수 주변을 청결하게 관리하면서 피부병, 위장병 등을 앓는 사람들이 치료약으로 이 물을 마시도록 한다.

평안남도 강서구 청산리에 있는 강서약수터는 평양에서 남포항 방면으로 26킬로미터 떨어진 곳에 있다. 1995년 강서약수 공장을 설립한 북한은 이를 상품화해 북한 관광객에게 판매하고 있다.

1999년 대동무역은 강서약수 반입 판매 계약을 체결하고 남포항에서 인천항으로 물 1컨테이너를 들여왔다. 세관을 통과하려면 식품의약품안전처 품질검사에 합격해야 하는데 이 과정에서 문제가 발생했다. 식약처 규정상 상품에 들어간 '약수'라는 단어를 사용할 수 없었기 때문이다. 결국 북한으로 반송할 수밖에 없었다. 다시 반입하려면 새로운 상품명이 필요했지만 북측에서는 조선 국보로 지정한 탄산수의 이름을 절대 바꿀 수 없다는 입장이었다.

김 전무는 강서약수를 남한에 꼭 반입하고 싶었다. 밤새 술을 마신 다음 날 머리가 깨질 듯이 아프고 온몸이 젖은 솜처럼 무거워도 강서약수 한 잔이면 거짓말처럼 몸이 개운해지는 경험을 여러 차례 했기에 강서약수를 남한에 소개하는 것이 절실했다. 김 전무는 몇 개월간 끈질기게 매달리며 북한과 협상을 했다.

"영미 선생의 집념에 우리가 졌소. 새로운 상표를 제시해보시오."

"강서약수가 나오는 강서 청산리에 물 '수'를 붙여 강서청산수로 하면 어떨까요?"

결국 김 전무는 강서청산수라는 새로운 이름으로 강서약수를 들여왔다. 강서청산수는 남한에서 인기가 많았고 사업가들이 앞 다퉈 이를 반입하기 위해 더 좋은 조건의 사업의향서를 북한에 제안했다. 그런 일이 있을 때마다 북한에서는 빙긋이 웃으며 말했다.

"영미 선생, 남측 동지들 건사 좀 잘하시라. 우리 머리 복잡합니다."

그야말로 무한신뢰였다. 김 전무는 좋은 조건을 제시하는 기업들을 마다한 채 자금력도 부족하고 마케팅조차 제대로 하지 못하는 작은 기업과의 약속을 저버리지 않는 북한 관계자가 무척 고마웠다고 한다. 대동무역은 점차 자연산 송이버섯을 비롯한 북한 농산물과 들쭉술 등 주류 40여 종을 반입해 남한에 판매하며 사업을 확장해갔다. 육로와 해로는 물론 직항로를 이용한 비행기로도 물품을 들여와 판매했다. 북한 상품을 하나하나 새로 발굴해 남한으로 반입해오는 과정은 그야말로 희로애락을 갖춘 드라마였다.

강서청산수가 남한에서 자리를 잡아갈 무렵 북한 강서약수 공장에 문제가 발생했다. 5.24조치로 남한에서 공장 부품을 정상적으로 공급받지 못해 공장 가동이 중단된 것이다. 강서약수의 효능을 더 알리지 못한 채 교역이 중단되어 아쉽다는 김 전무는 더 많은 사람이 강서약수를 마실 날을 손꼽아 기다린다.

성공사례 3: 금강산 최초의 푸드트럭 황금마차

금강산 관광을 다녀온 사람이면 누구나 관광지마다 따라다니던 '황금마차'라고 쓴 빨간색 푸드트럭을 본 기억이 있을 것이다. 그것이 금강산 사업의 시작이었다. 황금마차 이창희 사장은 남한 개인사업자로는 처음 금강산에 사업장을 열었다. 이 사장은 남한에서 아내와 식당을 운영했는데 2001년 우연히 금강산 여행을 간 것을 계기로 평생 모은 돈으로 황금마차를 열었다.

초창기 남북경협 기업인들은 정부 권유로 사업을 시작한 경우가 많다. 이 사장 역시 정부가 힘을 실어주면 충분한 투자가치가 있다고 판단했다. 금강산 포장마차로 불리는 황금마차에서는 오전에는 떡볶이·컵라면·초코바·과자 등의 간식과 커피·물 같은 음료를 판매하고 저녁에는 간단한 식사와 안주를 비롯해 북한산 소주와 막걸리를 판매했다.

황금마차는 북한 사람에게도 인기가 많았다. 관광객이 증가하면서 매출도 늘어 온정각과 온천장 두 곳에서 매점과 식당까지 운영했다. 음식 맛이 좋고 인정 많은 부부가 운영하는 식당에는 손님이 끊이지 않았다. 금강산 대학생 모꼬지 열풍을 일으킨 지우다우도 황금마차의 단골고객이었다. 한창 때는 월 매출이 1억 원에 이르렀다. 관광객이 몰리는 방학을 앞두고 삼겹살과 식료품을 실어 나르며 손님 맞을 준비가 한창이던 2008년 여름, 금강산 관광객 피격 사망 사건으로 관광이 중단되면서 시련을 맞았다.

부부는 매점과 식당을 고스란히 남겨두고 남쪽으로 돌아올 때만 해도 며칠 지나면 다시 올라갈 거라고 생각했다. 그러나 10년이 지나도록 다시는 그곳으로 가지 못했다. 아침뉴스부터 마감뉴스까지 혹여 금강산 관광 재개라는 특보라도 나올까 싶어 늘 TV 주변을 맴돌았으나 그 기다림은 초조함으로 번져갔다.

2010년 2월 금강산 관광 재개를 놓고 남북 당국이 마주앉았을 때, 기대를 했건만 협상은 결렬됐다. 이 사장의 아내는 더는 버티지 못하고 한 달 뒤인 3월 먼저 세상을 떠났다. 어려워진 집안을 다시 세우고자 쉬는 날도 반납해가며 일하던 아들마저 스물아홉이라는 아까운 나이에 과로로 숨졌다. 아내를 잃고 아들마저 떠나보낸 슬픔에 잠겨 있던 이 사장은 얼마 전 뇌졸중으로 쓰러져 재활치료 중이다. 이제 장녀 이상영 씨가 병든 아버지를 간병하고 있다.

지금, 때가 왔다

남북경제협력 사업은 북한의 경제운용 체계나 투자여건 등을 제대로 파악하기 어렵기 때문에 정부를 믿고 사업을 할 수밖에 없다. 기업은 정부를 신뢰했기에 불확실성을 안고 뛰어들었고 기업의 귀책사유가 아닌 정부 정책으로 하루아침에 중단됐을 때도 정부를 믿고 기다렸다.

하지만 정부는 남북경협에 마치 개성공단만 존재하는 듯 움직였다. 2013년 개성공단을 잠시 중단한 뒤에도 정부는 중단된 지 5년이 지난 금강산과 남북경협은 외면한 채 개성공단 지원에만 급급했다. 2013년 남북경협기업비상대책위를 구성하고 위원장을 맡은 고故 유동호 대표는 정부에 금강산과 남북경협 기업 지원정책을 촉구했다. 4년이 넘는 지난한 싸움 끝에 문재인 정부가 들어섰고, 결국 남북경협이 중단된 지 10년 만에 피해 기업을 지원하겠다는 약속을 받았다. 단 하루도 빠지지 않고 1인 시위와 집회, 철야농성을 강행해온 유 대표는 대장암 말기진단을 받고 투병 6개월 만에 세상을 떠났다.

남북경협 기업인은 전 세계에서 가장 평화를 위협받는 땅, 세계 유일의 분단국인 한반도에서 남북을 오가며 경제적 화합과 번영의 기틀을 만들어간 사람들이다. 이들의 경험과 네트워크는 소중한 자산이다. 대부분의 남북경협 기업인은 남북 교류의 길이 다시 열리면 반드시 들어가겠다고 한다. 단순히 경제성만 고려해도 확실히 유망한 사업이기 때문이다. 북한의 저임금과 기술력도 매력적이지만 무엇보다 말이 통하고 정서가 같아 긴 설명이 필요치 않다는 것이 큰 장점이다.

사업을 하려면 때를 잘 읽어야 한다. 지금 때가 왔다.

3부

만나보자

있는 그대로 보는 연습

앞으로 한반도에 평화체제가 들어서면 정부 간 교류는 물론 사업 교류, 문화체육 교류 등 민간 교류가 활발해질 전망이다. 남과 북은 왕래 없이 지낸 기간이 길다. 동식물이 제각각 환경에 맞게 진화하듯 남과 북도 각자의 체제와 제도에 맞추어 사느라 언어, 생활습관, 문화, 사상이 달라졌다.

게다가 분단과 전쟁으로 어쩌면 우리의 마음속에는 250킬로미터에 이르는 철조망보다 더 길고 뾰족한 증오와 불신이 있는지도 모른다. 그 탓에 좋은 일로 만났다가 예상치 못한 말과 행동 때문에 당황하거나 오해가 생길 수도 있다. 그 철조망을 걷어내고 우리가 다시 만나려면 작은 차이를 '틀림'이 아닌 '다름'으로 인정해야 한다.

북은 남의 입장에서, 남은 북의 입장에서 서로를 향한 이해의 폭을 넓혀야 할 시간이 필요하다. 평양에서 나고 자라 김책공업종합대학교 양복사로 일한 김련희 씨에게 평양 사람들의 장보기부터 육아, 진학, 취업, 직장생활까지 들어보았다. 김련희 씨의 생생한 이야기를 통해 우리와 비슷하면서도 다른 평양 시민의 삶 속으로 들어가 보자.

함께 잘되었으면 좋겠다

2018년 9월 14일 개성에는 남북관계사상 최초로 남북공동연락사무소가 문을 열었다. 평일은 개성에서, 주말은 서울에서 보내는 이곳 실무총괄 책임자인 김창수 남북공동연락사무소 사무처장은 지난 20년간 남북 교류 실무자로서 북한과 가장 많이 접촉한 사람이다. 민족화해협력범국민협의회 정책실장, 노무현 정부 국가안보회의 행정관 그리고 조명균 통일부 장관 정책보좌관으로 일했다. 내가 남북관계와 관련해 궁금한 점이 있으면 항상 김 사무처장에게 전화해 물어보고 확인했는데 나는 그때마다 농담 반 진담 반으로 이런 말을 던졌다.

"통일부 장관 정책보좌관 하나 바뀌니 남북관계가 좋아진다."

김 사무처장은 학생운동 시절부터 통일운동을 하면서 통일의 꿈을 싹틔웠고 평생 통일을 이루기 위해 고민하고 실천해왔다. 가슴속에 단심丹心을 품고 실무자로서 부단히 움직이며 보이지 않는 곳에서 일해 왔다.

남북정상회담, 장관급회담에 누가 참석해 어떤 이야기를 나누는지는 언론이 보도하지만 그 중대한 회담이 있기까지 그리고 회담이 끝난 뒤 실무자가 어떻게 움직이는지는 잘 알려지지 않는다. 호수 위의 우아한 백조 모습은 보여도 백조가 물 밑에서 쉴 새 없이 물갈퀴를 움직이는 모습은 보이지 않는 것처럼 말이다.

김창수 사무처장을 인터뷰해 그가 북한에 가서 보고 겪은 일, 북한 실무자와 접촉하면서 경험한 생생한 이야기를 들어보았다. 특히 남북 교류 협력에 관심이 있거나 북한에 가고 싶어 하는 사람들에게는 좋은 길잡이가 될 것이라 믿는다.

5장 —————— 평양 사람들이 사는 법

평양에서 살다 대구에
살고 있는 김련희

계획도시 평양의 계획경제

평양은 '도시 속의 공원이 아닌 공원 속의 도시를 만들자'는 구호 아래 건설한 계획도시다. 실제로 평양에 가보면 나무가 많고 녹지 비율이 상당히 높다. 계획도시 평양 시민의 삶을 얘기하자면 먼저 계획경제를 소개해야 한다. 계획경제는 시장경제와 달리 국가가 국민경제를 책임지고 통제하는 시스템이다.

북쪽에서는 매년 12월 말 모든 가구가 '공급카드'라는 것을 지급받는다. 공급카드에는 각 가구의 식구 수에 따라 식료품, 생필품, 기호품 17종을 공급받는 표가 들어 있다. 예를 들면 간장·된장·기름·계란·메추리알·생선·고기 등의 식료품, 치약·칫솔·세숫비누·

옷 같은 생필품, 술·담배·맥주 등의 기호품을 공급받는 표다. 속옷, 신발, 패딩, 나뉜옷(투피스), 달린옷(원피스)을 받는 표도 있다.

북쪽은 만 열일곱 살부터 술을 먹을 수 있기 때문에 자녀가 성장하면 맥주 표가 나온다. 그 표를 일 년 동안 사용한 뒤 기존 공급카드를 다음 해 공급카드와 교환한다.

아파트에는 단지별로 인민반(북쪽의 사회생활 기초조직으로 20~40가구로 구성됨)이 있고 단지마다 인민반이 이용하는 상업망이 있다. 아파트 주민을 대상으로 한 그곳 상점에서는 식료품, 공업품, 물고기(생선), 과일 등을 판매한다. 여기에다 식량공급소와 진료소도 갖추고 있다. 한마디로 아파트 주민의 식료품과 생필품 공급을 담당하는 상업시설이다.

공급카드로 자기가 사는 아파트가 아닌 다른 아파트 단지의 상점에서는 물건을 살 수 없다. 만약 어떤 사람이 다른 아파트 단지에 가서 "사과 1킬로그램 주세요" 하면 이상하게 쳐다본다. 실수로 다른 아파트에 사는 사람이 사과 1킬로그램을 가져갈 경우, 다른 누군가가 그만큼 받지 못한다. 물건을 구입할 때 가게마다 명단이 있어서 가구주 이름 옆에 도장을 찍고 표를 낸 다음 물건을 받아오기 때문이다.

계획경제의 장점은 제철 식품을 알맞은 때에 먹을 수 있다는 점이다. 한편 단점은 제철이 아닌 식품은 따로 구입해야 한다는 점이다. 만약 딸기 철이 아닌데 딸기가 먹고 싶으면 시장에 가서 사먹어야 한다. 집에 예상치 않게 손님이 오거나 명절을 앞두고 더 필요한 것이 있으면 시장에 나가서 구입한다. 그 시장을 흔히 '장마당'이라고 부른다.

북쪽에서는 월급 대신 '생활비'라는 말을 쓰는데 이 돈은 장마당을 이용할 때 필요하다. 쉽게 말하면 기본 식료품과 생필품은 국가가 공급하고 나머지 필요한 것은 생활비로 '생활에 필요한 물건을 사는 데 쓴다'는 개념이다.

아파트 단지 안의 상점에서는 주로 북쪽 내에서 생산한 음식과 제품을 판매하지만 백화점에는 신상품과 수입상품이 많다. 점퍼를 비롯한 옷, 신발, 가방 등이 있고 한국 백화점처럼 음식도 판매한다. 국가가 평양에서 제일 큰 백화점인 광복백화점에서 쓸 수 있는 표를 공급하면 무언가 신상품이나 수입상품이 나왔다는 신호다.

철이 바뀔 때마다 백화점에서는 '달린옷'을 잔뜩 진열해놓고 판매한다. 물론 남쪽처럼 디자인이 다양하지는 않지만 평양 시민은 공급카드 외에 따로 지급받는 백화점 표를 갖고 가서 물건을 구매한다. 디자인이 색다르거나 굽이 높은 구두를 사려면 내 돈을 내야 한다. 여기에는 '야매가격'이라고 해서 시장가격이 있다.

미용실 비용은 표가 나오지 않지만 국정가격으로 받기 때문에 가격이 비싸지 않다. 미용실에 가면 보통 드라마나 영화에 나오는 배우, 연예인의 머리 스타일 사진을 보여주며 "이렇게 해주세요" 한다. 아니면 구름형, 파도형 하는 식으로 머리 모양 화보나 사진첩을 보고 고른다. 유행하는 스타일은 TV를 보면 가장 빨리 알 수 있다.

식료품과 생필품 표 외에 평양 시내의 유명한 식당에 갈 수 있는 표도 공급한다. 옥류관의 경우 인민반 단위로 1인당 세 달에 한 번꼴로 표가 나왔다. 이때 사람들이 하루에 다 몰리지 않도록 동마다 다른 날짜로 표를 분배한다. 옥류관 물량이 하루에 1만 그릇이라 한 번에 모두 수용할 수 없기 때문이다. 만약 옥류관 표가 나왔는데 본인이 바빠서 가지 못하면 이웃이나 친구에게 줄 수 있다. 무조건 본인이 가서 먹어야 하는 것은 아니다.

'음식점 거리'로 불리는 고려호텔 앞의 창광거리에는 세계 여러 나라 음식점이 있다. 이곳에서는 중국, 노르웨이, 불가리아, 웽그리아(헝가리의 북쪽말) 등 여러 나라 음식을 맛볼 수 있는데, 이곳 식당 표도 인민반 단위로 나온다.

북쪽의 주거: 평수가 아닌 방수로 말한다

남쪽에 처음 왔을 때 나는 '평생 내 집 마련이 꿈'이라는 말을 듣고 깜짝 놀랐다. 왜 집을 내가 마련해야 하고 평생 준비해야 하는지 이해하지 못했다. 언젠가 지하철역 안에서 50대 후반 남자 네 명을 봤는데 두 명은 자고 두 명은 바닥에 앉아 술을 먹고 있었다. 얼마나 술을 많이 먹었으면 집에 가지도 못하고 쓰러져 있느냐고 했더니 옆에 있던 분이 "저 사람은 노숙자"라고 알려주었다.

나는 노숙자가 의사, 검사 같은 직업인 줄 알았다. 그런데 집이 없어 밖에서 자는 사람이라는 말을 듣고 충격을 받았다. 사람에게 집이 없다니! 북쪽에서는 국가가 배급한 집에 사니 집이 없다는 개념이 없다. 남쪽에서 사는 7년 동안 나는 많은 사람이 전세, 월세, 원룸, 고시텔, 쪽방 등의 형태로 살아간다는 것을 알았고 내 집을 스스로 해결해야 한다는 사실도 깨달았다.

집을 설명할 때 남쪽에서는 평수로 말하는데 북쪽은 방수로 한다. 남쪽에서는 자신이 몇 평짜리 집에 산다는 걸 모르는 사람이 별로 없다. 반면 북쪽 사람에게 몇 평짜리 집에 사는지 물으면 대답하지 못한다.

남쪽에서 평수를 논하는 이유는 아파트 평수별로 가격이 다르기 때문이다. 한데 북쪽에서 집은 돈을 주고 사고파는 개념이 아니다. 상대에게 자신의 집을 표현할 때는 "우리는 방이 두 칸이야" 혹은 "우리는 방 세 칸짜리 집에서 살아" 하고 말한다.

북쪽에서는 결혼하고 신혼여행을 가기 전에 혼인신고를 한다. 그래야 한 세대로 인정받아 집을 제공받기 때문이다. 대부분 일률적으로 방 한 칸짜리 집을 배정해주는데, 이때 "부모님을 모시고 살겠다"고 하면 방 두 칸짜리를 준다. 살다가 아이를 낳아 출생신고를 할 경우 식구 수가 달라지므로 더 큰 집으로 갈 수 있다.

국가에서 집을 배정할 때는 직장 근처로 잡아준다. 만약 중간에 그 직장을 그만두면 집과 멀어질 수도 있다. 새 직장과 가까운 집으로 옮기고 싶을 경우 옮긴 직장에서 채용증을 받아 노동과에 낸 다음, 주택배정과에서 직장을 옮겼다는 확인을 받으면 새 직장 근처에 집을 구해준다. 이것도 의무제는 아니다. 원래 살던 집이 교

통은 좀 멀어도 집도 좋고 이웃도 좋다면 노동과만 가고 주택배정
과에는 가지 않으면 그만이다.

평양에서 내가 살던 집은 직장인 김책공업종합대학교에서 딱
300미터 거리에 있었다. 대학교 옆에 있는 아파트에 살다 보니 출
퇴근하며 사람 구경하는 재미는 없었다. 거리가 좀 있으면 옷을 예
쁘게 차려입고 길거리를 걷는 묘미도 있는데, 집 현관에서 대학 정
문까지 3분 거리라 그럴 일이 없었다.

평양의 특권층 : 급수가 중요하다

남쪽에서는 의사와 노동자 중 누가 월급을 더 많이 받는지 물
어보면 대개 의사라고 대답한다. 북쪽에서 똑같은 질문을 하면 이
런 답이 돌아온다.

"그걸 내가 어떻게 알아요? 몇 급이에요?"

남쪽에 기술 급수, 공무원 급수가 있는 것처럼 북쪽에도 각 분
야에 급수가 있다. 그리고 어떤 직업인지보다 급수가 무엇인지에
따라 월급이 다르다. 같은 의사라도 능력이 있어야 돈을 더 받는다.
그러니까 같은 노동자라 해도 능력 있는 노동자는 돈을 더 받고, 의
사도 기술이 없으면 노동자보다 돈을 적게 받는다.

내 남편은 김책공업종합대학교 병원 의사고 나는 김책공업종
합대학교 양복점 양복사였다. 나는 노동자고 남편은 의사지만 만

약 남편이 나보다 급수가 낮으면 월급을 나보다 적게 받는다. 급수에 따라 월급이 달라지므로 굳이 모두가 대학에 갈 필요는 없다. 북쪽의 대학 입학률은 30퍼센트에 불과하고 대학입시를 치렀다가 떨어지면 재수할 기회는 없다. 그래서 내가 하고 싶은 일, 잘하는 일이 있으면 그 분야에 빨리 취직해 기술 급수를 높여야 한다.

북쪽에서는 직장인에게 매일 쌀 700그램을 공급한다. 일하지 않는 사람에게는 300그램을 주는데 이는 일하지 않으려면 조금 먹으라는 의미다. 북쪽은 사회주의 체제니 일을 하든 하지 않든 똑같이 받을 거라고 생각하지만 그건 잘못 알려진 사실이다. 북쪽은 사회주의 분배 원칙에 따라 일한 만큼 공급받는다. '일하지 않은 자는 먹지 마라'는 구호도 있다. 직업의 종류에 관계없이 모두가 똑같이 공급받지만 광부에게는 하루에 쌀 900그램을 준다. 월급도 더 주는데 이는 일이 힘드니 특별대우를 해주는 것이다.

북쪽의 특권층은 남쪽의 특권층과 개념이 다르다. 특권층 자녀 중 30퍼센트는 학교에 입학할 때 성적만 괜찮으면 무조건 자신이 원하는 대학에 간다. 또 아파트 단지를 건설해 입주할 때 특권층은 1순위로 입주한다. 그다음으로 아파트를 건설하기 전 그 지역에 살던 철거민이 한 명도 빠짐없이 아파트에 들어간다. 그 나머지는 다른 사람들이 나눠 갖는다.

북쪽의 특권층은 이렇다.

첫째, 국가 유공자와 항일투사 유가족은 4대까지 국가가 평생 책임진다. 둘째, 군복무를 하다가 부상당한 사람도 국가가 책임진다. 이들은 영예롭게 제대한 사람이라 해서 영예군인이라 부른다.

이들 외에 교원과 의사는 특권층은 아니지만 사회적으로 우대받는다. 예를 들어 옥류관에서는 사람들이 매일 100미터씩 줄을 서서 기다렸다가 음식을 먹는다. 평양 사람들끼리 "옥류관은 너무 오래 기다렸다가 먹어서 맛있다"는 농담을 주고받을 정도인데, 그 옥류관 앞에 이런 안내문이 붙어 있다.

'교원, 의사 우선 봉사합니다.'

옥류관뿐 아니라 줄을 서서 들어가는 공공장소 중에는 교원과 의사를 우대하는 곳이 많다.

'고난의 행군' 전까지만 해도 부자라는 개념이 없었다. 간부든 의사든 검사든 그저 직업일 뿐 나와 다른 게 아무것도 없었다. 그런데 고난의 행군 시절 공급받던 것이 중단되고 많은 사람이 굶어죽자 인식이 좀 달라졌다.

국가에서 내주는 것을 먹고살아온 까닭에 한번도 내가 뭔가를 쟁취해서 먹고살아야 한다는 생각을 해본 적이 없었다. 북쪽 사람들은 스스로 살아가는 방법을 몰랐던 것이다. 그러다가 먹고살기 위해 중국에 가서 물건을 들여와 파는 사람들이 생겼고 이들은 장사에 필요한 달러나 위안화를 비싼 가격으로 환전해야 했다. 국가에서도 환전을 해줬지만 그것은 자유롭지 않았고 환전상이 국가보다 몇 배의 이익을 붙여 환전을 해주었다. 환전상이 제법 돈을 많이 벌면서 점점 경제력에 따른 계층이 생겼다.

우리 동네 노인은 우리가 책임진다

북쪽은 내가 어디 소속이냐에 따라 무조건 동맹에 가입해야 한다. 직장인은 직장총동맹에, 직장에 다니지 않는 주부는 여성동맹조직에 가입한다. 이것을 줄여 직맹 또는 여맹이라 부른다. 여맹 여성은 자신이 사는 아파트 단지의 어르신을 돕는다. 가서 밥도 같이 먹고 말동무도 해주는 것이다. 이것은 우리 아파트의 어르신은 우리가 책임진다는 개념이다. 이처럼 같은 아파트에 사는 사람들과 가족, 친구처럼 지내는 문화가 남아 있다.

여맹 여성은 음식을 만들어 사업장을 지원하거나 노래를 연습해 건설장에서 공연을 하는 등 자체 프로그램을 다양하게 운영하기 때문에 굉장히 바쁘다. 그럴 때는 아이를 탁아소(어린이집)에 맡긴다. 직장에 다니는 엄마들은 아파트 단지 내 탁아소나 직장에 있는 탁아소에 아이를 맡긴다.

북쪽은 여덟 시간 노동제인데 만 0~4세 아이가 있는 엄마는 여섯 시간만 노동한다. 노동법에 오전과 오후에 두 번씩, 30분 동안 탁아소에 가서 아이와 놀아주라는 규정이 있기 때문이다. 나는 남쪽에서 어떤 남자가 육아휴직 중이라는 말을 듣고 '아이 엄마가 없나 보다'라고 생각했다. 북쪽에서는 직장에 다니는 엄마가 하루에 두 시간을 내 탁아소에 가서 아이에게 젖도 주고 돌봐주기 때문에 그 일을 남자가 대신하는 경우는 없다.

출산휴가는 240일, 즉 8개월로 정해져 있다. 출산 전 두 달, 출산 후 여섯 달을 쉴 수 있고 유급휴가다. 만약 출산휴가가 8개월이라면 누구나 출산 전에 한 달을 쉬고, 일곱 달을 출산 후에 쉬고 싶어 할 것이다. 북쪽에서는 그런 자유가 없다. 출산 전 두 달은 나라의 미래인 곧 태어날 아이의 건강을 위해 쉬라고한다.

공장이나 직장 안에 모두 탁아소가 있는데 담당 보육원의 역할이 굉장히 중요하다. 담당 보육원은 산모의 모유량을 측정해 수유 시간과 아이가 먹는 양을 체크한다. 만약 아이가 설사하거나 잘 소화하지 못하면 엄마가 아니라 담당 보육원이 책임을 져야 한다. 그래서 담당 보육원은 아기가 먹는 것을 철저하게 관리한다.

아이가 둘일 때는 상황이 조금 다르다. 젖먹이 아이는 직장 탁아소에 맡기지만 대여섯 살이 된 큰아이는 월요일 아침 출근할 때 아파트 단지 내의 유치원에 맡겼다가 토요일 퇴근할 때 데려가기도 한다. 한마디로 유치원 선생님과 아이들이 공동생활을 하는 셈이다. 그렇지만 의무는 아니다. 두 명 모두 직장 탁아소나 유치원에 맡겨도 되고 두 명 모두 데리고 다니기 힘들면 한 명만 맡길 수도 있다.

재능과 능력에 따른 직업 선택

북쪽의 초등학교는 5년제인데 담임이 5년 동안 한 번도 바뀌지 않는다. 입학 첫 날 담임이 아이들에게 어떤 소조활동을 하고 싶으냐고 물어본 뒤 희망하는 소조에 넣어준다. 그러면 오전 수업이 끝나고 점심을 먹은 다음 오후 2시부터 5시까지 음악, 미술, 체육, 서예, 수예, 외국어 등 소조별로 활동한다. 소조활동은 고등학교를 졸업할 때까지 이어지는데 어떤 소조활동을 할지 확정하기까지는 4년이 걸린다. 초등학교 때 담임이 여러 소조활동을 시켜보고 가장 적성에 맞는 걸 찾아준다.

고등학교를 졸업하고 어떤 일을 하고 싶은지 지망할 때는 회사 이름이 아니라, 자기가 10년 동안 해온 소조활동을 써낸다. 예를 들어 음악소조를 했으면 집 근처 예술단이나 선전단에 들어가고, 미술을 했으면 집 주변의 창작소에 들어간다. 물론 소조활동과 상관없이 다른 일을 원할 경우 그 분야의 직장을 찾아 배치해준다. 나도 바이올린 소조활동을 했지만 옷 만드는 일을 원해 대학교 양복점에 취직했다.

북쪽은 고등학교까지 12년제 의무교육이고 대학교는 무료교육이라 등록금 개념이 없다. 국가는 학생들에게 기본 임무가 첫째도 학습, 둘째도 학습이라고 가르친다. 학습에 전념하라는 얘기다. 대학은 6년제인데 졸업해도 곧바로 취직하는 게 아니라 자기 분야로 3년씩 현장학습을 나가야 한다. 책에서 배운 이론을 현실에 어떻게 응용하는지, 현실을 보며 무얼 연구해야 하는지 파악하라고 3년의 시간을 주는 것이다. 이론만 아는 사람은 사회에 필요 없다는 의미다.

남쪽에는 명문대 개념이 있고 공부를 잘하면 다들 명문대를 보내고 싶어 한다. 명문대라는 간판이 있으면 취직이 잘되기 때문이다. 북쪽에서는 김일성종합대학교, 김책공업종합대학교를 명문으로 치지만 모든 사람이 그 대학에 가고 싶어 하는 건 아니다. 대개 자기가 하고 싶은 일에 따라 목표로 하는 대학을 정해 공부한다. 예를 들어 희망하는 직업이 정치일꾼이나 당 간부면 김일성종합대학교, 과학자면 김책공업종합대학교, 대학교원이면 김형직사범대학교, 중고등학교 교원이면 김철주사범대학교, 초등학교나 유치원 교원이면 교원대학교로 간다. 한마디로 내가 원하는 직업에 따라 대학을 정한다. 대학을 졸업한 다음 경쟁 없이 국가에서 배치하는 대로 직장을 정하므로 꼭 명문대를 가야 한다는 개념이 없다.

퇴근길 '밥공장'에서 저녁 한 끼

북쪽에는 가부장적 문화가 남쪽보다 더 많이 남아 있다. 90퍼센트 정도가 맞벌이를 하고 있지만 아침밥을 하는 남자는 별로 없다. 이건 남쪽도 별로 다르지 않은 것 같다. 아침에 남자는 늦잠을 자고 여자는 일찍 일어나 밥을 한다. 똑같이 일하고 들어왔어도 남자는 누워서 TV를 보고 여자는 저녁 밥을 한다.

때론 밥할 시간이 없는 경우도 있는데 이를 대비해 아파트 단지마다 '밥공장'이 있다. 밥공장에서는 밥, 떡, 빵, 국수 등 끼니를 해결할 수 있는 식품을 판매한다. 만약 가족이 네 명인데 저녁에 국수를 먹을 계획이면 퇴근길에 밥공장에 들러 "국수 네 명분 주세요"라고 주문한다. 그러면 밥공장은 국수틀에 반죽을 눌러 찬물에 헹군 사리를 네 개 내준다. 밥공장에서 마른국수를 뽑아다가 냉동실에 얼려놓고 필요할 때마다 꺼내 먹으면 편리하다.

밥공장에서 국수를 주문할 경우 자기 취향에 맞게 옥수수, 쌀, 감자녹말 비율을 다르게 해서 국수를 뽑아올 수 있다. 많은 사람이 그렇게 국수를 뽑아다 일요일에 집에서 국수를 해먹는다. 국수 중에는 옥수수면이 고소하고 맛있다. 찬 국물을 좋아하는 평양 사람들은 김칫국물이나 오이냉국에 면을 넣어서 먹기도 한다.

밥공장에서 밥을 가져가면 집에 가서 밑반찬을 꺼내놓고 먹는다. 이것은 공짜가 아니다. 직장에 다니는 사람은 한 달에 쌀 21킬로그램을 받는다. 아파트 단지 안에 식량공급소가 있는데 이곳에 가서 21킬로그램 중 15킬로그램만 쌀로 주고 나머지는 식권으로 달라거나 5킬로그램만 쌀로 주고 나머지는 식권을 달라는 식으로 자기 상황에 맞춰 선택할 수 있다.

식권은 밥공장에서 음식을 받아올 때 사용한다. 나는 평양에 살 때 밥공장을 자주 이용했다. 밥공장을 얼마나 많이 가느냐에 따라 잉꼬부부인지 갈등이 많은 부부인지 평하기도 한다. 보통 집에서 밥을 자주 해먹으면 사랑이 넘친다고 해서 잉꼬부부, 밥공장을 자주 이용하면 잉꼬부부가 아니라고들 했다.

북쪽에서는 "여성이 가정의 무거운 부담에서 빨리 해방되어야 한다"는 말을 많이 한다. 여성이 부엌에서 밥하는 시간을 없애자는 얘기다. 양육과 부엌일에서의 해방이 진정한 여성 해방 아닌가.

집에서 해먹는 순대부터 길거리 음식까지

북쪽에서도 남쪽처럼 미나리, 시금치, 콩나물 무침 같은 나물 반찬을 많이 해먹는다. 두부를 넣고 끓인 탕도 주요 메뉴다.

남쪽에 와서 처음 냉면을 먹는데, 얼음이 들어간 것을 보고 깜짝 놀랐다. 북쪽에서 냉면을 먹을 때는 육수 맛을 제대로 보기 위해 얼음을 넣지 않는다. 또 '국수가 길면 오래 살 수 있다(명길이국수)' 고 해서 국수를 절대 잘라 먹지 않는다. 감자전분을 넣어 만든 농마국수는 굉장히 질기지만 그래도 가위질을 하지 않고 먹는다.

설날에는 만둣국을 먹는데 떡과 만두는 대부분 집에서 만든다. 명절날 아침이면 온 가족이 둥그렇게 모여 앉아 만두피를 미는 일과 소를 넣는 일을 분담한다. 만두소에는 잘게 다진 돼지고기와 배추, 물기를 꼭 짠 두부를 넣으며 만두는 중국식 교자처럼 반달모양으로 작게 만든다. 특히 평양 사람들은 군만두를 좋아한다.

평양에 있을 때 나는 순대를 자주 해먹었다. 우선 돼지창자를 몇 번 뒤집어가며 소금과 된장, 밀가루로 씻는다. 그런 다음 돼지에서 뽑은 피와 내장, 야채, 불린 쌀을 섞어 창자에 넣는다. 그 양쪽 끝을 동여매고 냄비에 찌다가 익은 듯하면 요지나 젓가락으로 창자 중간에 구멍을 뚫어 김을 빼준다. 그렇게 해서 먹으면 정말 고소하고 맛있다.

내가 남쪽에서 먹어본 순대와 북쪽 순대는 맛이 조금 다르다. 평양에 가면 꼭 북쪽 순대를 맛보고 오길 권한다. 식당에서 길거리에서 많이 팔기 때문에 쉽게 접할 수 있다. 내 직장이던 김책공업종합대학교에서는 돼지 목장을 운영했는데 명절 때마다 교직원에게 고기를 공급했다. 어느 부위를 가져갈 것인지는 각자 선택이 가능했고 나는 매번 순대용 고기를 받아와 집에서 가족과 함께 순대를 만들었다.

북쪽과 남쪽은 김장하는 법이 조금 다르다. 남쪽은 배추에 양념을 바르는 식이지만 북쪽은 배추에 양념을 넣고 2~3일 후 뚜껑을 열어 소고기와 돼지고기를 삶은 물을 배추가 잠길 정도로 붓는다. 그러면 기본적으로 쩡한 맛이 나는데 그 국물에 국수를 말아 먹으면 시원하고 맛이 좋다.

평양 사람들은 겨울에도 찬 음식을 잘 먹는다. 냉면 역시 겨울 음식이다. 보통 11월에 김장을 하는데 그 양은 다음 해 5월까지 먹을 정도다. 그래서 김치를 '반철 식량'이라고 부른다. 김치는 집집마다 담그기보다 김치공장에서 단체로 담가 나눠 먹는다. 지역마다 김치공장과 전문 노동자가 있지만 대개는 그 지역 여맹 여성들이 김장을 한 다음 김치공장 저장창고에 저장한다.

김치 공급 방식이 독특한데 집집마다 2~3일에 한 번씩 5리터짜리 플라스틱 김치통에 아파트 호수를 적어, 출근할 때 아파트 1층에 내놓으면 퇴근할 때 김치가 채워져 있다. 이처럼 이틀에 한 번씩 5리터짜리 김치를 공급받는다.

평양에서는 베개처럼 두툼하고 길쭉한 '베개빵'을 많이 먹는다. 이것은 러시아에서 먹는 빵과 비슷하게 생겼는데 그 빵이 맛있어서 지방 사람들이 사갈 정도로 유행이었다. 그걸 납작하게 썰어 살짝 구운 다음 잼을 발라 먹는다.

길거리 음식으로는 속도전떡과 인조고기밥이 있다. 북쪽 사람들이 가장 좋아하는 간식 중 하나가 '속도전떡'이다. 고난의 행군 시기에 먹고살기가 힘들어서 빨리 만들어 먹을 수 있는 음식이 필요했고 그걸 충족해준 것이 속도전떡이다. 속도전떡은 말 그대로 '빨리 빨리 만드는' 떡으로 옥수수가루에 물을 넣어 반죽만 하면 차진 떡이 된다. 북쪽은 옥수수 농사가 잘되어 국가에서 옥수수가루를 공급하는데 그걸로 속도전떡을 만들어 먹은 것이다.

북쪽 사람들은 '인조고기밥'도 좋아한다. 고난의 행군 때 고기가 없어 콩에서 기름을 짜고 남은 찌꺼기를 기계로 납작하게 눌러 만들었는데, 이것을 쫙쫙 찢어 볶아 먹으면 닭고기처럼 쫄깃쫄깃하다고 해서 '인조고기'라고 부른다. 인조고기를 가늘게 찢는 대신 반으로 자른 다음 유부초밥처럼 안에 밥을 넣고 위에 양념을 얹은 게 인조고기밥이다.

남북 술의 온도 차이

우리의 음식 문화를 얘기할 때 빼놓을 수 없는 게 술 문화다. 내가 남쪽에 와서 술 얘기를 하다가 생긴 일화가 있다. 맥주를 잘 먹는 내게 어떤 분이 말했다.

"련희 씨, 술을 잘 드시네요."

그때 내가 웃으며 대답했다.

"저는 술을 한 방울도 못 먹어요. 맥주밖에 먹지 못해요."

북쪽에서는 맥주를 술이라고 부르지 않고 청량음료라고 한다. 만약 북쪽에서 "무슨 술을 드실래요?"라고 물었는데 "맥주 먹을래요" 하면 다시 "무슨 술을 드실 거냐고요"라는 재촉을 받는다.

맥주를 마시는 문화도 남쪽과 북쪽은 좀 다르다. 남쪽에서는 탁자에 안주를 펼쳐놓고 앉아서 먹지만 평양에는 의자 없는 맥줏집이 많다. 퇴근길에 맥줏집에 들러 간단히 한두 잔 먹고 가는 문화다. 말린 낙지(남쪽의 오징어)나 말린 조갯살을 안주로 직장동료 혹은 친구와 먹는데, 북쪽에서는 보통 "한 조끼 내고 가자"라고 하면 맥주 한잔하고 가자는 뜻이다. 남쪽에서는 잔을 부딪치며 다 함께 "위하여" 하는 반면 북쪽에서는 "자, 쭉 냅시다"라고 한다. 맥주를 쭉 먹고 잔을 내라는 얘기다.

남북의 소주와 맥주 도수 차이 때문에 남쪽 사람이 북쪽 사람에게 '소맥'을 권했다가 큰코다친 일도 있다. 남쪽 술의 알코올 함량을 보면 보통 맥주가 4.5도, 소주가 17도인데 대동강맥주는 도수가 가장 낮은 게 5도, 소주는 일반적으로 30도가 넘는다. 북쪽의 소주 도수가 높다 보니 북쪽 사람에게 소맥을 알려주려다 먼저 취해버린 것이다. 북쪽에도 술에 약한 사람을 위한 술이 있는데 그 명칭이 '착하고 순한 술'이다. 한데 그것도 도수가 24도다.

북쪽에서는 모든 상점과 식당이 밤 10시 전에 문을 닫기 때문에 술은 대체로 집에서 먹는다. 집은 국가가 직장 근처에 배치하므로 멀어봐야 버스정류장으로 한두 정거장 거리다. 6시에 퇴근하고 집에 오다가 맥줏집에 들러 30분 정도 맥주를 마시고 집에 들어오면 늦어도 8시다. 그때 가족과 함께 밥을 먹고 여가를 즐긴다. 문화 자체가 저녁에는 가족과 함께하라고 권장한다.

평양의 일요일

평양은 주6일 근무이며 일요일은 가족과 함께 보낸다. 하루를 쉬는 것이라 먼 곳까지 가기 어려우므로 먹을 것을 준비해 대동강 기슭이나 모란봉, 주체사상탑 앞에 가서 노는데 여기는 늘 사람들로 북적인다. 평양은 유원지와 공원에서 취사와 음주가무를 다 허용하기 때문에 불판을 가져가 고기를 구워 먹기도 한다. 남북의 음주가무를 보면 역시 숨길 수 없는 한 민족이구나 하는 게 느껴진다.

직장인은 경력에 상관없이 일 년에 정기휴가를 14일 받는다. 따로 여름휴가나 겨울휴가 개념은 없고 자기가 알아서 쓴다. 건설 현장이나 탄광에서 일하는 노동자에게는 노동정량휴가가 있는데 이것은 마음대로 쉬는 날이 아니라 작업반별로 일주일씩 금강산이나 묘향산에 있는 노동정량휴양소에 가서 워크숍을 받는 기간이다. 거기에 가서 먹고 놀고 쉬며 심신을 충전하고 돌아오는 것이다.

많은 사람이 백두산, 금강산, 묘향산에 자주 가냐고 물어보는

데 평양에 살다 보면 실은 그렇지 않다. 이것은 서울 사람들이 경복궁에 자주 가지 않는 것과 같다. 단체로 가거나 학교에 다닐 때 견학을 가니까 휴가 때는 굳이 금강산이나 백두산에 가지 않는다. 대신 바다에 가고 싶을 때는 해수욕장이 있고 경치도 아름다운 금강산 쪽의 송도원에 간다. 그곳에 국제소년단 야영소가 있어서 전 세계 학생들이 캠핑을 오기도 한다.

남쪽에서는 주말에 취미활동을 많이 하지만 북쪽에서는 혼자 취미활동을 하는 경우가 많지 않다. 북쪽의 모든 기관과 직장에서는 일 년에 한 번씩 인민체력검정이라는 체육대회를 연다. 4월 15일에는 전국체육대회를 열고 명절인 2월 16일과 12월 27일에는 예술공연을 한다. 체육대회는 직장별, 시별, 도별로 경기해 전국체육대회까지 올라가는 방식이다. 직장에서 일하다가 짬을 내 노래, 악기, 운동경기를 연습하며 개인적으로 취미생활을 할 틈은 없다.

북쪽의 TV채널은 네 개인데 조선중앙통신, 개성, 교육문화, 만수대가 그것이다. 조선중앙통신은 전국 방송이고 개성방송은 고전, 역사, 음악, 문화, 영화를 다룬다. 교육문화방송은 예체능 방송이라 씨름대회, 개그 프로그램, 퀴즈대회 등을 방송한다. 만수대 채널은 하루 종일 외국 영화를 보여준다. 미국, 일본, 중국, 인도, 불가리아, 웽그리아 등 남쪽 영화를 제외하고 거의 다 나온다. 한국 드라마는 USB에 저장한 영상을 대개 친구나 이웃과 돌아가면서 본다. 북쪽에 있을 때 〈꽃보다 남자〉, 〈프라하의 연인〉, 〈커피프린스 1호점〉, 〈가을동화〉 같은 인기 드라마를 거의 다 봤다.

북쪽 사람들도 외국 소설과 영화를 좋아한다. 어렸을 때 《부활》, 《안나 카레니나》, 《테스》, 《제인 에어》, 《셜록 홈스》 등을 즐겨 읽었다. 평양 시내에도 책방이 있지만 주로 인민대학습당(평양의 중앙도서관)이나 도립·구립 도서관, 학생 도서관에서 책을 빌려 본다. 도서관에는 북쪽 책뿐 아니라 외국 책도 구비되어 있기 때문이다.

인민대학습당에는 학생과 대학교수를 비롯해 국가기술시험을 치르기 위해 공부하는 노동자가 많이 온다. 이곳에서는 시민을 대상으로 다양한 강의 프로그램을 운영하는데 언제 어떤 강의를 하는지 TV에 미리 광고한다. 북쪽 TV에는 상품광고가 없는 대신 인민대학습당에서 하는 강의와 전국 영화관에서 상영하는 영화를 광고한다.

북쪽 영화는 만들자마자 TV에서 먼저 보여준 다음 극장에 내건다. 상업영화가 아니다 보니 주로 명절에 가족이 함께 보도록 시기를 맞춰 TV에서 보여준다. 북쪽 영화에는 북쪽 사람의 심리를 건드리는 요소가 있다. 대체로 당 간부가 주인공인데 무언가를 잘못 생각했다가 다른 사람들에게 충고를 듣고 고쳐가는 과정, 고난의 행군을 하며 힘들지만 꿋꿋이 버텨내고 희생하는 내용으로 조국애를 키워준다. 〈도시 처녀 시집와요〉처럼 감동과 재미를 곁들인 영화도 있다.

다름이 불편하지 않다

'북쪽 바로알기' 강좌를 하러 가면 내게 "북쪽 사람들도 김치를 먹습니까?"라고 질문하는 사람도 있다. 남쪽의 한 민간단체 대표가 북을 방문했는데, 관광버스를 타고 협동농장 감자밭을 지나다가 "와, 감자 꽃이 우리와 똑같네"라고 했단다. 그때 버스에 타고 있던 북쪽 안내원이 "꽃만 같은 게 아니라 감자알도 같습니다"라고 했다는데 그게 내겐 슬픔으로 다가왔다. 당연히 같은데 같은 게 이상할 만큼 우리가 멀리 왔구나 싶어 분단의 비극이 느껴졌기 때문이다. 실은 북쪽 사람들도 남쪽을 잘 알지 못한다.

내가 처음 남쪽에 왔을 때 외래어 때문에 겪은 일화가 있다. 커피숍에 갔는데 '와이파이 공짜'라고 써놓은 걸 보고 북쪽과 똑같이 '공짜'라는 말에 속으로 굉장히 반가웠다. 나는 와이파이가 초코파이, 찰떡파이 같은 과자 종류인 줄 알았다. 평양에 있을 때 중국을 거쳐 초코파이, 찰떡파이가 들어왔는데 그걸 무척 좋아했기에 '남조선은 잘산다더니 커피 한 잔을 먹으면 와이파이라는 과자를 서비스로 주나 보다' 하고 착각했다. 그런데 커피를 시켜도 와이파이를 주지 않아 속으로 '왜 안 주지?' 하며 와이파이를 달라는 말을 하지도 못하고 쭈뼛거렸다. .

아무래도 북쪽 사투리가 남아 있다 보니 눈치가 보여 용기를 내지 못했다. 끝내 말하지 못하고 그냥 가려는데 문득 내가 북쪽 사람인 것을 알고 사기를 쳤나 싶어 억울했다. 그때 직원한테 가서

"와이파이를 공짜로 준다더니 왜 나갈 때까지 주지 않죠?"라고 따졌더니 상대는 나를 멍하니 쳐다보며 아무 말도 하지 못했다. 나중에 와이파이가 뭔지 알고는 얼굴이 화끈거려 두 번 다시 그 커피숍에 가지 않았다.

사회주의와 자본주의의 차이가 무엇인지 이해하기 어렵던 시절도 있었다. 언젠가 변호사, 의사, 노동자와 함께 이야기를 나눴는데 일행 중 하나가 2002년 평양을 방문했을 때 대동강 기슭에서 어르신들이 낚시하는 모습이 참 보기 좋았다고 했더니 옆에 있던 사람이 농담을 했다.

"이거 국가보안법에 해당하는 고무찬양죄 아냐? 빨리 신고해야 하지 않나?"

그때 내 옆에 있던 변호사가 말했다.

"이럴 때 우린 가만히 있습니다. 저런 범죄자가 있어야 우리가 먹고삽니다."

그 말 한마디로 자본주의가 무언지 정리가 되었다. 병원에 환자가 있어야 의사가 먹고살고, 범죄자가 있어야 판사·검사·변호사가 먹고살고, 교통사고가 나야 카센터나 보험회사가 먹고사는 식이다. 그다음부터 자본주의가 무언지 확연히 이해가 갔다. 지금은 두 체제 모두 틀린 게 아니라 다르다는 걸 인정한다. 이제는 그 다름이 그리 불편하지 않다.

'너는 과자를 좋아하고 나는 사탕을 좋아하는 거로구나'라고 서로를 인정할 때 비로소 우리는 통일을 맞을 준비를 갖출 수 있다.

헤어져 있던 시간이 길기 때문에 서로를 알아가는 시간은 꼭 필요한 것이다.

서로 빗장을 걸어 잠근 70년만큼 긴 시간은 아니어도 서로를 이해할 정도의 시간을 가지며 상대를 존중하고 이해하고 있는 그대로 보는 연습을 하는 것은 어떨까.

6장 ──────── 만나면 길이 보인다

남북공동연락사무소
사무처장 김창수

옥류관에는 물냉면도 비빔냉면도 없다

2018년 정상회담 만찬장에서 냉면이 화제로 떠올랐다. 정상회담 다음 날 몇몇 일간지가 두 정상이 냉면을 먹는 사진을 싣고 '두 정상이 물냉면을 선택하다' 같은 헤드라인을 붙이기도 했다.

나는 냉면 마니아들이 거기에 아무도 이의를 제기하지 않은 것이 놀라웠다. 사실 평양냉면에는 물냉면이 없다. 비빔냉면도 없고 냉면은 그냥 한 가지뿐이다.

그런데 두 정상이 물냉면을 먹었다는 말이 어떻게 나왔을까 하는 궁금증에다 사람들이 '평양냉면에는 물냉면과 비빔냉면이 있구나' 하고 착각할 수도 있는 상황을 바로잡아야겠다는 사명감으로 나름 열심히 취재했다.

정상회담 만찬장에 참석한 사람들의 얘기를 들어보니 주문을 받는 사람이 이렇게 물었단다.

"물냉면, 손 드세요. 비빔냉면, 손 드세요."

그때 북측 인사가 "옥류관에 비빔냉면이 있었어? 그럼 난 비빔냉면!" 하면서 시켰는데 나온 걸 보니 쟁반국수였다. 다른 말로 어복쟁반이었다.

옥류관에는 냉면과 쟁반국수가 있는데, 쟁반국수는 김정일 위원장이 지시해서 추가한 메뉴다. 놋그릇에 소고기편육과 각종 야채를 썰어 올려놓고 먹는 궁중요리인 어복국수에서 유래했다. 북한에는 소가 귀해 닭고기를 삶아 잘게 찢어 올리는 방식으로 쟁반국수가 태어났다. 주문을 받는 사람이 바로 이 쟁반국수를 비빔냉면으로 착각한 것이었다.

정상회담 만찬장에서 냉면을 먹은 박용만 상공회의소 회장은 SNS에 맛있는데 좀 질기다고 썼다. 3월 예술단과 함께 공연하러 간 가수 백지영도 냉면이 약간 질기고 칡냉면 같다고 말했다. 사실 평양냉면은 질기지 않다. 북한 사람들은 면에 칼을 대기보다 이로 뚝뚝 끊어먹는 것을 즐긴다. 이상하다 싶어 1999년부터 옥류관에 갈 때마다 찍어둔 냉면사진을 모조리 찾아보니 냉면이 지금과 많이 달랐다.

평양냉면은 백석이 〈국수〉라는 시에서 "희스무레하고 부드럽고 수수하고 슴슴한 것"이라고 표현했듯 딱 희스무레하다. 한데 그 평양냉면의 색이 검게 변한 것이다. 왜 검게 변했는지 궁금해서 직접 메밀을 갈아 면을 뽑는 서울 서촌의 냉면집을 찾아가 물어봤다. 메밀을 갈 때 껍질을 많이 벗기면 희스무레해지고 껍질을 덜 벗기면 색깔이 진해진다고 했다. 색깔이 변한 원인은 알았지만 왜 껍질을 덜 벗겼는지, 왜 면이 더 질겨졌는지는 파악하지 못했다. 어떤 이는 서울에서 먹는 평양냉면이 옛 평양냉면과 더 비슷하다고 말하기도 한다.

　남과 북이 모두 냉면을 즐긴다. 하지만 남북의 제도와 문화가 다르듯 냉면 만드는 법도 달라지고 있다. 남북 모두 한반도에 살지만 제도와 문화가 다르거나 변해서 오해가 생기기도 하고 서로 다름을 이해하고 배려해 일이 잘 풀리는 경우도 많다. 앞으로 북한 사람들을 어떻게 만나 어떤 대화를 해야 할지 궁금할 때 이 글이 도움이 되길 바란다.

당 중심 국가 북한

　북한과 우리는 제도가 다르다. 예를 들어 남북정상회담을 할 때 우리와 똑같은 급을 찾으려면 대통령을 찾아야 하는데 북한에는 대통령이 없다. 헌법상 국가원수는 김영남 최고인민회의 상임위원장인데 그렇다고 김정은 위원장 대신 김영남 위원장과 문재인 대통령이 정상회담을 해야 할까? 남북이 제도가 달라 똑같이 맞출 수가 없다. 우리는 장관인데 북한은 조국평화통일위원(이하 조평통 위원장)이라며 따지면 장관급회담도 하기 어렵다.

북한 체제 특성상 남한이 생각하는 민간이라는 건 없다. 북한에서 자기들이 민간이라고 말하면 우리는 그들과 만나야 한다. 같은 성격의 '민간'이 아니라는 점부터 따지기 시작하면 대화나 교류는 불가능하다. 가장 중요한 것은 교류가 아닌가. 교류를 통해서 서로 이해하고 존중하면서 공존하는 법을 배우고 익히는 것이 우리가 추구해야 할 통일의 첫걸음이다.

그렇다면 북한 정치체제는 우리와 어떻게 다른지 간단하게 살펴보자. 북한은 당 우위 사회라 당의 힘이 강하고 내각은 별다른 힘이 없다. 북한의 조선로동당에서 영향력이 큰 부서는 조직지도부, 선전선동부, 통일전선부다. 그중에서도 더 힘이 있는 부서는 조직지도부인데 조선로동당은 조직지도부가 움직인다고 할 수 있다. 김정일 위원장이나 김정은 위원장도 조직지도부를 통해서 후계자로 등장할 수 있었다. 지금 조직지도부장은 최룡해다. 알고 있다시피 2018년 9월 19일 3차 남북정상회담 때 최룡해 조직지도부부장이 백화원 영빈관 앞 정원에서 문재인 대통령과 함께 남한에서 가져온 모감주 나무를 심기도 했다.

선전선동부는 조직지도부와 쌍벽을 이루는 부서다. 김여정 로동당 제1부부장을 두고 선전선동부 제1부부장이 유력하다고 추정하고 있다. 김정은 위원장은 2018년 3월 정상회담에서 속도전을 하자고 제안하며 "지금 우리 공화국에서는 천리마도 아닌 만리마 속도전을 해야 한다고 하는데, 이 말은 전부 우리 여정 동무의 작품입니다"라고 했다. 이 말을 김여정이 만들었다면 선전선동부 제1부부장일 확률이 높다. 물론 김여정 제1부부장은 남북정상회담이나 북미정상회담에도 개입하는 것에서 알 수 있듯이 선전선동부 업무말고도 김정은 위원장 최측근으로 종횡무진 활동하고 있다.

통일전선부(줄여서 통전부)는 남북 교류와 대남사업을 주관하는 부서다. 예전에는 조선로동당에 대남비서가 있었는데 지금은 대남비서제도를 없애고 로동당 정무위원회 부위원장 중에 대남 담당 부위원장을 두었다. 2018년 현재 대남 담당 부위원장은 김영철이다. 로동당 부위원장 겸 통전부 부장은 우리로 치면 국정원장, 청와대 수석비서관, 집권당 통일위원장을 겸하는 것이라 할 수 있다.

당에는 외교부 대신 국제부가 있으며 국제부는 사회주의 국가와 당 대 당 외교를 담당한다. 가령 조선로동당과 중국공산당 간의 일은 당 국제부가 맡아서 처리한다. 국가와 국가의 업무를 담당하는 외교부는 내각에 있다. 당 우위 국가이지만 외교부는 내각에서 국가간 업무를 담당하고 있는 것이다.

북한에서 통일부 장관은 조평통이다. 조평통은 4.19혁명 이후 북한에서 남한을 향한 통일전선 사업을 하기 위해 만든 로동당의 외곽 조직으로 통전부 소속 기관이다. 통전부와 조평통은 남한과의 공식적인 관계나 대남관계를 담당한다. 정상회담 때 보았듯 북한에서는 김정은, 김정일 위원장 옆에 꼭 통전부장이 배석한다. 2000년 1차 남북정상회담 때 김홍순 통전부장이 배석했고 2007년 2차 남북정상회담 때는 김양건 통전부장이, 2018년 3월 남북정상회담 때는 김영철 통전부장이 배석했다. 당 우위 국가이기 때문에 당의 통전부가 대남업무를 총괄해서 지도하고 있는 것이다.

특이하게도 김정은 체제에서는 김영철 통전부장이 대남업무뿐만 아니라 외교부를 대신해서 미국과 정상회담까지 챙기고 있다. 이는 통전부의 역할이라서 그렇다기 보다는 김영철 통전부장이 북한에서 차지하는 위상 때문으로 보인다. 북핵 문제가 북한 외교에서 중요하고, 북핵 문제를 남북관계와 북미관계에서 모두 다뤄야하기 때문이라는 상황도 작용했을 것이다.

김대중 정부는 물론 문재인 정부 들어서도 장관급 회담을 할 때는 조평통에서 나왔다. 이 조평통은 원래는 로동당 통전부 소속 조직이었지만 남한 내각인 통일부 장관과 상대해야 하니 '내각책임참사'라는 직책을 달고 장관급 회담에 나왔다.

'격' 논쟁하다 불발된 회담

남한과 북한의 제도와 직책이 달라 생긴 오해는 생각보다 심각한 결과를 초래한다. 심지어 회담이 무산되거나 민간 교류를 시작도 해보지 못하고 끝낸 경우도 있다. 박근혜 정부가 출범한 뒤 남북이 당국자 회담을 할 때 남한에서는 통일부 장관이, 북한에서는 조평통 서기국장이 나왔다. 그때 우리는 통일부 장관이 나갔는데 북한이 내각책임참사라는 가짜 직책을 달고 나오는 건 격에 어울리지 않는다며 논쟁이 일었다. 조평통 서기국장은 북한에서 호칭이 '국장'일 뿐 사실은 장관급임을 알렸고 CIA 국장이 국장이라고 해서 국장급이 아니지 않느냐고 하며 긴급하게 공개토론회를 열기도 했다.

북한에서 조평통 서기국장은 '장관 중에서도 상 장관'이라고 말했다. 그 이전에 장관급 회담에 나온 김령성도 내각책임참사라는 직책을 달고 나왔지만 사실은 조평통 서기국 제1부국장이었다. 박근혜 정부 때는 서기국장을 보냈는데 남한에서 북한이 국장을 보내니 남한에서 장관이 나가면 격이 맞지 않는다며 차관을 보내겠다고 한 것이다. 이런 '격' 논쟁 때문에 당시 남북회담이 무산되었다. 남북의 제도 차이를 고려하지 않은 결과이다. 그 뒤로 북한은 조평통을 내각으로 보냈다. 어쩌면 나중에 있을 남북회담을 대비해 격을 맞추려고 한 일인지도 모른다. 그만큼 남한에서 내각책임참사라는 직책을 두고 말이 많았다.

2018년 1월 1일 김정은 위원장은 신년사에서 '평창에 가겠다, 남북회담을 하자'고 제안했다. 그러자 문재인 대통령은 통일부 장관에게 '남북 간 상호 관심사를 논의하는 장관급 회담을 제안하라'고 바로 지시를 내렸다. 조명균 통일부 장관은 1월 2일 상호 관심사를 논의할 남북 고위급 회담을 하자고 북한에 제안했다. 남북관계에서 고위급 회담이란 통상 장관급 회담을 말하고 최고위급 회담은 총리회담에 해당한다. 전문가들은 고위급 회담이니 장관급 회담이고 통일부 장관이 제안했으므로 남한에서는 통일부 장관이, 북한에서는 리선권 조평통 위원장이 나올 거라고 예상했다.

사실상 북한에는 민간단체가 없는 반면 남한에는 많다. 바로 여기서 생긴 논쟁이 '북한에 무슨 민간단체가 있어? 북한 NGO가 진짜 NGO 맞아?'라는 문제제기다. 북한이 사회주의체제에다 그것도 일당 독재체제인데 민간이 말이 되느냐며 같은 민간이 아니니 대화하지 않겠다고 하는 사람도 있다. 그런 자세로는 북한과 대화할 수 없다.

1998년 6월 북한은 민족화해협의회를 만들었다. 남한에서도 김대중 정부가 출범한 뒤 9월 민족화해협력범국민협의회를 만들었다. 의도한 것은 아니지만 줄이면 '민화협'이라 같이 만들었다고 생각할 수 있는데, 어디까지나 남한과 북한이 개별적으로 만든 단체다. 나는 민화협 초대 정책실장을 지냈고 그것이 200개가 넘는 정당, 종교, 시민사회단체 협의체다 보니 회원 수가 1천만 명이 넘었다. 물론 중복되고 또 허수까지 다 포함한 것이지만, 민화협이 그 만큼 많은 단체를 포괄하고 있다는 것을 의미한다. 그래서 대한민국 성인 세 명 가운데 한 명이 민화협 회원이라는 우스갯소리를 하기도 했다.

민족화해협력범국민협의회라는 이름은 김대중 대통령이 직접 지었다. 남한에서는 줄여서 민화협이라고 불렀는데, 북한은 자신들 조직을 줄여 말하는 것을 싫어해 그냥 민족화해협의회라고 불렀다. 지금은 북한에서도 민화협이라고 부른다. 1998년 남북 간 교류가 없었을 때 북한 민화협에 팩스를 보낸 적이 있다.

"남한 민화협과 북한 민화협이 민간 회담을 한번 합시다."

그랬더니 북한에서 이런 답장을 보내왔다.

"어디 관변 단체가 설 자리 누울 자리 모르고 다리를 뻗습니까."

사실 따지고 보면 남한 민화협은 관과 협조하는 민간단체라는 점에서 반관반민의 성격을 지닌다. 민과 관이 함께하는 통일운동의 고유한 성격을 반영한 것이다. 북한 민화협은 통일전선부 소속 조직이지만 형식적으로만 민간 조직이다. 아직 남북대화에 나설 없다는 생각에서 급이 다르다는 의미를 내세워 그렇게 보낸 것 같다.

북한 민화협은 경제를 뺀 나머지 분야, 즉 사회문화, 방송, 언론, 지방자치단체 교류를 모두 주관한다. 한동안 잘 움직이지 않았는데 2018년 6월 이후 남한 단체를 다양하게 만나며 활발하게 민간 교류를 하고 있다. 그동안 단절된 민간 교류에 시동을 걸고 있는 셈이다. 1998년 대한민국에서 UN경제사회이사회 NGO로 승인받은 단체는 서너 개였다. 물론 지금은 더 많을 것이다. 당시 북한은 우리보다 승인받은 단체가 더 많았다.

북한에 우리와 똑같은 의미의 '민간단체'가 없는 것은 사실이나 UN에서도 인정한 민간단체가 많으니 우리도 인정하고 파트너로 삼아서 그동안 남북 민간 대화를 이어왔던 것이다. 그러한 노력의 결과 이러한 시비는 없어졌다. 이제는 민간이 남북교류와 협력에서 중요한 한 몫을 차지하게 되었다. 사실 민간의 참여는 통일과

정에서 정권의 이해관계를 뛰어 넘어 지속적인 교류와 협력을 보장한다는 차원에서 매우 중요하다.

정치 문제에 화내고 헤어질 때 눈물짓고

1999년 나는 처음 민화협 정책실장 자격으로 북한에 갔다. 당시 방북 승인을 내준 통일부 민간 담당 사무관이 북한에 다녀온 내게 말하길 내가 통일운동을 한 국가보안법 위반자 중에서 최초로 방북 승인이 난 사람이라고 한다. 그래서 처음에는 승인하지 않으려고 했단다. 나의 전력 때문에 북한에 가서 돌아오지 않을까 봐 그랬다는 데 황당하기는 하지만 지금 생각하면 세상이 많이 변했다. 공무원들이 보기에 나의 전력 때문에 온갖 걱정을 하고 있는데, 대통령이 만든 조직의 정책실장 자격으로 간다고 하니 골치가 아팠던 것이다.

북한 민화협은 '설 자리 누울 자리 모르고 다리를 뻗느냐'고 우리를 거들떠보지도 않았지만 그때 우리는 북한에 비료를 지원하기 시작했다. 나는 비료를 실은 배를 타고 여수에서 출발해 평양의 관문인 남포로 갔다. 배를 타고 NLL을 넘는데 깜깜한 밤에 그 경계선을 지나가려니 기분이 묘했다. 나는 나중에 NLL의 밤은 정말 장관이라고 허풍을 치기도 했다. 배 타고 NLL을 합법적으로 넘어간 것도 흔치 않은 일이니 미안하게도 나의 허풍을 믿는 사람도 있었다.

북한 도선사는 우리 배가 가는 수로를 안내하면서 "남포 갑문을 통과한다"고 얘기해주었다. 1986년 완공한 남포 갑문은 대동강 하구에 있는 북한의 대표적인 갑문으로 당시 규모가 세계적인 수준이었다. 남포에서 수로 안내원을 비롯한 북한 사람 여럿이 우리 배에 탔다. 그들이 맥주하고 명태포를 가져왔는데 그 부드럽고 맛있던 명태포가 지금도 생각난다. 아마 북한 명태포가 한국에 들어오면 냉면만큼 인기가 많을 것이다.

남포를 통과하는 데는 시간이 좀 걸렸고 북한 사람들과 배 위에서 이런저런 이야기를 나눴다. 북한 사람은 경쟁 없는 사회에서 살다 보니 대체로 순박하다. 하지만 어쩌다 정치 이야기가 나오면 돌변한다. 그때는 '황장엽 망명 사건' 뒤라 내가 '황장엽을 아느냐'고 물었다. 그러자 북한 사람들이 갑자기 성질을 팍 내며 "아니, 그 뺑 간 노인네 얘기를 왜 꺼냅니까?" 하더니 "우리 인민은 그 노인네를 도저히 용서할 수 없다"며 엄청 화를 내고는 가버렸다. 저렇게 순박하고 착한 사람들을 왜 약을 올리느냐고 우리 쪽 선원들에게 엄청 혼이 났다. 그렇게 나는 북한 땅에 들어가서 처음 만난 북한 사람들에게 찍혔던 것이다.

남포 항구에 내려 선원구락부라는 호텔에서 묵었는데 북한 민화협 사람들을 만난 김에 작심하고 말을 꺼냈다. 먼저 우리의 통일 정책과 민화협, 김대중 정부의 출범에 담긴 의미를 설명했다. 그때 북한 사람들과 한바탕 논쟁이 붙었다. 내가 사실을 약간 부풀려 말하다 보니 훈시처럼 들렸나 보다. 남측 민화협에 얼마나 통일운동을 열심히 하는 사람들이 많은 줄 아느냐고 하면서 우리 같은 사람이 대화하자고 하면 잘할 생각을 해야지 만나자고 팩스를 보냈더니 설 자리 누울 자리 모르고 다리를 뻗느냐고 답신하면 되겠느냐고 했더니 기분이 좋지 않았던 모양이다.

어쨌든 북한 사람들은 비료를 싣고 온 나를 정성스럽게 만나주었다. 하지만 남포에 머무는 동안 이동이 자유롭지 않았다. 내가 "저기까지 가봅시다"라고 해도 들어주지 않고 선원구락부 앞만 돌아다니게 했다. 저 멀리 남포 시가지와 김일성 주석 동상이 보여 그 근처에 가보고 싶다고 해도 안 된다고 했다. 남한에서는 내가 북한에 눌러앉을까 봐 겨우 방북을 승인했는데 북한에서는 오히려 나의 이동의 자유를 완전하게 보장해주지 않았으니 참 아이러니한 일이었다.

그 뒤에 남포에 간 사람들은 당일치기로 평양까지 가기도 했다. 내가 이동에 제약을 받은 것은 남북 교류 초기에 갔기 때문에 일어난 일이다. 나중에 남포에서 평양까지 갔다는 사람들의 소식을 들으며 일종의 '선구자 불이익'인 셈이라며 스스로를 위안했다.

남포에서 일정을 끝내고 돌아오는 날 선원구락부 사람들과 평양에서 내려온 사람들이 호텔 입구에서 우리 배가 떠날 때까지 손을 흔들었다. 북한 사람들은 헤어질 때 보통 가는 사람이 점으로 보일 때까지 손을 흔든다. 평양 고려호텔에서 떠날 때도, 금강산에서 회담을 마치고 떠날 때도 그랬다. 울면서 부둥켜안고 "잘 가시라 다시 만나요" 하면서 노래를 부르기도 한다. 대개 헤어질 때의 행동이 정해져 있다.

어쩌면 매뉴얼일지도 모르지만 그들에게는 사람에게 정성을 다해야 한다는 마음도 있는 것 같다. 나는 북한을 여러 차례 들락거리면서 생활은 조금 어렵더라도 사람에게 정성을 다하려 한다는 느낌을 받았다. 그런 만큼 북한에서는 사람의 마음을 사는 것이 굉장히 중요하다.

합의문 문구에도 긴장이 흐른다

남북 간 회담을 할 때는 합의문을 발표하는데 그중 가장 협의하기 어려운 것이 합의문 문구다. 2018년 4월 1차 남북정상회담 때도 그랬지만 양국 합의가 비교적 일찍 끝난다. 그래도 합의문 문구를 놓고 왈가왈부하다 보면 밤 8시를 훌쩍 넘기기 일쑤다.

하지만 과거에는 합의문 만드는 것이 행사 일정 가운데 제일 어려운 일이었다. 나는 남북교류 초기에 행사기획이나 일정조정, 합의문 작성, 연락관 등의 일을 했다. 그중에 제일 신경전을 치열하게 하는 것이 바로 합의문 작성이다.

2000년 6.15공동선언 1조 1항에 보면 '우리 민족끼리 힘을 합쳐'라는 문구가 있다. 2001년 북한과 행사할 때, 북한이 들고온 합의문제 '자주自主'라는 말이 나왔다. 사실 북한은 '자주적 통일'이라는 말을 많이 쓰는 편이다. 그때 내가 6.15공동선언에도 우리 민족끼리 힘을 합치자고 했으니 '자주' 대신 '우리 민족끼리'를 쓰자고 설득했다. 결국 '우리 민족끼리'로 고쳤고 이후로 북한은 당의 방침을 '6.15 공동선언의 핵심은 우리 민족끼리 정신이다'로 정했다.

그다음부터 북한은 합의문마다 '우리 민족끼리'를 써왔다. 그런데 북한이 주장한 내용을 그대로 받아쓰면 북한에 동조했다고 남한에서 문제 삼을 것이 빤했다. 할 수 없이 우리는 북한이 '자주'를 강조할 때는 '우리 민족끼리'로 쓰고, 북한이 '우리 민족끼리'를 강조할 때는 '자주'로 하자고 제안했다. 그런 식으로 합의문을 만드는 과정에도 계속 신경전을 벌인다.

북한에서는 대남사업 비중이 크기 때문에 담당자가 대개 북의 최고 엘리트다. 이를테면 김일성종합대학교를 나와 군복무를 10년하고 온 사람으로 우리로 치면 서울대학교를 나와 사법고시에 합격한 수준이다. 그런 엘리트들이 우리와 문구 하나를 놓고 다투자니 좀 황당할 것이다. 내가 솔직히 말했다.

"선생은 당의 지도를 받으면서 통일운동을 열심히 하면 당이 보장을 해주고 출세도 할 것 아닌가. 우리는 지난 시절 통일운동을 하면 옥에 갇힐 수도 있고 잘해야 본전이었다. 그러니 고생하는 사람들의 입장을 존중해줘야 할 것 아닌가."

나중에 북측 인사들이 이렇게 말했다. "우리는 국가적 지원을 받아가며 통일사업을 하고 있으니 우리가 통일운동을 하느라 애쓰는 남측 선생들의 뜻을 높이 존중해주기로 했습니다." 지금 돌이켜보면 이런 이야기도 모두 다시 올 수 없는 지나간 에피소드다.

때로는 과감하게, 때로는 신중하게

2000년 북한이 10월에 열리는 조선로동당 창당 55년 행사에 남측을 초대했을 때였다. 나는 민화협 정책실장과 문익환 목사 추모 단체인 통일맞이 정책실장을 겸임했는데, 민화협 참가를 놓고 찬반 논쟁이 일어나 통일맞이 정책실장 자격으로 갔다. 6.15공동선언 이후 북한이 초청한 첫 번째 행사라 정부는 굉장히 난처해했다. 아무도 보내지 않을 수도 없고 누군가를 보내자니 만약 사고라도 나 남북관계가 경색될까 염려되어 고민이 클 수밖에 없었다.

정치행사니 가지 말자는 의견이 대다수일 때 천주교 주교회의 사무총장 김종수 신부가 이렇게 말했다.

"무슨 정치행사를 하는지 봐야 우리가 빨갱이를 제대로 알게 아니겠소. 그러니 가야지요."

당시 북한의 조명록 인민군총참모장이 미국으로 클린턴을 만나러 간 상황이라 나는 북미관계가 좋아지면 돌발 상황이 생겨도 큰 문제는 없을 거라고 주장했다. 우여곡절을 거쳐 우리는 행사에 참석했고 북한은 우리를 엄청나게 잘 대접했다.

우리를 안내한 북한의 김령성 내각참사가 내게 오더니 남쪽 참가자들이 카메라를 돌리지 않도록 일러달라고 요청했다. 왜 그러냐고 하자 "우리는 지금 우리 장군님(김정일 위원장)께서 오시기를 기대하고 있습니다"라고 했다. 아니나 다를까 조금 지나자 갑자기 "우워어어" 하는 소리가 나더니 모두가 일어섰다. 북한 신문에서는 이를 두고 천지를 진동하는 음성과 함께 김정일 위원장께서 등장하셨다는 식으로 표현한다.

김일성광장에서 북한군이 행군을 하는데 저 멀리 김정일 위원장이 보이고 사람들이 일어나 손을 흔들며 박수를 쳤다. 그 모습을 보면서 어찌해야 할지 참으로 난감했다. 주위에는 서울에서 취재온 기자들을 비롯해 여러 시선이 있었다. 눈치를 보지 않을 수 없는 상황인지라 곤혹스러웠다. 노무현 대통령이 평양에 갔을 때 〈아리랑〉 공연 관람 중에 일어서서 박수를 칠지 말지를 두고 논란이 인 것도 같은 맥락이다. 이건 한마디로 조선시대 예송논쟁과 같다.

〈아리랑〉 공연을 관람할 때 노 대통령은 권양숙 여사한테 "박수는 내가 칠 테니 당신은 일어서지 말고 그냥 앉아 있어"라고 했다. 두 사람 모두 일어나 박수를 치며 열광하는 모습을 보여주면 국내 언론에 좋지 않게 비춰질 테고, 그냥 앉아 있으면 북한에 결례일 수 있으니 말하자면 줄타기나 마찬가지다. 북한에는 결례가 아니고 한국에는 너무 생경하지 않아야 하니 그 점에서 굉장히 전략적이어야 한다.

2000년 북한에서 처음 〈아리랑〉을 공연할 때 나도 초청받아 갔다. 〈아리랑〉 공연은 매스게임과 카드섹션으로 이뤄진다. 능라도 5.1경기장 한쪽 면에 배경대를 설치하는데, 여기서 카드섹션을 한다. 6만 명 정도가 앉을 수 있다. 운동장에서는 4만 명이 왔다 갔다 하면서 매스게임을 한다. 북한 사람들은 〈아리랑〉 공연을 굉장히 자랑스러워한다. 내게 공연을 본 소감을 물어보는데 뭐라고 대답해야 할지 난감했다. 남한 여론과 북한 여론을 모두 의식해야 하는 입장이라 찬양할 수도, 비방할 수도 없어 곤란했던 것이다. 고심하다 이렇게 말했다.

"인민의 자발성까지 잘 조직한 매우 훌륭한 작품이다."

이 말은 인민의 자발성까지 조직했다고 좋지 않게 들을 수도 있고 반대로 좋게 들을 수도 있다.

남북이 체제를 두고 발언하는 것에 얼마나 예민한지 보여주는 대표적인 것이 2001년 8월 '만경대 사건'이다. 2001년 8월 평양대축전에 간 모 교수가 김일성 생가인 만경대 방명록에 '만경대 정신 이어받아 통일위업 이룩하자'라고 썼는데, 남한 언론에서 김일성을 찬양했다고 난리가 났고 모 교수는 구속되었다.

남북관계는 외줄타기다. 늘 아슬아슬한 상태에서 어떤 때는 과감해야 하고 또 어떤 때는 신중해야 한다. 전략적으로 판단을 잘해야 하는데 그게 언제나 쉽지가 않다. 2000년 김대중 대통령은 남북정상회담을 염두에 두고 2월 연설에서 과감하게 한마디를 던졌다.

"북한의 김정일 위원장은 매우 똑똑한 지도자라고 생각한다."

남한에서 김정일을 찬양한다고 난리가 났지만 김대중 대통령은 보다 큰 목표인 정상회담을 열기 위해 과감하게 던진 것이다. 즉, 북한에 모종의 신호를 준 셈이다. 이를테면 '내가 너를 이렇게 말하는 것이 무슨 뜻인지 알지?'라고 북한에 보낸 신호다. 이건 남한 여론을 신경 쓴 신호가 아니다.

상대방 입장 헤아리기: 이 시국에 밥이라니요

남북이 교류할 때는 상대방의 처지와 입장을 잘 헤아리는 것이 중요하다. 2000년 조선로동당 창당 행사에 초청받아 갔을 때, 뜻밖에도 보수단체에서 온 분이 김일성 주석 시신을 안치한 금수산태양궁전에 가자고 했다. 북한 명절에 초청받아 대접을 잘 받았으니 우리가 예의를 차려야 하지 않느냐는 의견이었다. 금수산태양궁전에 가면 김일성 주석 시신을 볼 텐데 그 앞에서 참배해야 할지 말지가 굉장히 어려운 문제였다.

결국 명분상 가는 게 좋겠다는 의견으로 모아져 북한 사람들한테 가기로 했다고 말했다. 우리가 먼저 가겠다고 하니 북측 사람들은 입이 귀에 걸리는 거 같았다. "아, 좋은 결정 하셨습네다" 했다. 하지만 나는 걱정이 태산이었다.

다음 날 아침 북한 사람들이 보자고 해서 갔더니 이렇게 말했다.

"남조선에서 오신 분들의 뜻을 우리는 충분히 존중합니다. 그런데 우리 김정일 장군님께서 귀한 손님들이 돌아가서 어려움을 겪을 수도 있다고 전하셨습니다."

다시 말해 그 뜻은 높이 평가하지만 '마음만 받겠다'는 말이었다. 북한도 그들 나름대로 남한 사정을 고려해 그처럼 합리적으로 결정하기도 한다. 물론 북한도 사람에 따라 생각이 다를 수 있다. 우리 쪽 사람이 북한의 입장과 우리의 입장 차이를 이해하지 못해 곤란한 적도 있다.

　조선로동당 창당 55년 행사 때, 미국에서는 북한 조명록 특사와 올브라이트 미 국무장관이 공식회담 중이었고 그 결과로 '북미 공동 코뮈니케'를 발표했다. 그때 평양에 같이 간 〈한겨레〉 기자가 팩스로 받은 중국발 '북미 공동 코뮈니케' 요약본을 내게 주었다. 북한에서는 아직 그 체결 내용을 확인하지 않은 상황이라 내가 요약본을 가져가 전해주었다. 북한 사람들은 내게 일단 상황을 지켜보자고 하더니 조금 지나 엄청 흥분한 모습으로 전문을 뽑아 왔다.

　당시 북미회담은 북한에 찾아온 첫 번째 기회였다. 조명록 특사는 클린턴 대통령에게 김정일 위원장의 친서를 전달했고 북미관계는 북미수교를 논의할 정도로 급물살을 탔다. 그러니 모두가 '북미 공동 코뮈니케'에 어떤 내용이 담겼는지에 주목할 수밖에 없었다. 북한 입장에서는 미국과의 관계를 개선해 국제사회에서 자신들의 활로를 찾아갈 기회라 긴장하는 것이 당연했다.

　그때 북한 김령성 내각참사가 북미 공동 코뮈니케 전문을 읽고 있는데, 한 남한 참가자가 손을 들더니 "배고픈데 밥 먹고 합시다"라고 했다. 당황한 김 내각참사는 순간 멈칫했지만 그래도 끝까지 다 읽었다. 그날 저녁을 먹는 자리에서 북한 사람들이 내게 섭섭함을 내비쳤다. 자기들 명절에 남한에서 귀한 손님이 와주어 고맙게 생각하고 최대한 잘 대접하려 하는데, 어찌 그 중요한 순간에 밥 먹자는 말을 할 수 있느냐는 거였다. 우리야 한미정상회담을 늘 하니 별것 아니라고 여길 수 있지만 북한의 고위급이 미국을 방문한 것은 그때가 처음이었다. 한미정상회담과 북미정상회담은 의미가 다른데 우리 쪽 사람이 그걸 제대로 헤아리지 못했다.

남북이 교류할 때는 서로 기본적인 예의를 잘 갖춰야 한다. 민간 교류가 본격화하면 아무래도 서로 오해해서 마음 상하는 일이 생겨날 것이다. 꽃길에는 지뢰도 있는 법이다.

2018년 문화교류: 마음을 확인하다

남북 교류를 무리하게 추진하다가 탈이 나는 경우도 있다. 특히 체육 교류를 할 때는 평화와 통일이라는 구호에 앞서 남북 선수 개개인의 입장을 잘 헤아려야 한다.

2007년 남북정상회담 만찬장에서 대한체육회회장이 김정일 위원장에게 국제경기에서 남북단일팀을 만들자고 제안했을 때 김 위원장은 단번에 좋다고 하지 않았다.

"우리 선수들 기량이 남측 선수들에 비해 떨어지는 종목이 있습니다. 그런 종목에서 단일팀을 만들면 우리 선수들이 국제경기 한 번 참석하려고 그렇게 몇 년을 고생하는데 남측 선수들이 많이 차지하면 우리 선수들, 그 고생한 선수들이 뭐가 되겠습니까?"

그때 누군가가 말했다고 한다.

"그냥 남북이 반반씩 하면 되지 않겠습니까?"

그러자 김 위원장은 "아니, 어떻게 스포츠를 그렇게 정치적으로 이용하려고 그럽니까?"라고 했다. 남북평화와 통일을 명목으로 평생을 노력해온 선수들이 희생하는 것은 피해보자는 의견이었다.

2018년 평창올림픽 아이스하키 단일팀 이야기가 나올 때 1월 9일 북한이 평창올림픽에 참가하기로 결정했다. 시간이 얼마 남지 않았기 때문에 선수나 감독과 논의할 시간이 거의 없었다. 아이스하키팀이 캐나다 전지훈련을 갔다가 돌아오는 공항에서 세라 머리 감독을 인터뷰했는데 당혹스런 반응이었다. 사실 머리 감독은 북한 선수 서너 명은 쓸 만하다고도 덧붙였다. 그런데 정확하게 전달되지 않았다.

젊은 세대가 분노를 폭발한 이유는 공정성 문제와 부당함에 있었다. 기회를 다 주지 않은 것과 집단을 위해 개인을 희생시키는 것은 잘못이라는 얘기다. 뒤늦게 문제를 알아차린 정부는 여론이 좋지 않은 상황에서 어떻게 대응할지 연구했다. 이미 단일팀을 꾸리기로 결정한 상황이라 내부적으로 이런 결론을 냈다. '억지로 무리하게 설명하려 하지 말고 선수들의 모습을 있는 그대로 보여주고 국민이 판단하게 하자.' 정부가 우리 아이스하키팀에 좋은 모습을 보여주라고 한 적도 없고 그런 걸 요구할 상황도 아니었다. 그런데 우리 선수들이 북한 선수들을 정말 성심성의껏 대해 주었다.

남한에서 아이스하키 단일팀 북한 선수들에게 장비를 지원하기로 약속했으니 그들은 비행기를 타고 몸만 달랑 온 상황이었다. 북한 선수들이 어색해하니 남한 선수들이 먼저 말도 걸고 따뜻하게 대해줘야겠다고 생각한 모양이었다. 선수뿐 아니라 관리자도 북한 선수를 만날 때마다 유니폼이 잘 어울린다고 말해주었다. 마침 한 북한 선수가 생일이라 남한 선수들이 북한에서 부르는 생일축하 노래를 배워 생일잔치를 해주었다. 그때 정말 남한 선수들은 최선을 다했다.

선수들이 어울려 연습하고 경기하는 모습을 보고 긍정적으로 평가하는 사람들이 점점 늘어났다. 이때 젊은 세대가 어떻게 생각하는지 배운 정부는 2018년 아시안게임 때 무리해서 단일팀을 만들지 않고 딱 세 종목만 정해 공동훈련을 했다.

남북은 문화행사를 할 때 사전에 어떤 노래를 부를지 알려주기로 약속했는데 이는 2000년 남북 교류 초기에 일어난 사건 때문이다. 당시 한국 기업인들이 평양에 가서 서로 한민족이니 뭐니 하면서 밤에 술을 먹고 부둥켜안고 난리가 났다. 그중 한 사람이 평양에 왔으니 북한 노래를 하나 불러야겠다며 나훈아의 〈대동강 편지〉를 불렀다. 노래는 이렇게 시작한다.

"대동강아 내가 왔다. 을밀대야 내가 왔다."

한데 그 노래를 찬찬히 들어보면 평양을 수복하겠다는 내용이 바탕에 깔려 있다. 처음에 가만히 듣고 있던 북한 사람들이 가사를 곱씹어보니 황당했던지 결국 사달이 났다. 2001년부터 남북 민간 교류가 본격화하자 남북한이 만나 부를 노래 분야를 정했다. 첫째는 민요고 둘째는 계몽기 가요다. 그리고 셋째는 동요인데 지금도 이 기준을 따른다. 2018년 현송월 단장이 와서 부른 노래도 그 기준에 맞춘 것이다. 우리도 북한에 정치색이 있는 노래는 빼달라고 요청을 한다.

2018년 2월 북한 예술단의 강릉 공연에서 〈J에게〉와 〈여정〉이라는 노래가 나왔다. "'J'는 김정은이고, '여정'은 김여정이 아니냐"는 말이 있었다. 그때 북측 인사 가운데 한명이 "J는 문제인입니다"라고 했단다. 남한에서 논란이 생길까 봐 그랬는지 모르지만 이는 기본적으로 그들이 농담을 건넬 만큼 경직되지 않았음을 보여준다. 실제로 만나 보면 굉장히 시원시원하고 거침이 없는 사람도 많다.

2015년 11월 중국에 공연하러 간 현송월 단장은 중국 측에서 가사 수정을 요구하자 "우리 원수님이 정해준 것은 점 하나도 뺄 수 없다"며 그대로 북한으로 돌아갔다. 그런데 북한예술단이 평창올림픽에 왔을 때는 많이 수정했고 덕분에 우리와 무리 없이 조정해 공연을 마쳤다.

여담으로 북한예술단이 사전 공연할 때 남측 모니터 요원들이 노랫말에 예민한 부분이 없는지 미리 점검했는데, 김여정 부부장이 예술단을 격려하기 위해 그곳을 방문했다. 김 부부장이 카메라가 있는 것도 아닌데 예술단원들과 웃고 이야기하면서 장난도 치고 머리에 묻은 것도 떼어주며 격의 없이 지내는 걸 보고 많은 사람이 놀랐다고 한다. 심지어 〈뉴욕 타임스〉는 이렇게 보도했다.

"김여정의 미소 외교가 펜스를 이겼다."

김여정 부부장이 청와대에 왔을 때 임종석 실장이 "남북이 낙지하고 오징어를 부르는 말이 서로 바뀌었다"고 하자 김여정 부부장이 "그렇습니까? 말부터 통일해야겠네요" 하고 응대했다. 정부가

'겨레말큰사전' 공동편찬을 시작했다고 보도하면서 오징어와 낙지를 부르는 말이 각각 다르다는 기사도 많이 나왔다. 2002년 북한에 갔을 때 향산호텔 봉사원이 나를 보더니 대뜸 말했다.

"부인이 참 아름답겠습니다."

"아니, 그런 걸 어떻게 알아요?"

"남편의 얼굴에서 아내의 얼굴을 읽습니다."

그녀는 환하게 웃더니 오징어를 갖다 주며 "낙지입니다" 했다. 오징어를 주면서 낙지라고 하니 정말 황당했다. 이게 오징어지 무슨 낙지냐고 하자 그녀는 "이건 낙지입니다"라고 딱 잘라 말했다.

"그럼 낙지는 뭐라고 불러요?"

봉사원은 황당하다는 듯 대답했다.

"낙지는 낙지지, 뭐라고 그럽네까?"

나중에 탈북자들에게 물어보니 우리가 낙지라고 부르는 것을 북한에서는 오징어라고 부른다고 말해주었다.

남과 북의 여성관 차이

앞으로 여성 분야에서도 남북 교류가 이뤄지겠지만 우리가 북한에 페미니즘 관련 교육을 하거나 북한과 페미니즘 이슈를 함께 다루는 일은 남북 교류 중에서도 제일 마지막 단계가 될지도 모른다. 우리 사회에서는 페미니즘을 활발히 논의하고 있으나 여성의

사회 참여나 페미니즘 개념이 우리와 많이 동떨어져 있다.

2002년 북한 취재를 가는 기자가 평양을 다녀온 사람에게 무엇을 취재하면 좋겠느냐고 물었더니 '김일성종합대학교에서 여학생들이 남학생들에게 물을 떠다 준다는 얘기를 들었다며 그걸 취재해보라'고 했단다. 내게 그것이 사실이냐고 묻기에 잘 모르겠으니 취재해서 알려달라고 했다. 평양에 가서 여학생들에게 기어코 그걸 물어본 기자는 "남동무들이 힘든 일을 하니 여동무들이 물도 떠다 주고 그럽니다"라는 대답을 들었다고 했다.

"우리는 물도 떠다 주고 다 해줍니다, 남동무들이 무거운 짐도 많이 들고 하는데, 힘든 일도 더 많이 하는 거 아닙니까? 그러니까 우리가 물도 떠다 주고 이럽니다."

내가 한국의 한 대학교에서 강연하며 "북한과 우리는 페미니즘적 세계관이 다르다"라고 했더니 남학생들이 놀랐다. 그때 나는 학생들에게 "남북이 가부장적인 걸 보니 남북은 한민족 맞다"고 말했다. 실제로 나는 북한에서 만난 여성들에게 이렇게 물어보기도 했다.

"북한 여성들은 부지런하고 똑똑한데 바깥에 나서서 일하는 사람은 여성보다 남성이 훨씬 더 많다. 남한말로 치면 여성들이 좀 주눅 들어 사는 것 아닌가?"

북한 여성들은 거리낌 없이 대답했다.

"아, 그렇지 않습니다. 우리 여성들이 훨씬 똑똑하고 훌륭합니다. 우리가 남성들을 앞장세워 달래줘야지, 그래야지 남성들이 기분

좋게 일합니다."

2002년 금강산에서 남한 여성 100명, 북한 여성 100명이 만나 문화행사를 했다. 그때 서로 어떤 노래를 선택했는지 동시에 패를 열기로 하고 노래 제목을 공개했다. 북한은 〈여성은 꽃이라네〉, 남한은 〈사람이 꽃보다 아름다워〉를 뽑아왔는데 노래 제목에서 북한의 여성관이 엿보인다. 여성을 꽃과 같이 아름다운 존재, 고운 어머니 같이 품어주는 존재로 규정했으니 말이다. 우리 시각에서는 남성이 여성을 대상화했다고 해석할 수 있지 않은가.

평양 시내에서 삐끼를 만나다

현재 북한은 사회주의 정치체제에서 시장경제 논리가 작동하는 상황이다. 가령 북한에서는 장마당이 500여 개가 되는데 가격대를 휴대전화로 연락하며 점검한다. 만약 A보다 B가 100원 더 비쌀 경우 B에 가서 파는 식이다. 한마디로 시장 개념이 생긴 것이다. 덩달아 A에서 B로 이동하기 위한 유통업이 발달하는 것은 당연하다. 실제로 북한에서는 이런 메커니즘이 우리가 생각하는 것 이상으로 작동하고 있고 이 시도는 이미 2000년부터 시작되었다.

2000년 10월 조선로동당 창당 행사에 갔을 때 평양 시내를 자유롭게 구경하고 싶은데 그게 가로막힌 상황이었다. 그런데 다 같이 개선문 앞에 간 순간 갑자기 아이디어가 떠올랐다. 당시에는 필름 카메라를 썼기에 참가자들에게 필름이 부족할지도 모르는데 사고 싶은 사람은 손을 들어보라고 하자 대여섯 명이 손을 들었다. 나는 북한 안내자한테 카메라로 사진을 찍어 기록해야 하는데 지금 다들 필름이 부족하다고 하니 필름을 사러 가야겠다고 설득해 평양 제일백화점에 들어갔다.

그때 평양에 처음 매대라는 게 생겼다. 본래 그 매대는 명절날에만 서는 것 같았다. 단체로 이동하다가 궁금한 것이 많았던 나는 살짝 이탈해 이런저런 매대를 구경했다. 소주를 한 잔 얻어먹고 싶어 쭈뼛쭈뼛하며 보고 있는데 예순이 넘어 보이는 머리가 희끗한 아저씨가 소주 한 잔을 먹더니 돈을 내지 않고 가는 게 아닌가. 한마디로 상행위 개념이 별로 없었다.

매대 주인이 "동무, 계산하고 가야죠"라고 하자 "아니, 공화국 명절날 내가 잔칫집에 와서 술 먹고 간다는데 무슨 돈을 내야 합니까?"라며 당당하게 그냥 갔다. 가격표를 본 나는 돈을 내고 먹고 싶었지만 북한 돈이 없었다. 그래서 나도 그 아저씨처럼 명절날 잔칫집에 왔으니 그냥 먹고 가겠다고 하려는데 북한 안내원이 쫓아왔다.

"선생, 이러시면 안 됩니다."

"아, 뭐가 안 돼요? 잔칫날 와서 좀 얻어먹으려고 하는데."

잔칫날 그러지 말라는 게 아니고 낯선 사람이 나타나면 인민들이 선생을 신고할 수 있어서 그런다고 했다. 덧붙여 자기가 나를 보호해줘야 하니 돌아다니지 말라고 경고했다. 궁금증이 폭발한 나 때문에 북한 사람들이 골치 아팠을지도 모른다.

2002년 7월 나는 남측 민간대표단 일원으로 평양에 갔다. 그때는 북한이 '7.1경제관리개선조치'를 발표한 이후라 북한의 경제개혁 조치에 국내외의 관심이 높았다. 말하자면 책임관리제를 도입했는데 일종의 독립채산제인 것이다. 쉽게 말해 매대마다 얼마를 벌든 당국에서 정한 할당량을 지불하면 나머지는 알아서 쓰라는 개념이다.

경제성장에 주력하는 김정은 체제의 현 내각총리 박봉주는 2002년부터 경제를 살리려는 노력을 기울여왔다. 한국에서는 이러한 북한의 변화를 개혁개방이라 불렀다. 2000년만 해도 임시매대만 있었는데, 그 뒤 상설매대가 생겼으니 상행위가 일상화한 셈이다.

그때 북한 공연장 앞에서 표를 파는 소위 '삐끼'가 생겼다. 그들은 우리를 붙잡고 표를 많이 팔아야 이익이 더 생기니 표를 좀 사달라고 했다. 사회주의국가에서 삐끼를 만나니 굉장히 신기했다. 그래서 왜 우리에게 표를 팔아야 하는지, 우리가 표를 사면 당신들에게 무슨 이익이 있는지 물었더니 '독립채산제'라는 용어를 쓰지는 않았지만 설명을 들으니 그 말이었다. 당시 나는 북한의 시장과 상황을 보고 돌아와 〈프레시안〉에 기사를 썼다.

평양 시내 곳곳에서 규모가 큰 기업형 매대(?)

에서부터 마치 서울에서 솜사탕을 판매하는 자전거와

같은 규모의 작은 매대까지 다양한 형태의 매대를 볼 수

있었다. 소유제도를 폐지한 것이 아니라고 하기 때문에 작은 규모의 매대가 개인소유인지에 대해서는 정확히 알 수가 없었다. 매대에서 일하는 의례원(판매원)들 가운데 적극적인 판매 행위를 하는 사람들을 찾는 것은 그리 어렵지 않다. 음식점에서도 '내일 또 오세요'라는 인사를 꼬박꼬박 하였고, 기념품 매대에서도 하나라도 더 팔기 위해 판촉에 열을 올리는 사람들을 발견할 수 있었다. "여기서 물건을 하나라도 더 사면 의례원 동무의 실리가 늘어나지요?" 하고 물으면 모두들 고개를 끄덕인다.

〈프레시안〉, 2002년 8월 1일

선민후관일까, 선관후민일까?

1998년 북한이 미사일을 발사하고 쿠알라룸푸르에서 북미 미사일 회담이 열린 뒤 북미관계가 앞서가면서 남북정상회담이 열렸다. 그때 정부는 선민후관先民後官, 즉 민간이 앞장서고 정부가 뒷받침하는 전략을 구상했다.

2002년 7월 나는 남측 민간대표단 일원으로 평양에 갔는데 그때가 6월 29일 2차 서해교전이 일어난 뒤였다. 나는 북한 사람들에게 서해교전을 사과해야 한다고 거듭 말했다. 그러자 고위층을 만나게 해줬고 그들은 우리에게 이렇게 말했다.

"인차(이내, 곧을 뜻하는 북한말) 좋은 일이 있을 겁니다."

그렇게 북한은 우리 정부에 좋은 일이 있을 거라고 했는데 아마도 서해교전을 사과하겠다는 말인 듯했다. 얼마 뒤 북한은 서해교전을 사과했다. 이런 식으로 민간은 정부 입장을 대변하거나 가교 역할도 한다.

2018년 현재 북한의 핵과 미사일 문제가 전면으로 부상한 상황에서 북미관계보다 남북관계가 앞장서서 일을 주도하고 있다. 핵과 미사일 문제를 정부가 풀어야 하므로 지금은 선민후관을 하기 힘들다. 정부가 핵 문제를 비롯해 군사 문제를 풀어야만 민간 교류도 본격적으로 활성화될 것이다. 선관후민先官後民이라고도 부를 수 있는 상황이다. 어쨌든 민간의 참여를 꾸준히 확대해서 지속가능한 남북관계 발전의 기초를 다져야 한다.

2002년 8월 15일 나는 처음 백두산에 올랐다. 한중 수교 이후 중국 쪽으로 백두산에 오르는 사람은 많이 있었지만 북한 쪽에서 올라간 사람은 많지 않았다. 8월인데도 10미터 앞을 볼 수 없을 정도로 안개가 자욱했다. 그때 7대 종단과 함께 가면서 나는 미리 그들에게 부탁했다.

"7대 종단이 연합해서 기도해 안개가 다 사라지게 해주세요."

7대 종단은 정말로 마음을 합해 기도에 들어갔고 나는 성격 급한 사람들이 내려가는 것에 아랑곳하지 않고 끝까지 남아 있었다.

그런데 어느 순간 신기하게도 안개가 싹 사라지고 눈앞에 백두산 천지가 나타났다. 우리 일행은 문재인 대통령 부부보다 16년 먼저 북한 땅으로 백두산에 올라 천지를 보았는데 아쉽게도 이를 증명할 명백한 수단이 없다.

남북의 분위기가 좋아지자 북한에 가보고 싶어 하는 사람이 많이 늘어났다. 10년 넘게 북한에 어린이용 학용품과 식량을 보내온 NGO에 후원금을 내는 사람들도 종종 상황을 물어본다. 7대 종단이 종교에 상관없이 한마음으로 기도해 백두산 안개를 싹 걷어낸 것처럼 남북이 서로 다름을 인정하면서 '함께 잘되었으면 좋겠다'는 마음으로 다양하게 교류하면 북한을 자유롭게 왕래할 날이 곧 오리라고 믿는다.

4부

알아보자

한반도 문제 전문가 · 전 통일부 장관
정세현

외교안보전문가 · 민족화해협력범국민협의회 정책위원장
황재옥

한반도 평화시대가 온다

나는 정세현 전 통일부 장관을 만날 때마다 '나를 2호 제자로 삼아달라'고 한다. '1호 제자'는 이 책을 함께 쓴 황재옥 민족화해협력범국민협의회 정책위원장으로, 정세현 장관이 이화여자대학교 북한학과 석좌교수로 있을 때 제자였다. 황재옥 정책위원장은 북·중 접경지역 현장 연구를 비롯해 북한 인권과 북한 사회를 연구해온 학자이자 저술가이며, 변화하는 남북관계를 분석하고 전망하는 외교안보전문가다.

내가 정세현 전 장관을 스승으로 모시고 싶은 데는 이유가 있다. 그는 3가지 면에서 탁월하다.

첫째, 그는 신념과 전문성을 갖춘 공무원이다. 그는 통일원 공산권연구관과 대화운영부장으로 일선에서 실무를 담당했고, 통일부 출신 첫 장관이자 김대중 정부, 노무현 정부 때 통일부 장관을 지냈다. 두 정부에 걸쳐 장관에 임명된 첫 사례이기도 하다. 그는 약 40년간 남과 북이 만나는 치열한 현장에서 정책을 만들고, 갈등을 조정해온 경험 많은 공무원이다.

둘째, 그는 양심적 학자다. 국제정치학과 중국정치학을 공부한 그는 한반도 평화 통일 문제에 대한 지식이 풍부하고 깊은 통찰력을 지녔다. 국제 관계 질서 속에서 '내 나라 의식'을 가져야 한다고 말하는, 균형 잡힌 시각을 가진 학자다.

셋째, 그는 따뜻한 진보 지식인이다. 퇴임 후에도 학자로서 쌓아온 지식과 회담 실무자로서 했던 경험을 바탕으로 국내외에서 활발히 자신의 노하우를 전파하고 있다. 항상 갈 곳 몰라 하는 한반도가 갈 방향과 길을 잡아주는 선장과 같은, 돛대와 같은 역할을 하고 있다.

이제 한반도 문제에 자신의 인생을 송두리째 바쳐온 정세현 전 장관과 황재옥 정책위원장의 탁견과 평화시대의 전망을 들어보도록 하자.

인구 7천500만의 힘

7장

인구수는 곧 경제력이다

가끔 나는 굳이 통일까지 해야 하느냐는 질문을 받는다. 전쟁 공포 없이 살자는 데는 모두 한마음이지만 통일하면 우리가 손해를 본다거나 북한 사람들과 섞일 경우 불편할 것 같다고 말하는 사람도 있다.

한반도를 둘러싼 군사·정치·외교 상황이 변해 전쟁 공포가 사라진 상태가 바로 평화다. 평화가 오면 전쟁 대비에 쓸 자원을 복지, 교육 등 삶의 질을 높이는 데 사용할 수 있다. 그러나 한반도에 평화가 찾아오는 것만으로는 시너지 효과가 없다. 남북관계가 긴밀해져 제도적 통일De Jure Unification 이전에 사실상의 통일De Facto Unification

이라 할 수 있는 남북연합까지 가야 평화의 시너지가 생긴다.

2010년 세계적인 경제사학자 니얼 퍼거슨^{Niall Ferguson}은 다음과 같이 전망했다.

"남북한 통일로 한국인이 잠재력을 제대로 발휘하고 8천만 명이라는 국내시장을 활용할 경우, 수출경쟁력이 높은 물건을 많이 만들어내 매년 연간 10퍼센트 이상 경제성장을 이룰 수 있다."

이는 통일편익을 말한 것으로 그는 "남북통일이 이뤄지면 30년쯤 후 G7, G6까지 가능하다"고 내다봤다.

현재 남북 인구를 합하면 7천500만 명으로 남한이 5천만 명, 북한이 2천500만 명이다. 통일 직후 독일은 인구가 서독 6천400만 명, 동독 1천600만 명을 합해 8천만 명이었다. 분단 상태에서는 인구 6천400만 명의 서독이 영국, 프랑스에 이어 인구수로 세 번째였는데 통일 이후 그 순서가 독일 - 영국 - 프랑스로 바뀌면서 경제성장률도 올라갔다. 인구가 늘어난 덕분이다.

투자은행 골드만삭스는 남북한이 통일하면 2050년에 G2로 올라선다고 전망했다. G2는 좀 과한 예측이라 할 수 있으나 여하튼 골드만삭스는 그렇게 내다봤다. 그런데 UN 사무국은 우리가 계속 분단 상태를 유지할 경우 2030년부터 마이너스 성장을 한다는 분석을 내놨다.

야구공과 핸드볼공과 축구공
인구가 최소 7천만 명은 되어야 비로소 규모의 경제를 실현해 투자 대비 높은 이익을 거둔다는 이론이 있다. 이는 인구 7천만 명 이상의 국내시장이 있을 경우 추가적인 R&D 투자 없이도 해외 경쟁력이 있는 1등 상품을 여러 개 만들 수 있고, 이로써 국내총생산^{GDP}을 키워갈 선순환 구조를 갖춘다는 이론이다.

이처럼 인구 7천만 명은 대단히 중요한 지표다. 국내시장 규모가 6천만 명에 그칠 경우 과거에는 국내시장이 포화 상태에 놓여 해외시장을 찾아 나섰다. 예를 들어 독일, 이탈리아, 일본은 인구가 늘어나면서 생산력이 높아지자 해외시장을 확보하고자 식민지 쟁탈전을 벌였다. 그것이 낳은 비극이 1차 세계대전과 2차 세계대전이다. 일찌감치 산업혁명에 성공한 영국과 프랑스, 미국이 선점한 시장을 내놓지 않자 전쟁을 벌인 것이다.

인구는 소비주체이자 생산주체이기 때문에 그 자체로 경쟁력이다. 쉽게 말해 대가족의 경우 쓰는 사람도 많지만 벌어들이는 사람도 많다. 눈사람을 만들 때 시작점에서 야구공만 한 것을 굴리는 것과 축구공만 한 것을 굴리는 것은 커지는 속도가 다르다.

2016년 영국 인구 6천100만 명, 프랑스 인구 6천700만 명일 때 독일 인구가 8천만 명이 넘었다. 한 바퀴 돌 때마다 독일은 축구공이 구르는 크기로 성장하고 영국과 프랑스는 핸드볼공이 구르는 크기로 성장했다. 결국 독일은 금세 유럽의 최고 부자 나라로 떠올랐다. OECD, 독일통계청, 독일연방은행 자료에 따르면, 2010년 독일의 GDP 성장률은 3.6퍼센트로 영국과 프랑스의 두 배가 넘었다.

2018년 현재 G1은 미국, G2는 중국, G3는 일본인데 일본 인구는 1억 3천만 명이고 G4인 독일은 8천만 명이다. 이처럼 국가 간에는 인구가 많은 것 자체가 힘이다. 가난해도 인구수가 많으면 함부로 건드리지 못하므로 일단 덩치가 커야 한다.

1973년 내가 대만으로 유학을 갔을 때 그곳은 집집마다 냉장고, 전기밥솥, 컬러TV가 있을 정도로 잘살았다. 당시 한국 가정집에는 흑백TV만 있었고 냉장고는 부잣집에만 있었다. 그리고 공중화장실에서는 물을 아끼는 바람에 냄새가 심했다. 그때 내가 그토록 부러워하던 대만의 인구는 2천만 명이었다.

2006년 내 아들의 취직 기념으로 아버지가 유학을 갔던 대만에 가보자고 해서 함께 여행을 갔는데, 그때 보니 대만의 성장은 1973년에 멈춰 있었다. 이건 초등학교 때 맨 뒤에 앉았던 녀석이 중학교 3학년 때 보니 별로 자라지 못해 더 이상 덩치 큰 애가 아닌 것이나 마찬가지다. 〈우리들의 일그러진 영웅〉에 나오는 엄석대처럼 더 이상 자라지 못했다는 얘기다.

역시 인구가 중요하다. 지금도 대만은 1인당 GDP가 한국보다 높지만 GDP 규모가 작다 보니 세계가 대만을 강소국으로 봐주지 않는다. 대만의 입장에서는 서럽겠지만, 2006년 한국에 63빌딩밖에 없을 때 대만에는 101층 빌딩이 있었으나 누구도 그걸 아시아에서 가장 높은 빌딩으로 여기지 않았다.

참깨가 백만 번 구르는 것보다 호박이 한 번 구르는 게 낫다
우리는 독일 통일 과정에 주목해볼 필요가 있다.

2차 세계대전을 일으킨 죄로 동서로 분단된 상태에서 '라인강의 기적'을 이룬 서독은 그 경제력으로 1970년대 초부터 동독 주민을 돕기 시작했다. 비록 교회의 힘을 빌렸지만 그 예산은 정부가 지원한 것이었다. 그런 활동을 밑바탕으로 1989년 11월 9일 마침내 베를린 장벽이 무너졌고 1990년 10월 동서독은 통일국가로 거듭났다.

정치·경제·사회·문화 측면에서 완전한 통일국가가 되기까지 통일비용이 만만치 않게 들었지만 규모의 경제가 가능해진 8천만의 통일독일은 빠른 속도로 경제성장을 이뤄갔다. 결과적으로 독일은 유럽의 최고 부자나라, 세계 4위 부자나라가 되었다.

일본이 2차 세계대전에서 패하고도 그토록 빨리 경제성장을 이뤄 미국 다음가는 경제대국이 된 토대도 1억 3천만 명이라는 인구다. 이는 남한 인구의 2.6배이자 남북을 합한 것의 1.6~1.7배다. 나아가 미국 인구 3억 1천만 명의 절반 정도다.

중국이 급속도로 성장해 G2로 올라선 이유 역시 간단하다. 일단 인구가 13억 명이 넘어 내수시장이 크고 땅이 넓다 보니 자원이 많아 규모의 경제를 실현할 여건을 갖추고 있다. 이를 바탕으로 중국은 1978년 말 개혁개방 이후 과감하게 시장경제를 도입했다. 여기에다 저임금 노동력이라는 경쟁력이 더해져 1990~2000년대 초거의 매년 두 자릿수 경제성장률을 달성했다.

2018년 현재 중국은 1인당 GDP가 아직 1만 달러에 미치지 못하지만 GDP 총액은 무려 13조 달러에 달한다. 덩치가 크면 실제로 싸움을 못해도 어지간해서는 남들이 시비를 걸지 않는다. 덩치가 클 경우 주먹이 약해도 한 번 맞으면 아프니 말이다.

국내시장이 넓은 것도 이점이지만 무엇보다 저임금 노동력이 있으면 싼 물건을 만들어 해외시장에 팔 수 있다. 덕분에 중국은 한 바퀴 구를 때마다 전체 덩어리가 훨씬 더 빨리 커진다. 참깨가 백만 번 구르는 것보다 호박이 한 번 구르는 게 더 낫다.

좁게 보면 가난한 북한을 끌어안느라 드는 막대한 통일비용이 부담으로 여겨질 수도 있다. 하지만 통일비용은 경제재투자로 바라봐야 하고 통일할 경우 분단비용이 들어가지 않는다는 것도 계산에 넣어야 한다.

한국은 지리상 GDP 규모를 기준으로 G2인 중국과 G3인 일본 사이에 자리 잡고 있다. 이런 경제대국 사이에서 살아남으려면 경제적 측면에서 국제경쟁력을 길러야 한다. 그 밑바탕이 규모의 경제를 실현할 조건을 갖추는 일이다.

한반도에 평화가 굳건해지면 경제적으로 코리아 디스카운트, 즉 코리아 리스크가 사라진다. 알고 있다시피 남북 간에 전쟁 위기설이 돌 경우 리스크가 상승해 외채 이자율까지 들썩인다. 반면 한반도에 전쟁 위협이 없으면 리스크가 사라져 평화로운 나라와 똑같은 이율로 빌릴 수 있다.

특히 인구 7천500만의 국내시장 규모 자체가 우리의 경쟁력으로 작용한다. 북한 동포에게는 좀 미안한 말이지만 북한의 저임금 노동력을 활용하고 땅값이 싼 북한에 공장을 지으면 가격경쟁력,

원가경쟁력이 있는 물건을 만들 수 있다. 이를 수출할 경우 북한은 산업을 일으켜 인건비를 벌어서 좋고, 우리 기업은 돈을 벌어서 좋다. 한마디로 전체적인 국부$^{National\ Wealth}$가 올라간다.

통일편익: G7 갈 수 있다

통일편익을 알면 '통일해도 내 돈만 나갈 뿐 내게 별로 이득이 없다'는 생각이 사라진다. 그러면 분단을 끝내고 정치·경제·사회·문화적으로 완전하게 통일을 이뤄가는 과정에서 규모의 경제를 실현해 수출경쟁력을 갖출 때 오는 이득, 즉 통일편익이 어떻게 통일비용을 넘고도 남는지 살펴보자.

기존 개성공단 기업들이 북한 노동자에게 준 임금은 1인당 월 100달러, 다시 말해 11만 원 정도였다. 국내 노동시장에는 일당도 11만 원짜리가 많은데 그 돈으로 한 달 노동력을 사용했다는 말이다. 여기에다 북한 땅을 이용하는 비용이 우리와 비교할 수 없을 만큼 저렴하다. 바로 이런 것이 통일편익으로 돌아온다. 2007년 국회 예산결산특별위원회가 신창민 교수 연구팀에 의뢰해 분석한 〈통일비용 및 통일편익〉에 따르면 투자한 뒤 2~3년(자본회임기간)이 지나면 연간 11.25퍼센트씩 경제가 성장한다.

계산하기 편하게 2018년 현재 한국의 GDP를 1조 달러(실제로는 1조 5천억 달러)라고 가정하면 연간 11.25퍼센트씩 성장할 경우

1년 후 1조 1천250억 달러로 늘어난다. 이건 복리로 계산해야 하므로 2조 달러, 3조 달러도 금세 갈 수 있다. 그러면 통일하고 나서 30년이 지났을 때 한국은 G6(현재의 영국), G7(현재의 프랑스)까지 갈 가능성이 크다. 그걸 따라잡을 경우 통일한국의 위상이 얼마나 높아지겠는가.

통일편익으로 연성장률 11.25퍼센트를 달성하면 일자리는 엄청나게 늘어난다. 개성공단 같은 공단이 북쪽 지역에 무수히 들어가야 하는 이유가 여기에 있다. 임금이나 공장부지 사용료가 우리에게는 저렴하지만 그 돈은 북한에 큰돈이므로 북한 사람들도 개성공단 같은 공단을 더 많이 만들길 바랄 것이다. 실제로 2007년 10월 남북정상회담에서 노무현 대통령이 해주공단을 제안하자 김정일 위원장이 "그거, 합시다"라고 흔쾌히 응답했다.

2007년 10.4 남북정상선언에서는 해주공단뿐 아니라 그 앞바다를 서해협력평화 특별지대로 만드는 약속도 했는데 원래 구상은 규모가 훨씬 더 크다. 그것은 개성 - 해주, 남포 - 신의주, 금강산 - 원산 그다음에 함흥 - 나진 - 선봉을 개발해 임해공업지구를 만들자는 구상이다. 임해공업지구를 구상한 이유는 만든 제품을 바로바로 수출하기 위해서다.

마찬가지 이유로 한국은 최초의 수출공업지구를 마산에 세웠다. 당시 한국은 마산에 공장을 지어 일본인이 투자하게 하는 동시에 농촌 여성들의 노동력을 활용했다. 일본인이 주는 월급은 그들에게 별것 아닌 액수였으나 우리에게는 굉장히 큰돈이었다.

일단 제품 생산이 이뤄지면 무역회사가 많이 들어선다. 이때 만든 물건을 굳이 남쪽 항구까지 가져올 필요 없이 해주항, 남포항, 신의주항, 원산항에 배를 대고 수출하면 그만이다.

북한에 공단이 들어서면 기술 지도를 하고 수출하는 일을 누가 맡아야 할까? 당연히 한국에서 그런 일을 배운 사람들이 가야 한다. 한마디로 일자리가 엄청나게 늘어난다. 그러므로 현재 젊은이들은 11.25퍼센트라는 경제성장률이 실질적으로 자기 삶에 어떤 의미가 있는지 생각해야 한다. 1인당 GDP가 올라가면 이코노미석을 타던 수준이 비즈니스석을 타는 수준으로 오른다. 일주일만 다니던 해외여행을 열흘 넘게 다닐 수도 있다.

그런 통일편익이 눈앞에 있는데 GDP 총액의 2~2.6퍼센트로 예상되는 통일비용이 겁나 통일하지 말자는 게 타당한 생각인가?

통일편익: 국가 발전의 3요소를 다 갖출 수 있다

전쟁에 따른 공포·불안·슬픔, 분단국가라는 오명, 민족 권위 추락 등은 보이지 않는 분단비용이다. 돈으로 계산할 수 없는 통일편익 가운데 우리는 통일국가로서의 권위를 꼭 짚어보아야 한다.

대다수 국가의 첫 번째 목표는 일단 안보Security다. 두 번째가 경제발전Prosperity이고 세 번째가 권위Authority다. 각국이 미국을 부러워하고 두려워하는 이유는 안보가 확실하고 경제가 발전해 부국강병을 다 갖췄기 때문이다.

우리도 그럴 수 없을까? 현재 우리는 분단국가라서 무엇보다 권위가 서지 않는다. 또 불안정한 안보 문제로 발생하는 코리아 리스크 때문에 경제발전도 확실하게 보장하지 못한다. 이런 악조건 속에서도 대한민국이 G11에 오른 것은 대단한 저력이 있다는 증거다.

세계경제포럼^{WEF}, 일명 다보스 포럼은 해마다 국가경쟁력을 발표하는데 대한민국은 노무현 대통령 때 11위였다가 이명박 대통령 때 24위로 떨어졌고 박근혜 대통령 때는 26위로 더 추락했다. 노무현 대통령 때 국가경쟁력이 최고였다가 이후 쭉쭉 떨어진 데는 중국이 세계 치고 나온 것과 경제적 영향도 있으나 남북관계가 막힌 것도 관계가 있다.

다시 한 번 강조하지만 통일하면 국가 권위가 크게 상승하는 한편 안보 문제 해결로 군사비용을 경제번영 측면에 투자해 고속 성장하는 이점을 누릴 수 있다. 나아가 그 돈을 어린이집 복지 등에 투자하면 얼마나 좋겠는가. 복지가 좋아지면 자연스레 인구도 늘어나지 않을까?

일본은 왜 우리보다 먼저 통일비용을 계산했을까

남북 통일비용을 가장 먼저 계산한 나라는 어디일까? 바로 일본이다. 일본장기신용은행은 1991년 남북한 통일비용을 예측한 연구 결과를 발표했다. 우리가 의뢰하지도 않았는데 말이다.

그런데 어이없게도 일본이 내놓은 통일비용은 엄청나게 큰 액수였다. 이는 독일 통일 이후 서독이 동독에 투자한 모델을 남북에 기계적으로 적용해 계산한 탓이다. 기계적으로 적용한 것도 문제지만 그들은 통일비용에서 분단비용을 빼는 계산 과정을 생략하는 우도 범했다. 여기에다 통일편익을 계산할 생각은 아예 하지도 않았다.

계산 결과 그들은 남북한이 통일하면 10년 동안 매년 한국 GDP의 약 15퍼센트를 쏟아 부어야 한다는 결론을 내렸다. 그리고 친절하게도 현재의 한국 재력으로는 거의 1년 예산 정도를 무조건 북한에 퍼부어야 하는데 "한국 혼자의 힘으로는 감당하지 못할 테니 결국 일본이 도와줘야 할 것"이라는 주석을 달았다.

이러한 계산이 나오자 '통일하지 않는 것이 좋겠다', '차라리 이대로 사는 것이 낫다' 같은 여론이 등장했다. 그뿐 아니라 1993~1994년부터는 국내 학자들도 일본에 뒤질세라 통일비용을 계산해 발표했다. 이런저런 그릇된 계산이 난무한 데는 정부가 가이드라인을 명확히 주지 못한 잘못도 있다. 그때 정부는 학자들에게 다음과 같이 분명한 신호를 주었어야 했다.

'일본의 계산은 틀렸다. 통일하면 통일비용이 들어가지만 그때부터 분단으로 인해 쓸데없이 들어갔던 분단비용은 더 이상 들어가지 않는다.'

통일비용 팩트 체크 1: 경제학자들이 계산한 결과는?

국민 사이에 통일비용이 엄청나다는 공포에 가까운 정서가 퍼지던 1997년, 나는 1991년 설립한 통일연구원 원장으로 있었다. 하루는 당시 권오기 통일부총리가 이렇게 말했다.

"왜 통일비용 얘기만 하는 거요? 통일하면 그날부터 나가지 않는 비용이 있을 게 아니오. 분단비용이 나가지 않는다는 것은 왜 얘기하지 않는 겁니까? 통일비용이 나가지만 대신 분단비용은 나가지 않으니 그 돈을 돌려쓰면 순 통일비용은 얼마 나가지 않을 게 아니오."

대단한 통찰이었다. 우리는 통일비용과 북한 경제에 관심을 보이는 경제학자들에게 수안보로 워크숍을 가자고 제안했다. 1990년대 중반만 해도 온천으로 워크숍을 가자고 하면 웬만하면 다 참석했다. 그때 수안보 워크숍에서 다음과 같은 내용으로 의견이 모였다.

"그동안 우리가 통일비용을 너무 크게 계산했다. 통일비용은 일본이 먼저 계산했는데 그걸 '분단 이데올로기'로 쓰려는 저들의 저의에 홀린 우리가 가야 할 방향을 찾지 못한 걸 반성하자."

"무엇보다 통일하면 통일비용이 들어가지만 그날부터 분단비용은 들어가지 않는다는 점을 놓치지 말아야 한다. 분단비용을 뺀 통일비용을 계산해야 한다. 이건 분명 일리 있는 지적이다. 우리가 학술회의를 해서 논문도 쓰고 언론에 발표하자."

이렇게 1997년 통일연구원 워크숍에서 통일비용과 분단비용 개념을 도입했다. 분단비용을 고려하면 순 통일비용은 얼마 되지 않는다는 결론은 이미 내려졌다. 여기에다 남북이 하나의 시장, 하나의 경제권역으로써 경제공동체를 이루면 외교적으로 대사관을 하나만 유지해도 되고 군대를 줄이는 등 여러 가지 이득도 있었다. 모든 걸 숫자로 환산해 판단하기를 좋아하는 경제학자답게 돈으로 계산해보니 실은 통일비용보다 통일편익이 훨씬 더 컸다. 결국 우리는 1997년 여름 〈통일비용과 분단비용〉이라는 제목으로 학술회의를 열었다.

당시 상황을 전제로 통일하면 그날부터 짧게는 10년 또는 15년 동안 투자해야 북한 경제가 살아나 남북이 하나의 경제공동체로 넘어갈 기반을 형성한다고 봤다. 물론 우리 돈으로만 하는 게 아니라 북한 스스로도 살아남기 위해 여러 가지 노력을 할 거라고 추정했다. 예를 들면 세계은행World Bank 혹은 아시아개발은행ADB에서 돈을 빌리거나 외국자본 투자를 유치할 수 있다. 우리가 과거에 경제 활성화를 위해 중동이나 서독에 인력을 송출해 외화를 벌어들인 것처럼 말이다.

남북한 경제 통일은 일종의 '운하의 원리'로 설명할 수 있다. 수위, 즉 물높이에 차이가 있을 경우 갑문을 막고 물높이가 낮은 쪽에 물이 차도록 만든 다음 어느 정도 비슷해지면 갑문을 열어 배가 건너게 하는 식이다.

우리의 일 년 예산을 모두 북한에 쏟아 부어야 한다거나 절약

해도 예산의 70~80퍼센트를 투입해야 한다는 일본의 계산 뒤 통일비용론이 유행했던 1994년과 1995년, 우리의 경제 규모는 사실 작은 편이었다. 이후 북한 경제는 그대로 있고 우리 경제 규모는 커졌기 때문에 상대적으로 남쪽에서 북쪽에 투자해야 하는 돈이 국가예산에서 차지하는 비율은 줄어들었다. 그 결과 통일비용이 GDP의 6~6.9퍼센트가 들어간다는 계산이 나온 것이다. 대신 통일비용이 GDP의 4~4.3퍼센트를 지출하는 지금의 분단비용이 통일하는 순간부터 나가지 않는다. 그러면 순 통일비용은 GDP의 2~2.6퍼센트에 불과하다.

한국의 GDP를 2016년 기준으로 계산하기 편하게 1조 5천억 달러라고 하면 그 2퍼센트는 300억 달러고 2.6퍼센트는 390억 달러다. 쉽게 말해 2017년 국방비 400억 달러보다 적은 돈을 북한 경제를 활성화하는 마중물로 쓸 수 있다는 얘기다. 그러면 이런 선순환이 일어난다.

일단 북한 경제가 살아나 수출 여건이 좋아진다. 또 남북한 긴장이 고조될 일이 없으니 증권시장에서 돈이 썰물처럼 빠져나가는 일이 없다. 여기에다 신용등급이 올라가고 연간 11.25퍼센트의 경제성장을 실현한다. 한마디로 순 통일비용을 빼도 최소 9퍼센트 이상 경제성장을 이룬다는 계산이 나온다.

단지 정치적 목적으로 통일을 거부하게 만들려는 사람들이 통일비용 공포를 조장하기 위해 그 비용을 과장해서 계산했을 뿐이다.

통일비용 팩트 체크 2: 서독보다 덜 쓸 수 있다

지금도 통일독일에서는 서독이 동독을 먹여 살리느라 서독인의 허리가 휘었다느니 세금을 많이 거둘 수밖에 없었다느니 하는 말을 많이 한다. 맞는 말이다. 그런데 독일 통일에 비용이 많이 들어간 것은 서독 정부가 잘못해서 그런 측면이 있다.

통일이 임박하자 서독은 통일을 위한 총선거에서 표를 끌어 모으려고 정치적 계산을 했다. 먼저 동독과 서독의 화폐를 1 대 1로 서둘러 통합했다. 서독과 동독의 명목상 화폐 교환가치가 2 대 1이고 실질구매력 면에서는 4 대 1인데 화폐 통합을 1 대 1로 하자 문제가 생겼다. 처음에 동독인들은 갑자기 부자가 된 듯한 기분이었겠지만 결과적으로 그것은 동독인들의 취업경쟁력을 떨어뜨렸다.

당시 동독인 노동의 질은 서독인의 60퍼센트 미만이었다. 화폐를 1 대 1로 통합했어도 인건비를 그렇게 줄 수 없으니 서독 고용주는 동독인을 고용하려 하지 않았다. 결국 동독인은 일자리를 구하지 못해 애를 먹었다.

부동산 정책도 독일의 통일비용이 많이 들어가는 데 한몫했다. 선거를 앞두고 표를 의식한 서독 정부와 여당이 동독의 땅문서를 들고 서독으로 이주한 사람들의 부동산 권리를 인정하면서 동독지역 땅값이 올라갔다. 동독지역 거주민과 그곳 부동산을 소유한 서독 주민이 일시적으로 혜택을 보는 듯했으나 결과적으로 동독지역은 경쟁력이 떨어졌다. 동독지역에 공장을 지을 인센티브가 사라졌기 때문이다. 서독의 자본가가 동독 쪽에 공장을 짓지 않는데 외국 자본이 들어올 리 있겠는가.

정부의 잘못된 정책으로 동독지역에 공장을 짓지 않고 동독인을 고용하지도 않으니 서독인에게 세금을 거둬 동독인을 먹여 살릴 수밖에 없었다. 이렇게 해서 통일비용이 많이 들어가는 바람에 통일독일은 경제성장률이 두 자릿수에 이르지 못했다. 동독인은 서독인이 부족하게 주면서 자기네들을 얻어먹는 사람으로 무시한다고 불만이고, 서독인은 왜 내가 낸 세금으로 동독인을 먹여 살려야 하느냐며 불만을 보였다. 이들은 서로를 '베시(Wessi, 서독놈을 뜻하는 독일어), 오시(Ossi, 동독놈을 뜻하는 독일어)'라고 부르며 미워하기도 했다.

1990년 통일한 독일에서 2010년 무렵 통일비용이 엄청나게 들어간다고 걱정하는 목소리가 나오긴 했으나 불평이 그리 크지는 않았다. 현 독일 총리 앙겔라 메르켈은 서독 교회에서 동독으로 파견을 보낸 목사의 딸로 동독에서 성장했다. 동독 출신으로 사회주의 경험이 있는 메르켈이 장기간 총리를 맡고 있는 것은 그만큼 독일 경제가 좋아졌기 때문이다. 이는 독일의 경제 통합이 분단비용, 통일비용에 못지않은 통일편익을 안겨주었다는 의미다. 오히려 통일 덕분에 독일은 불과 10년 만에 유럽의 경제 최강자로 올라섰다. 돈이 많이 들어갔어도 최대 시장이 열렸으니 이는 당연하다.

우리는 통일독일에서 배울 수 있다. 통일 과정에서 벤치마킹해야 할 것도 있지만 하지 말아야 할 것을 가려내 독일보다 통일비용은 줄이고 효과는 더 크게 누려야 한다. 가려내야 할 대표적인 것은 임금 정책과 부동산 정책이다. 남북 간의 화폐 통합을 서두르지 않고 부동산 권리를 인정하지 않으면 통일비용을 줄일 수 있다. 특히 세금으로 충당하는 비율을 대폭 낮추는 것이 가능하다. 여기에다 저임금 노동력과 저가의 토지를 활용해 빠른 시간 내에 북한 경제를 활성화하면 그것이 한반도 전체에 플러스 효과를 낼 것이다.

　우리가 무엇보다 주의해야 할 것은 독일이 통일 과정에서 정책 실패로 치른 비용까지 몽땅 통일비용에 넣어 "이것 봐. 돈이 많이 들어가잖아" 하며 공포를 조장하는 목소리를 가려듣는 일이다.

분단비용과 통일이 주는 이익

통일하면 쓰지 않아도 되는 비용이 있다

　대학생을 대상으로 통일 관련 강의를 할 때마다 늘 이런 질문을 받는다.

　"북한이 우리보다 경제 형편이 좋지 않은데 막대한 통일비용이 들어가지 않나요? 손해를 보면서까지 군이 통일할 필요가 있을까요?"

　실제로 통일하면 이익보다 손해가 더 클 것이라고 생각하는 사람이 더 많다. 2014년 〈조선일보〉와 미디어리서치의 여론조사에 따르면 응답자 중 절반에 가까운 48.6퍼센트가 '통일비용이 통일로 얻는 이익보다 더 클 것 같다'고 응답했다. 응답률을 보면 '이익이 더 클 것 같다'는 31.8퍼센트, '비슷할 것 같다'는 15.5퍼센트, 모름 또는 무응답은 4.1퍼센트다. 전체적으로 통일을 바라보는 부정적 ·비관적인 시각에 무관심을 합한 것이 긍정적인 시각보다 컸다.

그런데 2018년 7월 문화체육관광부와 한국리서치가 실시한 여론조사 결과 '통일에 따른 이익이 클 것'이라는 응답이 64.6퍼센트로 '이익이 크지 않을 것'이라는 응답인 35.4퍼센트보다 높았다. 4년 전에 비해 통일이 안겨주는 이익을 긍정적으로 인식하는 비율이 더 높아졌지만, 젊은 세대일수록 통일을 부정적으로 인식하는 비율이 높은 것도 사실이다.

2018년 8월 KBS에서 온라인상에 올라온 통일 관련 글 113만 건(3년 치)을 분석했는데, 전 연령대 중 20대가 부정적 인식이 가장 높았다. 무엇보다 통일비용으로 삶의 질이 떨어질 것이라는 우려를 보이는 글이 많았다고 한다. 실제로 당장 취업전선에 뛰어들어야 하는 20대는 통일이 안겨줄 이익을 피부로 느끼기가 어렵고 그럴 만한 사례도 많지 않다.

2007년 신창민 교수는 국회예산결산특별위원회의 위촉을 받아 연구 발표한 보고서 〈통일비용 및 통일편익〉에서 "통일은 참으로 많이 남는 사업"이라고 했다. 북한 경제를 살리려면 초기에 통일비용이 들어갈 수밖에 없지만, 그 비용을 투자할 상황이 오면 '울며겨자 먹기'로 써야 했던 분단비용은 나가지 않는다는 논리다. 그는 통일편익은 분단비용보다 크고 통일비용보다도 더 크다고 분석했다. 신 교수는 경제실리 측면만 봐도 통일하는 것이 하지 않는 것보다 훨씬 낫다며 통일편익이 국민 각자의 손에 쥐어진다는 점을 강조했다.

2014년 1월 박근혜 전 대통령은 내외신 기자회견에서 이렇게 말했다.

"저는 한마디로 통일은 '대박'이라고 생각합니다."

이어 "한반도 통일은 경제가 크게 도약할 기회라고 생각한다"는 말도 덧붙였다. 당시 〈조선일보〉는 기획보도 시리즈 '통일이 미래다'를 실었고 2014년 한 해에만 '통일 대박'의 근거를 뒷받침하는 기사를 무려 243건이나 보도했다. 그뿐 아니라 1년 뒤인 2015년에는 '통일나눔펀드'를 만들어 약 3천억 원의 기금을 모았다.

그렇지만 2018년 9월 국회 대정부 질문에서 더불어민주당 박주민 의원과 송영길 의원이 지적했듯 〈조선일보〉는 4년 전과 정반대 논조로 현재의 한반도 평화 분위기와 정부의 행보를 비판하고 있다. 결과적으로 〈조선일보〉는 같은 이슈를 놓고 정권에 따라 다른 입장을 취하는, 즉 한 입으로 두 말하는 언론사임을 보여준 셈이다.

2014년 〈조선일보〉 기획보도 시리즈를 읽어보니 훌륭한 내용과 비전을 담고 있었다. 제목만 봐도 통일이 한반도와 우리 삶에 어떤 변화를 몰고 올지 답을 얻을 수 있을 정도다. 해외석학 인터뷰는 물론 국내의 권위 있는 여러 연구원에 의뢰한 자료를 바탕으로 통일한국이 얻을 편익을 꼼꼼하게 제시했다. 통일 이후 쓰지 않아도 되는 분단비용과 통일 이후 얻을 이익을 분석하는 데 신 교수의 보고서와 책《통일은 대박이다》그리고 〈조선일보〉의 '통일이 미래다' 기사를 적극 활용했음을 밝힌다.

통일하면 국방비 30퍼센트로 감소, 매년 20조 부가가치 창출

분단비용은 남북한이 분단된 상황에서만 들어가는 비용이므로 통일하면 그 비용이 나가지 않는다. 통일비용이 GDP의 6~6.9퍼센트일 때 분단비용은 GDP의 4~4.3퍼센트다. 2017년 한국의 GDP는 1조 6천556억 달러(1천730조 원)인데 분단비용에서 큰 비중을 차지하는 국방비 예산은 약 350억 달러(40조 원)로 GDP의 2.3퍼센트다.

신 교수는《통일은 대박이다》에서 분단비용도 경제 분야 손실과 비경제 분야 손실로 나뉜다고 했다. 비경제 분야 손실이란 돈으로 계산할 수 없는 손실을 말하는데, 분단이 촉발하는 무력 충돌과 그에 따른 인적 자산 손실, 이산가족이 받는 고통, 전쟁 위협 등이 있다. 나아가 남북한의 안보 위기는 평화로운 나라와 비교할 때 삶에 질적 차이를 낳는다.

경제 분야 손실에는 크게 군비軍備에 지출하는 비용, 물류비용, 리스크 프리미엄(위험을 감수한 대가로 지불되는 보상) 등이 있다. 남북한 분단으로 '섬 아닌 섬'에 갇힌 한국은 지금까지 대륙간 육상통로를 차단당해 많은 물류비용을 지불해왔다. 북한 상공 통과가 금지된 탓에 연료 등의 추가비용도 지불했다. 어디 그뿐인가. 남북의 위기상황과 대결구도라는 불안정성 때문에 해외에서 필요 이상의 리스크 프리미엄을 부담했다.

여기서는 경제 분야 손실 중 군비 유지와 관리에 지출하는 비용을 자세히 살펴보기로 하겠다. 군비란 국가와 국권을 지키기 위한 군사시설, 즉 병력, 무기, 장비, 시설 등을 총칭한다. 국방비는 전쟁을 대비한 정부 예산으로 군비지출 항목은 국방비 예산에 들어간다. 국내 예산은 알아보기 쉽게 우리나라 원$^\pi$으로 표기했다.

그럼 대한민국의 국방비 예산을 한번 살펴보자. 국방부 자료에 따르면 2018년 국방비 예산은 43조 1천581억 원인데 이를 크게 나누면 병력운영비 18조 4천9억 원, 전력유지비 11조 2천369억 원, 방위력 개선비 13조 5천203억 원이다. 그중 미국 무기를 사오는 비용이 약 4조 원이다. 2006년부터 2016년까지 한국이 사들인 미국산 무기 금액은 36조 원이 넘는다. 국방비와 무기 판매 현황 분석기관 스톡홀름국제평화문제연구소^{SIPRI}의 보고서에 따르면 2006년부터 2015년까지 미국의 재래식 무기 구매 1위 국가가 한국이다. 한국이 미국의 최대 무기 수입국인 셈이다.

2014년 〈아시아경제〉는 통일 이전 독일은 동서독을 합해 약 800억 달러의 국방비를 지출했지만 통일 이후 총 국방비가 181억 달러, 즉 22.5퍼센트 수준으로 줄었다고 보도했다. 2017년 기준 남한의 국방비 350억 달러(40조 원)에 북한의 국방비를 88억 달러(10조 원)로 추산하면 남북한 국방비는 438억 달러(50조 원)다. 독일의 사례에 비춰 남북한 국방비 합계가 22.5퍼센트로 줄어들면 통일한국의 국방비는 96억 달러(11조 원)다. 통일할 경우 쓰지 않아도 되는 분단비용이 무려 342억 달러(39조 원)인 셈이다.

국방비는 어느 항목에서 얼마나 줄일 수 있을까? 국방비 항목 중 통일하면 당장 줄일 수 있는 항목으로 병력운영비가 있다. 병력운영비에는 군의 급여, 연금기금, 급식과 피복비 등이 있다.

〈2012 국방백서〉에 따르면 북한 인민군 병력이 115만 명(인구 대비 약 5퍼센트), 남한 국군 병력이 64~65만 명(인구 대비 약 1.3퍼센트)으로 다른 국가의 인구 대비 병력 비율인 0.3~0.7퍼센트보다 높다. 군사를 통합하면 단기적으로 비용이 많이 들 수 있지만 장기적으로 혜택이 더 크다. 아산정책연구원과 한국안보통일연구원이 2014년 분석한 자료에 따르면 통일한국 인구를 7천500만~8천만 명으로 가정할 경우 통일 이후 병력이 최소 35만 명, 최대 50만 명 수준으로 크게 줄어들 것이라고 한다.

여기에 한국 남성이 병역의무를 다하는 동안 산업인력 역할을 할 수 없는 탓에 치르는 손실을 더해야 한다. 남북한이 적대관계를 해소할 경우 군 병력의 대상인 많은 젊은이가 경제주체가 되어 GDP를 높이고 다양한 분야에서 소중한 역할을 해낼 것이다. 병력을 약 100만 명 감축하고 그 숫자만큼 각자 일 년에 2천만 원의 소득을 올리면 매년 20조의 부가가치를 창출한다.

군 복무기간이 줄어드는 것도 장점이다. 현재 군 복무기간은 남한 21~24개월, 북한 7~10년이다. 통일한 뒤 인구 증가와 간부 비율 확대(50퍼센트 이상)를 고려할 때 군 복무기간은 12개월 미만이 될 수도 있다. 장기적으로 징병제가 아닌 모병제로 전환하는 것도 가능하다.

분단비용은 교육비와 보육비로

통일 이후 더 이상 지출할 필요가 없는 분단비용은 어디에 쓸까? 앞서 말했듯 통일하면 쓰지 않아도 되는 국방 분야 분단비용 39조는 복지를 확대하는 데 쓸 수 있다. 복지 분야는 매우 다양하지만 우선 육아와 교육 분야를 살펴보자.

통계청에 따르면 2017년 한국의 출생아 수는 35만 7천800명으로 2016년 보다 4만 8천500명(11.9퍼센트) 감소해 1970년 관련 통계가 나오기 시작한 이후 처음 40만 명 선이 무너졌다. 2015년을 기점으로 출생아 수는 매년 역대 최소를 기록하고 있다. OECD 주요 서른여섯 개 회원국과 비교해도 한국의 출산율은 현저히 낮다. 2016년 기준 출산율은 1.17명으로 이는 OECD 평균(1.68명)에도 미치지 못한다.

여성가족부에서 5년마다 실시하는 가족실태 조사 결과도 최악의 인구절벽 시대를 예고한다. 여성들의 출산 기피가 점점 증가하는 추세이며 교육비 부담이 가장 큰 출산 기피 요인으로 나타났다. 2015년 조사에 따르면 일과 가정 양립을 위해 가장 먼저 추진해야 할 정책으로 '보육 지원 확대'가 꼽혔다. 실제로 자녀보육비 중 교육비가 차지하는 비중이 점점 더 커지는 것으로 나타났다. 자녀 한 명의 양육에 드는 월평균 지출액 가운데 교육비 비율은 영·유아기에 12.1퍼센트지만 학년이 높아질수록 늘어난다. 특히 대학 시기에는 44.8퍼센트로 교육비가 양육비의 절반 정도를 차지한다.

한편 교육부가 발표한 〈OECD 교육지표 2018〉을 보면 2015년 공교육비가 차지하는 비중은 GDP의 5.8퍼센트로 OECD 평균(5퍼센트)보다 높다. 학생 1인당 공교육비 지출액도 1만 1천143달러로 OECD 평균(1만 520달러)보다 많다. 공교육비란 학부모가 사교육에 쓴 비용 외에 정부나 민간이 사용한 모든 교육비를 말한다.

한국의 GDP 대비 공교육비 중 정부재원은 4.4퍼센트로 OECD 평균(4.3퍼센트)과 비슷했으나 민간재원은 OECD 평균(0.7퍼센트)보다 두 배 많은 1.4퍼센트였다. 이는 다른 나라 학부모보다 한국의 학부모가 두 배 더 많이 교육비를 지불한다는 뜻이다. 고등교육의 정부재원 비율은 0.9퍼센트로 OECD 평균인 1.1퍼센트보다 낮았다. 반면 민간재원 비율은 0.9퍼센트로 OECD 평균 0.4퍼센트를 두 배 이상 웃돌았다. 이 사실은 등록금을 포함해 각 가정이 부담하는 대학 학비가 비싸다는 것을 보여준다. 이처럼 개인과 가정이 큰 부담을 지는 것에 반해 정부 지출은 초등학교에서 고등학교까지 87.1퍼센트로 OECD 평균 90.4퍼센트에 미치지 못했다.

사교육비는 차치하더라도 초등학교부터 대학 때까지 등록금, 육성회비, 입학금 등의 공교육비 부담도 만만치 않다. 이는 정부가 공교육비 예산을 한참 높여야 할 이유이기도 하다. 분단비용을 대학 재정지원 등 공교육비에 쓰면 교육비 부담이 줄어들고 부모의 경제적 능력이 공교육, 특히 대학 교육에 영향을 미치는 일도 줄어들 것이다. 이는 절감될 분단비용으로 분명 가능한 일이다.

육아 부분 복지 확대에도 다양하고 세밀한 정책이 있지만 여기서는 자녀 정부지원금 확대 정책 중 아동수당을 예로 들겠다. 국방비에서 절감한 39조 원으로 아동수당을 지급할 경우 한 사람당 얼마씩 돌아갈까?

2018년 현재 보건복지부는 0~5세 아동이 있는 가정에 매달 10만 원의 아동수당을 지급한다. 남한의 만 0~5세 인구는 244만 명이다. 통계청 자료에 따르면 북한의 만 0~5세 아동 인구는 150만 명 정도(1993년과 2008년 북한에서 실시한 인구일제조사 결과를 토대로 1993~2008년의 북한 인구와 2009~2055년 장래 북한 인구를 추계한 값)다. 남북한 아동 총 394만 명에게 매달 아동수당을 50만 원씩 지급하면 한 달에 1조 9천억 원으로 일 년에 23조 원이 들어간다. 39조 원에서 23조 원을 아동수당으로 지급할 경우 16조 원이 남는다. 이것은 2018년 기준으로 어린이집과 유치원 누리과정 예산 4조 원, 고교무상교육 예산 1조 2천억 원, 대학원을 포함한 대학교 반값 등록금 소요 예산 10조 원 같은 정부의 복지예산에 쓸 수 있다.

〈2018 세계인구 현황보고서〉에 따르면 한국의 인구성장률은 0.4퍼센트로 세계 평균 1.2퍼센트보다 한참 낮다. 출산율은 1.3명으로 세계 191위인데 한국보다 출산율이 낮은 나라는 포르투갈과 몰도바밖에 없다. 열네 살 이하 인구 비율은 13퍼센트로 세계 평균 26퍼센트(세계 193위)의 절반 수준이다.

저출산에 따른 인구감소는 우리의 미래를 어둡게 한다. 이를 해결하려면 먼저 젊은 엄마들이 육아와 교육 문제에서 자유로워져야 한다. 사회활동을 원하는 여성이 편히 사회활동을 하도록 육아 문제를 해결하고 교육비 부담을 줄이면 '자녀를 많이 낳으라'는 캠페인을 벌이지 않아도 인구 문제는 해결될 것이다.

남북 GDP 격차, 50년 안에 8분의 1로 줄일 수 있다

고려대학교 아세아문제연구소는 남북이 경제통합을 이룰 경우 2050년 북한의 1인당 GDP는 남한의 1인당 GDP와 격차가 여덟 배까지 줄어들지만, 현 체제를 그대로 유지하면 2050년에 격차가 31배에 이를 것으로 분석했다. 아세아문제연구소 이종화 소장은 다음과 같이 말했다.

"현재 북한의 1인당 소득은 한국의 1960년대 초반에서 벗어나지 못해 약 50년의 격차가 있다. 하지만 남북한 경제통합이 이뤄지면 남한의 자금이 북한으로 유입되면서 2025년에는 한국의 1990년 (6천150달러) 수준으로, 2035년 이후에는 한국의 2000년대 중반 수준으로 올라설 것이다."

아세아문제연구소는 남북이 2015년에서 2050년까지 단계적으로 통합할 경우 35년간 남한의 연평균 경제성장률은 3.22퍼센트, 북한은 6.19퍼센트로 예측했다. 특히 북한은 2015년부터 2024년까지 10년간 연평균 8.18퍼센트의 고도성장을 유지할 것으로 전망했다. 반면 통합하지 않을 경우 북한 경제는 2050년까지도 연평균 성장률이 2.09퍼센트에 그칠 것으로 나타났다.

서울대학교 통일평화연구원의 분석 결과도 이와 비슷하다. 통일평화연구원은 남북이 경제통합을 했을 때 북한의 경제성장률이 2015년에 11.9퍼센트를 기록해 곧바로 두 자릿수 성장국 대열에 진입할 것으로 전망했다. 나아가 2020년 14.3퍼센트, 2025년 15퍼센트, 2030년 16퍼센트, 2045년 10.56퍼센트 등 향후 30년간 초고속 성장세를 이어갈 것이라는 분석을 내놨다. 이것은 남북 간 경제통합이 점진적이고 순조롭게 이뤄진다는 가정 아래서의 전망치다.

한편 북한에 급변 사태가 발생해 독일처럼 갑작스레 통일을 맞으면 최악의 경우 통일비용이 3조5천억 달러(4천조 원)에 이르고, 북한 주민이 자본주의에 적응하지 못할 경우 경기침체가 올 수도 있다고 했다.

우리가 점진적으로 국민 공감대를 형성하고 통일을 준비할 경우 '통일은 대박'일 수 있다. 실제로 통일편익은 통일비용과 비교할 수 없을 정도로 크다. 이론적으로 통일비용은 통일 이후 10년간의 소요비용이지만 통일편익은 통일한국이 지구상에 존재하는 한 발생하는 이익이기 때문이다. 기존 통일비용 연구는 통일편익 분석을 소홀히 하고 부담할 비용에만 초점을 맞춰 부정적 통일 인식을 초래했다.

통일비용 추정은 통일비용의 개념 정의와 통일 시기, 통일의 목표 수준에 따라 편차가 크다. 그러므로 앞으로의 통일비용 연구는 통일편익을 포함하고 통일독일의 사례를 충분히 분석하는 것이 필요하다.

통일비용, 미리 준비할수록 덜 든다

현대경제연구원이 2010년 발표한 보고서 〈남북통일, 편익이 비용보다 크다〉를 보면 통일비용 연구는 학자와 연구기관에 따라 500억 달러에서 최대 5조 달러까지 100배의 편차를 보인다. 또 급진적 통일일수록 위기관리와 사회혼란에 따른 비용이 증가하고 통합시점이 늦어질수록 남북 소득 격차에 따른 비용이 커진다. 통일비용 추정은 어떤 상황을 가정하느냐에 따라 편차가 있을 수 있다. 중요한 것은 우리가 통일비용 공포에서 벗어나야 한다는 점이다.

〈조선일보〉 기사 '통일이 미래다'에 따르면 2025~2030년 한반도 통일이 이뤄질 경우 2050년까지 예상되는 통일비용은 최소 831조 달러에서 최대 4천746조 달러다. 북한에 어떤 방식으로 투자하느냐와 북한 주민에게 얼마나 소득 지원을 하느냐에 따라 비용은 크게 달라진다.

그 추정비용은 연구기관마다 다르다. 현대경제연구원은 통일이 된 시점부터 9년간 7천75억 달러(777조 원)로 추정하고, 스탠퍼드대학교 아시아태평양센터 피터 베크Peter Beck연구원은 통일 전후 30년간 최대 4조 8천억 달러(5천500조 원), 10년간 1조 6천250억 달러(1천833조 원)에 이를 것으로 전망했다. 2014년 통일연구원이 2030년 통일을 이룬다고 가정해 계산한 통일 전후 20여 년의 통일비용은 3조 2천억 달러(3천621조 원)다. 10년이면 1조 6천억 달러(1천810조 원)가 든다. 이것은 스탠퍼드대학교가 추정한 금액과 비슷하다.

이 연구에서 통일연구원은 대북 민간투자를 2조 5천억 달러(2천790조 원)로 추정했다. 이 경우 민간투자를 빼면 순수한 정부의 통일비용 지출은 2050년까지 10년간 3천680억 달러(415.5조 원), 20년간 7천360억 달러(831조 원)다. 전체 비용의 77퍼센트가 민간 자금이고 23퍼센트만 정부 재정이라는 얘기다. 정부가 엄청난 세금을 걷을 것이라는 우려와 달리 민간자금이나 해외자금으로 비용의 4분의 3 이상을 대는 구조라면 국민의 부담은 크지 않다.

물론 통일비용으로 GDP의 6~6.9퍼센트를 10년 동안 북한에 쏟아 부어야 하지만 분단비용 4~4.3퍼센트를 절약할 경우 순 통일비용은 2~2.6퍼센트다. 2018년 대한민국 GDP 약 1조 5천억 달러를 기준으로 2~2.6퍼센트인 300~390억 달러만 10년 동안 북한에 투자하면 남북이 하나의 경제공동체이자 사회문화공동체로 나아가는 한편 정치공동체, 군사공동체까지 이룰 수 있다.

인구, 관광, 지하자원, 물류가 함께 성장한다

통일편익 역시 분단비용처럼 경제 편익과 비경제 편익으로 나눠 생각할 수 있다.

무엇보다 경제 부문에서 국방비 절감 효과와 대북 투자로 발생하는 경기 활성화, 남북경제협력에 따른 시너지를 기대할 수 있다. 구체적으로 개성공단처럼 북한 인력 고용으로 생산성 확대, 북한 관광자원 활용에 따른 관광수입 증대, 북한 지하자원 개발로 해외 자원 수입 대체, 남북을 연결하는 각종 교통 인프라로 물류비용 절감 등이 있다.

인구

남북 통합이 국력에 미치는 영향 중 가장 큰 요소가 '인구'다. 남북이 통합하면 총인구가 늘어나는 동시에 15～64세에 해당하는 '생산가능인구' 비율도 높아진다.

통계청 자료에 따르면 2018년 현재 남한 인구는 약 5천182만 명으로 세계 27위고 북한은 2천561만 명으로 세계 52위다. 남북한 인구를 합하면 총인구 7천743만 명으로 세계 20위로 뛰어오른다. 통합 후 북한 주민에게 보건·의료 서비스를 확대할 경우 사망률은 줄어들고 기대수명이 늘어나면서 인구는 더 증가할 것이다.

내수시장이 7천만 명 이상으로 커지면 경제는 해외의존도를 벗어나 자생적으로 성장할 기반을 갖춘다. 북한의 값싸고 젊은 노동력과 남한의 기술·자본이 결합할 경우 커다란 시너지를 낼 가능성이 크다. 여기에다 북한에 인프라와 기업 투자가 늘어나고 북한 주민의 소득이 증가하면서 소비가 늘어나는 선순환 구조가 만들어진다.

서울대학교 통일평화연구원은 남북한이 통합하면 2012년 각각 2만 3천52달러와 583달러 수준이던 남북한의 1인당 GDP가 2020년 남북 평균 2만 2천883달러, 2030년 3만 5천718달러, 2040

년 5만 5천767달러, 2050년 8만 3천808달러로 성장할 것으로 예측했다. 연간 성장률도 같은 규모의 선진국보다 높은 연 4.47퍼센트에 이를 전망이다.

독일 할레대학교 사회연구센터소장인 에버하르트 홀트만 Everhard Holtman 은 2014년 〈조선일보〉와의 인터뷰에서 이렇게 말했다.

"한반도 통일은 진정 거대한 모험 Great Adventure 이자 엄청난 기회 Tremendous Chance 다."

또한 홀트만 소장은 "한반도 통일은 젊은 세대에게 가장 큰 기회를 줄 것이다. 한국의 젊은이들은 통일과 관련해 경제, 법, 행정, 사회복지 등 모든 분야에서 일자리를 얻을 것이다"라고 했다.

관광산업

〈조선일보〉가 2014년 1월 현대경제연구원과 서울대학교 통일평화연구원에 의뢰해 남북 통합 전후 관광객 증가 효과를 분석해 기사로 실었는데, 결과는 다음과 같다.

2014년 당시 통합한다는 가정 아래 북한 인프라에 4조 원을 투자할 때 남북한을 찾는 해외 관광객은 2013년 1천200만 명에서 2024년 최소 3천만 명, 최대 3천600만 명에 이를 것으로 예측했다. 특히 20년간 관광객이 두 배 증가한 통일독일의 사례를 들며, '은둔국가'였던 북한에 관광이 활성화되면 통일한국의 관광객 증가세가 더 폭발적일 것으로 내다봤다.

서울대학교 통일평화연구원은 외국인 관광객이 2013년 수준인 1인당 평균 1천151달러를 쓸 경우 남한에서 최대 356억 달러, 북한에서 62억 달러를 각각 지출해 전체적으로 연간 총 관광수입이 418억 달러에 이를 것으로 분석했다. 2013년 남한의 외국인 관광 총수입은 129억 달러였다. 여기에다 중국, 러시아, 일본 등을 연계한 관광이 가능해지면 한반도가 동북아 관광의 메카가 될 수 있다고 덧붙였다.

지하자원

북한은 지형적으로 원유가 매장되어 있을 확률이 높다. 이미 미국 등 서구의 몇몇 기업이 북한의 원유 매장 가능성을 조사하기도 했다. 중국은 북한과 인접한 산둥반도 북쪽 보하이만에서 1998년부터 원유를 생산하는데, 이곳과 가까운 평안북도 앞바다 서한만 일대의 원유 매장 가능성이 보고되기도 했다.

원유 외에도 북한에는 상당한 지하자원이 매장되어 있다. 한반도 지하자원의 90퍼센트가 북쪽에 몰려 있는데, 북한의 지하자원 가치는 약 6천89조 원으로 남한의 지하자원 가치 253조 원의 25배에 달한다. 최근에는 그 가치를 7천조 원으로 추정하고 있다.

전 세계에서 북한이 차지하는 지하자원 매장량을 보면 금 7위, 철광석 10위, 아연 5위, 중석 4위, 희토류 6위, 마그네사이트 3위, 흑연 4위다. 남북한이 통합해 남한의 기술력과 유휴설비로 북한의 지하자원을 개발하면 통일한국의 성장 잠재력은 엄청날 것이다. 또 북한의 풍부한 지하자원을 개발해 내수의 50퍼센트 이상을 국내에서 자급할 경우 수입대체 효과도 생긴다.

교통과 유통

남북 통합으로 중국, 러시아와 교통 인프라를 연결하면 한반도는 유라시아 대륙철도의 종착역이자 출발점이 된다. 문재인 대통령은 동아시아 철도공동체 구상을 설명하며 유럽연합을 예로 들기도 했다. 유럽에서는 먼저 석탄철강공동체[ECSC]가 탄생한 뒤 물량이 이동하면서 국경이 없어졌고 나아가 인적 이동이 일어나 유럽연합이 탄생했다.

1981년 프랑스 테제베[TGV], 1991년 독일 이체[ICE] 등 고속열차를 개통하면서 유럽은 철도 르네상스를 맞이했다. 지역과 지역을 연결해 시공간을 세 배 이상 압축한 고속철도를 거미줄처럼 연결한 유럽은 하나의 유럽연합을 만들었다. 철도 덕분에 농산품부터 전자기기 같은 공산품이 자유롭게 이동했고 세계적인 물류회사 유피에스[UPS]와 페덱스[FEDEX] 같은 거대 운송회사도 탄생했다.

한반도의 경우 먼저 경의선 철도를 연결하면 서울에서 평양, 신의주를 지나 단둥, 선양을 거쳐 베이징까지 이어지는 중국 횡단철도[TCR]와 연결된다. 베이징에서는 다시 몽골 횡단철도[TMGR]로 울란바토르를 거쳐 울란우데에서 시베리아 횡단철도[TSR]와 합류한다. 시베리아 횡단철도는 유라시아대륙을 횡단해 모스크바와 바르샤바 – 베를린 – 브뤼셀을 거쳐 파리까지 간다.

도로와 철도

국토연구원은 통일할 경우 개성 – 평양 고속도로를 개·보수하고 김포에서 해주, 정주를 잇는 서해안 고속도로를 신설하는 등 도로건설 사업에 약 7조 6천658억 원이 들 것으로 예측했다. 가장 빨리 건설할 것으로 보이는 구간은 문산 – 개성 간 11.8킬로미터 고속도로로 유라시아 고속도로와 한반도의 주요 산업도시를 연결하는 역할을 맡을 전망이다.

경의선 철도는 이미 연결되었으나 2008년 금강산 관광객 피격 사망 사건 등으로 남북관계가 경색되면서 운행을 멈췄다. 국토연구원은 서울에서 신의주까지 486킬로미터 구간 고속철도를 건설할 경우 8조 원이 들 것으로 예상했다. 다만 현재 북한의 철도 환경을 조사한 자료가 없어 정확한 비용을 산출하기는 어렵다. 그러나 지금 베이징 – 상하이 고속열차가 1천318킬로미터를 4시간 48분에 주파하는 것을 감안할 때 비슷한 거리인 서울 – 베이징도 4시간대에 오갈 수 있으리라고 본다.

철도는 도로에 비해 시간이 더 걸리겠지만 철도를 이용한 물류와 인적 이동은 도로보다 효과가 더 클 것이다. 현재 북한은 중국과 세 개 노선, 러시아와 한 개 노선을 연결한 상태다. 여기에 남북철도를 연결하면 서울에서 원산 – 함흥 – 나진을 잇는 동해안 축선을 곧바로 시베리아 횡단철도와 연결할 수 있다. 그러면 네 개의 대륙횡단철도, 즉 시베리아 횡단철도, 중국 횡단철도, 만주 횡단철도 TMR, 몽골 횡단철도로 유라시아를 넘나드는 것이 가능하다.

국토연구원은 서울에서 신의주까지 517킬로미터의 철도를 복원할 경우 연간 1억 5천만 달러의 경제적 이익이 생길 것으로 분석하고 있다. 2013년 9월 개통한 나진(북한)과 하산(러시아) 간의 철도 사례를 보면 시베리아 횡단철도를 이용할 때 물류비용이 획기적으로 절감된다.

예를 들어 부산에서 모스크바까지 화물 1에프이유^{FEU}(약 12미터짜리 컨테이너 한 개)를 해상으로 운송할 경우 운송비는 5천500달러, 시간은 55일이 걸린다. 반면 부산에서 나진까지 해상으로 운송한 뒤 나진~하산 철도를 이용해 시베리아 횡단철도로 모스크바까지 가면 시간은 25일로 단축되고 비용도 5천300달러로 줄어든다. 국토연구원은 특히 동해안 축선은 러시아에서 북한을 통과해 남한으로 들어오는 천연가스 망과 도로를 같이 건설하면 효과적이라고 전망했다.

국토연구원은 서울에서 나진까지 734킬로미터의 고속도로를 건설하는 데 12조 8천450억 원이 들 것으로 보고 있다. 또 시베리와 횡단철도와 연결되는 경원선 철도 현대화에는 약 3조 640억 원이 들 것으로 추산했다. 동해안 축선에는 15조 9천90억 원의 비용을 투입하지만 향후 10년간 매년 5조 7천997억 원의 경제 효과가 날 것으로 예상했다. 서해안 축선 교통망 개발에는 총 16조 7천123억 원이 들며 향후 10년간 매년 5조 1천609억 원의 경제적 파급 효과가 발생할 것으로 예측했다.

통일 이후 중국, 러시아와 교통 인프라를 연결하면 동북아에 물류·에너지 혁명이 일어날 수 있다. 만약 남북 통합으로 대륙 횡단열차와 아시안 하이웨이 등을 연결할 경우 동북아 물류비용은 20퍼센트 정도 줄어들 것이다. 〈조선일보〉 2014년 1월 8일 기사에 따르면 남북 통합 후 블라디보스토크에서 북한을 거쳐 수도권까지 가스관을 연결하면 현재 한국이 수입하는 액화천연가스^{LNG}보다 훨씬 싼 파이프라인천연가스^{PNG}를 러시아로부터 30퍼센트쯤 싼값에 공급받을 수 있다.

남북 분단으로 우리는 사실상 '섬나라 아닌 섬나라'가 되어 경제가 서울-부산을 축으로만 성장했다. 그렇지만 남북 통합으로 대륙과 연결되면 새로운 성장축이 만들어져 인적 이동이 더 활발해질 것이다. 우리는 원하면 언제든 고속철도를 타고 중국, 러시아, 유럽 대륙으로 나아갈 수 있을 것이다.

통일한국이 성장의 견인차 역할을 하며 유라시아와 태평양의 공동 번영을 이끄는 상황을 생각해보자. 중국, 일본, 러시아와 함께 세계 최대 경제권인 동아시아 경제공동체를 형성해 동북아 교통·물류·에너지·관광의 허브로 도약하는 것은 어떤가.

경제협력이 평화를 가져온다

남북 간 교류협력이 빈번해지면 남북이 하나의 경제공동체로 나아갈 거라는 얘기는 여러 번 했다. 문재인 정부는 '한반도 신경

제' 구상 아래 한반도와 중국, 러시아, 일본을 연결하는 동북아 경제
공동체를 구상하고 있다.

부산에서 런던까지 철도로 연결된다고 상상해보자. 지금까지
유럽으로 보내는 화물은 주로 항공기와 배를 이용했지만 철도를 이
용하면 물류비용이 저렴해진다. 일본, 대만, 동남아 수출품을 부산
항에 모아 열차로 유럽까지 수송하는 것도 가능하다. 이른바 물류
혁신이다. 실제로 2018년 3차 남북정상회담에서 올해 안에 주요 철
도와 도로 연결 착공식을 하기로 합의했다.

북한은 지금 '스물일곱 개 경제특구 개발'에 총력을 기울이고
있다. 북한이 비핵화하겠다는 것도 이들 경제특구를 개발하는 데
외국자본을 끌어들이기 위해서다. 외국자본을 유치하려면 UN의
대북제재를 풀어야 하고 여기에는 북미관계 개선과 수교가 필요하
다. 이에 따라 2018년 6월 12일 김정은 위원장과 트럼프 대통령은
싱가포르에서 북한 비핵화와 북미수교, 한반도 평화체제 구축에 합
의했다.

문재인 정부의 '한반도 신경제' 구상은 세 가지다. 그것은 남 –
북 – 랴오닝성을 경제적으로 묶는 환서해 경제벨트(산업·물류·교
통)와 남 – 북 – 중국 길림성 – 극동 러시아 – 일본 서부를 경제적으로
묶는 환동해 경제벨트(관광·자원·에너지), 남북 접경지역(군사지역)
을 경제협력지대로 바꿔놓는 DMZ 경제벨트(환경·관광)다. 그래서
한반도 신경제 구상은 H자 모양이다. 서해안과 동해안을 따라 올라
가는 철도와 도로를 활용해 남북을 하나의 경제공동체로 만들고 여

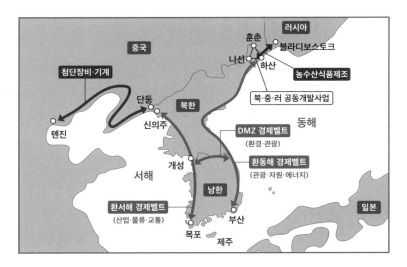

한반도 신경제 지도
남북 경협과 동북아 경협의 비전과 방향을 담은 한반도 신경제 구상은 'H' 모양이다.
서해안과 동해안을 따라 올라가는 철도와 도로를 활용해 남북을 하나의 경제공동체로
만들자는 말이다. (자료: 국정기획자문위원회 참고)

기에다 중국, 러시아, 일본의 경제력도 활용하자는 말이다.

다시 말해 단기적으로는 남북경제를 매개로 경제권을 통합·형
성함으로써 북한의 시장화를 촉진하고 남북경협으로 북한 전역의
시장과 연계성을 강화해 나가며 장기적으로는 북한의 소비시장화
와 생산기지화를 촉진한다는 구상이다.

스물일곱 개 경제특구의 시너지

김정은 위원장이 2012년부터 지정한 스물두 개 경제특구(나머
지 다섯 개는 김일성 주석과 김정일 위원장이 지정)는 모두 서해안–

동해안 – 북중 접경지역에 있다. 기존 중앙특구 다섯 개는 대규모 복합형이고, 스물두 개 경제개발구는 소규모 맞춤형 경제특구다. 이는 한반도 신경제 구상을 예상해서 나온 게 아니라 오히려 우리 쪽에서 북한의 경제개발계획을 활용해 남북 경제공동체를 만들어가려는 것으로 봐야 한다. 우리 속담대로 "누이 좋고 매부 좋고"의 상황이다.

스물일곱 개에 이르는 경제특구에 외국의 자본투자가 이뤄지면 북한 노동자뿐 아니라 남한과 외국의 기술자도 북한에 들어가야 한다. 흔히 남북경제협력을 말할 때는 남한의 기술·자본을 북한의 땅·노동력과 결합하는 방식을 거론한다.

북한이 스물일곱 개에 이르는 경제특구 개발에 필요한 노동력을 공급하고 외화를 벌려면 지금처럼 군대를 115만이나 유지할 수는 없다. 스물일곱 개 경제특구에 노동력이 100만 명만 필요할까? 북한은 많은 젊은이들을 산업현장으로 보낼 것이고, 그러면 남북 군사긴장은 완전히 사라진다고 봐야 한다. 군사적 긴장 완화에는 국방장관들의 남북 간 합의서 체결도 중요하지만 국민이 피부로 느끼는 평화도 중요하다.

김정일 위원장이 2000년 개성공단 노동자 공급에 관해 했던 이야기를 통해 경제협력이 평화를 불러오리라는 것을 예측할 수 있다.

2000년 6월 남북정상회담이 끝난 뒤 정몽헌 전 현대아산 회장은 김 위원장을 독대해 개성공단 50년 독점 개발권을 따냈다. 당시 김 위원장은 판문점 서북쪽 최전방으로 북한군 2만 5천여 명이 주둔하던 군부대 땅 2천만 평을 현대아산에 선뜻 내주었다.

그때 정몽헌 회장이 김 위원장에게 물었다.

"공장부지 800만 평, 배후도시 부지 1천200만 평이나 내주셔서 감사합니다. 800만 평에 공장을 다 지으면 노동자가 최소한 35만 명은 필요할 텐데 그 많은 노동력을 어디서 데려오려고 하십니까?"

김 위원장은 이렇게 답했다고 한다.

"회장 선생, 걱정하지 마시오. 군부대가 있어서 장사정포, 방사포가 즐비한 지역을 내가 큰맘 먹고 회장 선생한테 내주는 것을 두고 군에서 반대가 많았습니다. 내가 개성 경제 핑계대면서 밀어붙였지요. 개성 인구 전체가 기껏해야 14~15만이나 되려나? 그중 노인 빼고 아이들 빼면 일할 사람은 다 합쳐도 3만을 넘지 못할 거요. 결국 다른 데서 데려와야 합니다. 800만 평에 공장 수백, 수천 곳이 들어설 정도면 북남 간에 군사적으로 지금처럼 지낼 수는 없을 겁니다. 군비감축하자는 소리가 자연히 나올 테지요. 그러면 내가 조선인민군 35만 명 정도는 책임지고 제대시켜 개성공업지구로 보내줄 테니, 그건 걱정 말고 공장이나 빨리빨리 짓고 기계 돌아가는 소리나 쾅쾅 울리게 만들어주시오."

통일하기 훨씬 이전에라도 경제협력을 계속하다 보면 남북이 경제적으로 윈윈하는 것을 넘어 군사적 긴장도 완화할 수 있다. 군사적 긴장 지역이 경제협력 지역으로 바뀌면 그만큼 분단에 따른 적개심이 줄어들고 평화가 찾아올 가능성이 크다. 그래서 '경제가 평화다'라고 한다.

지금 북한은 스물일곱 개 경제특구에 남한과 외국의 자본·기술이 들어와 공장을 짓고 자기네 주민을 노동자로 써주기를 바라고 있다. 개성공단 800만 평이 35만 명의 병력 감축 효과를 가져온다면 개성공단을 벤치마킹할 다른 스물일곱 개 경제특구에서는 더 많은 병력 감축이 일어날 터다.

북한이 산업 생산에 투입할 노동력을 공급하려면 인민군을 감축할 수밖에 없다. 어쩌면 남북 국방장관들이 군비감축 협상을 시작하기도 전에 자본과 기술을 갖고 북한에 진출한 남한과 외국기업이 병력을 감축해 노동자를 보내달라고 할지도 모른다. 그러면 한반도에 전쟁이 다시 일어날 걱정은 내려놓아도 좋은 시절이 온다. 통일 이전의 경제협력은 이렇게 한반도에 평화를 불러온다.

8장

통일을 밀어내는 원심력

열쇠는 미국이 쥐고 있다

북미수교를 향한 첫걸음, 연락사무소

한반도에 평화체제가 안착하려면 우선 종전선언을 해야 한다. 이어 평화협정과 북미 불가침선언, 북미수교, 제도 지원이 있어야 한다. 가장 확실한 평화의 신호는 북미수교다. 북미수교가 이뤄지지 않으면 미국의 대북 적대관계가 계속 유지된다. 이 경우 한미동맹의 연장선상이나 관성에 따라 한국도 대북 적대관계를 유지할 수밖에 없고 한반도의 군사적 긴장과 전쟁 위험은 지속된다.

반면 북미수교가 이뤄지면 군사적 긴장과 전쟁 위험이 사라진다. 평양에 미국 대사관이 들어갈 때라야 비로소 우리는 한반도에서 전쟁 공포 없이 살 수 있다.

미국은 완전한 비핵화를 실현하기 전까지는 북미수교와 대사관 설치를 해줄 수 없다는 입장이다. 비록 비핵화를 이룰 때까지 대북 제재는 남아 있을 테지만 점점 완화할 전망이다. 비핵화 과정을 시작하면 먼저 남북 교류협력을 활성화할 수 있다. 완전히 비핵화할 때까지 기다릴 수도 없고 그래서도 안 된다. 남북관계는 비핵화와 보조를 맞추되 한 발 정도 앞서가면서 북미관계가 수교까지 이어지도록 선도할 필요가 있다.

북미수교가 이뤄지려면 중간에 연락사무소를 개설해야 하는데 그 첫 단계가 마이크 폼페이오 미국 국무장관이 미 중앙정보국(이하 CIA) 국장 시절 처음 북한에 갔을 때 잠시 남았던 사람들, 즉 한반도 정보를 집중적으로 수집하고 분석하는 CIA 내부 기구 코리아임무센터KMC 사람들의 숫자가 늘어야 한다. 나중에 그들 중에서 연락사무소 소장이 나올 수도 있다. 북한 입장에서는 코리아임무센터 사람의 숫자가 늘어나는 것을 보고 연락사무소로 가는 초보 조치가 이뤄지고 있음을 확인할 수 있다. 이때 북한은 비핵화에 좀 더 적극적으로 성의를 보일 가능성이 있다.

연락사무소 설치는 상호교환 조건이므로 평양에 미국 연락사무소가 생기면 당연히 워싱턴에도 북한 연락사무소가 생긴다. 연락사무소는 국회의 동의 없이 대통령이 결정할 수 있다.

실제로 노태우 정부 때 중국, 소련과 수교하면서 곧바로 대사관을 설치하지 않고 먼저 무역대표부를 교환 설치했다. 이어 무역

대표부를 토대로 대사관을 설치했다. 무역대표부 설치는 곧 대사관 설치로 간다는 신호로 볼 수 있는 것이다. 1972년 미국이 중국과 수교할 때도 리처드 닉슨 대통령이 중국을 다녀온 뒤 대사관을 설치하기 이전에 먼저 일반대표부를 교환했다. 그때 초대 대표부 대표가 나중에 대통령이 된 '아버지' 부시다.

종전선언은 북미수교와 평화협정으로 가는 입구

북미수교는 한반도 평화에 정말 중요하다. 미국이 북한과 수교한다는 것은 북한을 더 이상 적대하지 않는다는 의미이자 북한이 비핵화를 이뤘음을 확인해주는 조치다. 그런데 북미수교로 가려면 먼저 종전선언을 하고 평화협정이라는 법적 조치를 마쳐야 한다. 평화협정 체결은 곧 수교로 간다는 말인데 수교하려면 평화협정을 체결하고 넘어가야 한다.

종전선언은 그저 선언일 뿐이지만, 전쟁도 평화도 아닌 휴전협정에서 평화협정으로 간다는 남북미 간의 정치적 의지를 확인해준다. 궁극적으로 평화협정은 북미수교와 표리관계, 즉 서로 떼려야 뗄 수 없는 관계에 있기 때문에 종전선언은 북미수교 절차의 시작이라는 엄청난 차이를 만든다.

종전선언으로 평양에 미국 대사관이 들어가면 미국은 대북 적대를 버려야 하고 동시에 남한의 반공세력이 부르짖는 대북 적대도 근거가 사라진다. 평양에 미국 대사관이 들어갈 때까지 혹은 이것이 기정사실화하기까지는 분명 "USA, 너마저!?"라며 성조기를 불태우는 세력이 나올 것이다.

1950년 6월 25일 6.25전쟁이 발발하고 1953년 7월 27일 정전협정(또는 휴전협정)이 체결됐다. 그때부터 지금까지 우리는 전쟁도 평화도 아닌 어정쩡한 상태로 살아왔다. 정전협정이 평화협정으로 바뀌지 않은 탓이다. 그럼 평화협정과 평화체제는 서로 어떤 관계일까? 평화체제는 평화협정보다 더 큰 개념이다.

1953년 정전협정 체결 후 한미동맹, 북소동맹, 북중동맹이 등장해 굳어진 국제질서가 정전체제인데 평화협정과 평화체제 관계도 마찬가지다. 정전협정을 대신할 평화협정을 체결한 후 이를 토대로 나타나거나 평화협정 체결 과정에서 등장한 관련 국가의 상호 관계와 국제질서가 바로 평화체제다. 그래서 한반도 평화를 국제질서를 바꿀 중대한 변화로 보는 것이다.

독일은 구심력을 키워 원심력을 하나씩 밀어냈다

통일 문제를 논할 때는 먼저 통일을 막거나 어렵게 만들어 통일에서 멀어지게 만드는 원심력과 통일을 돕거나 수월하게 해서 통일에 가까워지게 하는 구심력 개념을 이해할 필요가 있다.

통일의 원심력에는 먼저 지리적 조건이 있다. 우리가 주변국가로 부르는 미국, 일본, 중국, 러시아 가운데 실질적으로 남북통일을 가로막는 원심력은 미국과 중국이다. 북한이라는 완충국가가 있어야 미국과 중국이 직접 충돌할 가능성을 줄일 수 있기 때문이다. 중국 입장에서는 남북이 통일해 미국이 턱밑까지 오는 것보다 북한이 적당히 살아남는 것이 유리하다. 즉, 남북분단이 이어져야 중국은 안보 면에서 이점이 있다. 한반도 분단은 중국에게 기득권이다.

미중 모두 입으로는 통일을 지지한다고 말하지만 미국은 친미통일만 반가워하고, 중국은 친중통일만 반가워한다. 미국은 친미통일이 아니면 차라리 통일하지 않는 것이 낫다는 입장이고, 중국도 친중통일이 아니면 통일을 달가워하지 않을 것이다.

전범국가 일본은 완전히 망했다가 6.25전쟁으로 기사회생했다. 6.25전쟁에 개입한 미국이 군수물자를 미국에서 가져올 수 없게 되자 일본에 견본품을 주고 물자를 주문했다. 그 전쟁특수로 일본은 1960년대와 1970년대에 비약적으로 경제성장을 이뤘다. 그처럼 남북분단과 민족상잔의 비극을 기회로 삼아 일본은 세계 3대 경제대국으로 발돋움했다.

그러니 일본 입장에서는 남북분단 상태가 지속되는 것이 여러모로 이득일 수밖에 없다. 일본의 이런 기득권도 원심력이다. 일본은 친미 세력이든 친중 세력이든 무조건 통일을 싫어할 것이다.

러시아는 한반도에 평화체제가 들어서면 가스도 팔고 시베리아 횡단철도 통과료도 받을 수 있으니 통일을 바라는 듯하다. 일본과 러시아는 정반대의 입장이다.

독일 통일에도 원심력이 있었다. 처음에 독일은 통일이라는 말(Wiedervereinigung, 재결합, 재통일을 뜻하는 독일어)도 쓰지 않았는데, 이는 그 말을 잘못 꺼냈다가는 주변국가의 견제로 뜻을 이루지 못할 거라고 봤기 때문이다. 한국의 통일부 역할을 하는 기관도 내독관계부Ministerium für Innerdeutsche handelung라고 불렀다.

독일은 두 번이나 큰 전쟁을 일으킨 국가가 통일하면 또다시 전쟁을 일으킬 거라는 불안감에 주변국가에서 통일을 반대할 거라고 판단했다. 이에 따라 서독은 그저 동독과 적대관계를 해소해 관계만 좋게 만들면 된다고 생각했다.

그들은 처음부터 원심력을 밀어내려 하지 않았고 먼저 구심력을 키워갔다. 그러다가 동서독의 민심이 연결되고 투표로 결정하면 그만일 정도로 구심력이 커졌을 때 원심력을 하나씩 토막 내 밀어냈다. 무엇보다 가장 강한 원심력으로 작용할 미국을 자기편으로 끌어들였다.

'통일 이후에도 주독 미군은 계속 남아 있어 달라. 우리가 통일하면 유럽 질서가 상당히 요동칠 것이다. 그때 질서를 유지하려면 역시 든든한 미군이 여기 있어야 한다.'

미국 입장에서는 주독 미군 철수를 요구하지 않는 서독 정부가 한없이 곱게 보였을 터다. 그렇게 독일은 미국을 원심력에서 통일을 밀어주는 구심력으로 바꿨다.

독일의 두 번째 원심력은 소련이었다. 1980년대 말 소련 경제는 내리막길을 걸었고 이때 독일이 경제 차관을 주었다. 당시 영국은 독일이 통일하면 다시 전쟁을 일으킬 거라는 논리로 소련을 포섭하려 했다. 과거에도 영국은 독일과 프랑스가 서로 경쟁하도록 만들거나 프랑스의 힘이 약할 때면 독일을 사이에 두고 프랑스가 러시아와 손을 잡게 했다. 영국은 그런 식으로 소련에 독일을 협공하자고 했으나 서독의 경제적 지원을 기대한 소련은 "그들은 이미 통일에 다가갔고 때는 늦었다"라며 영국의 제안을 거절했다.

독일 통일을 제일 불안해한 나라는 전쟁을 많이 치른 프랑스였다. 여기에는 해가 지지 않는 나라, 즉 대영제국을 만든 영국의 속셈이 작용했다. 영국은 늘 독일과 프랑스가 서로를 불안하게 여겨 싸우게 만든 뒤 자신은 식민지를 개척하는, 이른바 세력균형 외교를 벌여왔다. 여기에 익숙했던 프랑스는 독일 통일을 반대했다. 그때 독일 총리는 프랑스 대통령에게 수시로 전화해 도움을 요청했다.

'하여튼 주문만 해라. 그대로 해줄게. 정책을 세울 때는 모든 일을 당신과 협의하겠다.'

이렇게 몸을 낮추니 어떻게 반대를 하겠는가. 독일은 그렇게 통일 원심력을 하나씩 밀어냈다.

원심력 1: 미국

미국의 국가이익과 한국의 국가이익은 다르다

미국은 그동안 한국에 많은 도움을 주었고 앞으로도 여러 면에서 도움이 될 나라다. 그래서 동맹을 유지해왔지만 미국은 결코 대한민국이 아니다. 당연히 미국은 자국의 국가이익을 먼저 챙긴다.

안타깝게도 우리는 미국의 국가이익과 한국의 국가이익을 동일시하는 그릇된 믿음에 빠져 있다. 이걸 깨뜨려야 한다.

대한민국은 미국이 아니고 미국은 대한민국이 아니라는 것은 미국의 국가이익과 대한민국의 국가이익이 다르다는 의미다. 미국에는 이익이지만 한국에는 이익이 아닌 것도 있다. 한국에 치명적 타격을 가하거나 절대적으로 중요한 이익인 것 중에는 미국에 별것 아닌 것도 많다.

서로 국가이익이 부딪치면 동맹이 아니라 그보다 더 밀접해도 자기 것부터 챙길 수밖에 없다. 이해관계가 다른 나라들이 모든 정책을 같은 방향으로 입안하고 추진하는 것은 현명치 못한 일이다. 그 점에서 미국은 한국의 동맹이지만 한국이 미국과 똑같이 움직일 수 없다는 것도 생각해야 한다.

때론 미국에 이렇게 말할 수 있어야 한다.

'이건 곤란하지. 이게 당신네 나라에는 좋을지 모르지만 우리에게는 절대적으로 불리할 뿐 아니라 죽고 사는 문제까지 걸려 있어. 어떻게 당신네 편만 들으라고 할 수 있나?'

실제로 미국은 북한을 핑계로 자기네 장사를 하는 경우가 많다. 다시 한 번 강조하지만 미국의 국가이익과 대한민국의 국가이익은 절대 같지 않다.

미국은 왜 북한의 핵 완성을 방치했나?

북한의 핵폭탄 그 자체는 미국에 별로 두려운 존재가 아니다.

내가 볼 때 북핵에 보이는 미국의 반응은 ICBM과 관련이 있다. 북한이 핵폭탄 수백 개를 갖고 있어도 그것이 미국으로 날아오지 못하면 걱정할 일이 없다.

2017년 7월 4일 북한이 처음 캘리포니아까지 도달 가능한 ICBM급 미사일 시험발사를 할 때까지만 해도 미국의 반응에는 여유가 있었다.

"워싱턴과 뉴욕이 있는 동부까지 도달하는 ICBM은 앞으로 2~3년은 걸려야 개발할 수 있을 것이다."

그때 미국은 2~3년 동안 압박과 제재를 가하면 북한이 꼼짝없이 미국이 시키는 대로 할 거라고 착각했다. 그런데 2017년 11월 29일 뉴욕까지 도달 가능한 1만 3천 킬로미터짜리 ICBM급 미사일 화성 15형을 개발해 시험발사에 성공하자 트럼프의 입이 싹 닫혔다. 비로소 그때부터 북한의 핵무기, 핵폭탄이 미국에 위협적인 무기라는 가치를 얻은 것이다.

한국에는 북한이 이미 갖고 있던 미사일 스커드-B(Scud-B, 최대 사거리 300킬로미터), 스커드-C(Scud-C, 최대 사거리 600킬로미터)만으로도 충분히 위협적이다. 서울과 평양의 거리는 200킬로미터에 불과하다. 그런데 북한의 핵폭탄을 사거리가 300킬로미터, 600킬로미터 미사일에 실어 쏠 수가 없다. 남한에 떨어뜨리려면 사거리 1만 킬로미터 혹은 7~8천 킬로미터 미사일을 고각高角으로 쏴야 하는데, 그 비싼 무기를 낭비하는 바보 같은 짓을 왜 하겠는가. 결국 ICBM을 대남용이라거나 공산화 통일용이라고 주장하는 것은 사람들에게 겁을 주어 혹세무민하려는 것에 불과하다.

미사일 사거리가 1만 3천 킬로미터가 나오면서 비로소 북한은 6차 핵실험까지 성공했다고 주장했다. 그렇다면 북한의 핵폭탄은 한국이 아니라 미국을 향한 무기인 셈이다. 미국 역시 북한이 핵폭탄을 만들었을 때는 방관하다가 미국 동부에 도달 가능한 ICBM급 미사일을 만들었을 때 반응하기 시작했다.

해마다 '북한군 전진 배치' 보도의 비밀

미국을 위협하기 이전의 핵무기는 한국에는 위협적이지만 미국에는 그렇지 않았다. 오히려 이익을 주는 측면도 있었다. 한국이 북한 핵무기에 공포와 위협을 느끼면 미국이 얼마든지 무기를 팔 수 있기 때문이다.

1977년 통일원에 들어갔을 때 내가 발견한 사실이 있다. 해마다 봄이 오면 한미연합훈련을 시작하고 언론은 북한군의 동향을 계속 미국발로 보도한다.

'평양의 미사일 부대가 개성과 평양 중간까지 내려왔다.'

그때는 북한군의 전진 배치가 겁이 났다. 자꾸 내려오다 남침에 이르는 것은 아닐까? 처음에 나는 '그러고도 남을 놈들이다. 6.25전쟁때도 그랬으니까'라고 생각했다. 그런데 가만 보니 언론이 해마다 '전진 배치를 한다'는 보도를 하는 게 아닌가. 1983년 무렵 〈서울신문〉의 한 기자가 "매년 전진 배치를 한다는 말이 나오는데 이것의 실체적 진실이 뭡니까?"하고 물었다. 나는 이렇게 대답했다.

"북한이 해마다 전진 배치를 했다는 얘기인데 그 거리를 합산해보면 벌써 남쪽으로 내려왔어야 합니다."

그는 짤막한 칼럼을 하나 써달라고 했고 당시 나는 〈서울신문〉에 평화통일연구소 연구위원 이름으로 그런 취지의 글을 썼다. 내가 관심을 기울여보니 전진 배치에 관한 보도는 국방예산 편성에 커다란 영향을 주는 시기에 집중적으로 쏟아졌다. 그런 보도가 나오면 실체적 진실과 무관하게 한국이든 미국이든 국방예산을 깎지 못한다.

미국 태평양사령부의 국방예산을 그대로 유지하거나 증액하게 하려면 북한군이 군사력을 해마다 증강하고 그들의 기동성이 날마다 커진다는 보도는 물론 전진 배치설을 흘려야 한다. 핵 문제가 불거진 1993년 이후에는 계속해서 북핵 능력 고도화 쪽으로 보도가 나왔다.

한반도 문제 전문가, 북한 문제 전문가, 군사 전문가 같은 싱크탱크는 동아시아의 군사질서가 굉장히 유동적이고 위험하다는 식으로 글을 써서 예산을 편성하는 국방부 관리가 예산을 깎을 엄두를 내지 못하게 한다. 그리고 그들의 배후에는 군산복합체가 있다. 그렇게 해서 예산이 늘어나면 군산복합체는 한미 군사 분야 회담을 전후해 신형 무기가 나왔다는 정보를 흘린다.

봄마다 진행하는 한미연합훈련은 북한에는 굉장히 위협적인 군사행동이지만 군산복합체 입장에서는 무기시장을 유지 혹은 확산하는 중요한 행사다. 그리고 군산복합체와 관련된 방위산업체 언저리의 전역 군인에게는 돈을 벌 기회다.

공포 분위기를 조성해 거의 폭력적으로 무기를 판매하는 미국

군산복합체는 미국의 백악관을 움직인다. 보잉, 록히드마틴 같은 대형 무기제작사의 하청업체와 무기 공장이 미국 50개 주에 흩어져 있는데, 각 주의 물량과 록히드마틴이 어느 공장에 얼마를 발주할지는 백악관의 대통령이 결정한다. 그때 각 주의 상원의원과 주의원은 모두 대통령에게 자기네 주에 물량을 많이 배당해달라고 매달린다.

미국의 역대 대통령 중에는 상원의원이나 하원의원 경력을 갖춘 사람도 있지만 주지사 출신도 있다. 그들은 선거로 그 자리까지 간 사람들이라 돈을 쥔 군산복합체나 하청업체의 요청을 무시할 수 없다. 그런 관계에 얽매이지 않고 대통령 자리에 오른 사람이 바로 트럼프 대통령이다.

기업에 신세를 지지 않은 대통령이 자기 마음대로 하니 아마도 기존 여론 지도층과 예산에 영향을 미치는 군산복합체 사람들은 내심 불편할 것이다. 자기네 먹이사슬 밖에 있어서 손아귀에 들어오지 않으니 말이다. 그들은 어떻게든 트럼프를 흠집 내 조종하고 싶을 게 분명하다. 우리 언론이 군사 전문가로 인정해 계속 말과 글을 인용하는 사람과 싱크탱크도 모두 그 먹이사슬 안에 들어가 있다고 봐야 한다.

나는 북한의 군사력과 핵 능력 정보가 실제 이상으로 부풀려져 있다고 생각한다. 우리는 그런 정보를 좀 깎아서 들을 필요가 있다. 미국의 한반도 전문가들도 가만 보면 북한의 능력을 실체 이상으로 부각해서 글을 쓰는데, 그렇게 한국이 국방예산을 깎지 못할 정도로 불안감을 조성하면 미국의 태평양사령부나 주한미군도 예산을 깎지 못한다.

보잉이나 록히드마틴은 미국 행정부를 통해 한국 정부에 신무기가 나온다는 정보를 전달한다. 그런데 그들은 한국에 무기를 판매하면서 상당히 폭력적이다.

"이런 신무기가 나올 예정이니 선금 내!"

우리가 선금을 내고 3년, 5년이 지나도록 물건을 받지 못해도 클레임은커녕 받아간 선금 이자까지 미국 차지다. 우리가 그 이자를 주한미군 부담금으로 대체해달라고 해도 해주지 않는다.

사실 한국은 북한과 관련해 정보 주권이 없다. 미국은 오산 미군기지 레이더로 북한군 동향을 파악해 정보를 얻지만 미국에 이익이 되는 것만 우리에게 내놓고 보도한다. 그야말로 미국 군산복합체와 연결된 이익집단과 한국 국방부 주변 기득권 세력이 한미동맹을 하는 셈이다.

2000년대 초부터 노무현 정부 때까지 '남북한 군사력 비교'를 했는데 그것이 국방비를 깎을 수 없다는 논리를 제공했다. 문제는 이것이 정성분석이 아니라 정량분석이라는 점이다. 그러니까 북한에 있는 6.25전쟁 때 쓰다 남은 소련제 전투기, 못 쓰는 녹슨 탱크,

소총까지 모두 숫자를 헤아려 비교하는 정량비교를 한 것이다. 결국 북한은 우리보다 군사력이 늘 우위에 있었다.

심지어 한국은 북한보다 국방비를 40배 더 쓰는데 전쟁을 하면 육군의 국방력이 북한의 86퍼센트라고 했다. 한국이 14퍼센트 부족하다는 말이다. 이는 국방비를 깎지 않기 위해 애쓰는 사람들 때문에 벌어진 일이었다.

북한 핵도 교묘히 이용한 측면이 있다. 한마디로 미국의 군산복합체와 남한의 안보 장사꾼의 이해가 맞아떨어진 셈이다. 언제나처럼 그들은 비대칭 전력을 들먹였다.

영국의 국제전략문제연구소^{IISS}가 해마다 발간하는 《군사력 평가 자료$^{The Military Balance}$》에는 미국, 러시아, 중국 등 전 세계 국가의 군사력을 비교한 내용이 나오는데 전부 정량비교다. 병력 숫자만 나올 뿐 무기의 명중도나 전투력 같은 정성비교 자료는 없다. 그런 식이면 북한의 움직이지 못하는 탱크도 공격용이 되어버린다.

미국이 북한을 계속 위협의 원천으로 유지해온 역사는 민주당이든 공화당이든 정권을 초월한다. 미국의 언론, 학계 전문가, 군산복합체가 한 덩어리로 먹이사슬을 형성해 그 안에서 잘 먹고살고 있다. 그러자니 그들은 북한의 군사력을 실체 이상으로 과장해서 해석해야 한다.

북한 역시 미국이 말하는 자신들의 군사력은 과장이라고 말하지 않는다. 자신들이 한국이나 미국에 위협적인 존재가 되어야 협상 대상으로 인정을 받기 때문이다. 그 점에서 북미는 적대적인 협조, 적대적인 공조를 하는 셈이다.

1994년 영변 핵시설 폭격 계획의 뒷이야기

'악마' 북한을 혼내주는 과정에서 동맹인 한국이 조금 피해를 봐도 그 정도는 한국이 감수해야지 미국이 그것까지 챙길 필요는 없다는 식으로 무책임하게 말하는 사람은 늘 있었다. 가장 위험했던 순간은 미국이 북한의 영변 핵시설을 폭격하려 한 1994년 초여름이었다. 그때 폭격 계획을 세웠다는 말이 흘러나왔는데 나는 의도적인 누설이라고 본다. 진짜 실행할 생각이었다면 감쪽같이 때리지 않았을까? 그러지 않고 슬쩍 흘린 것을 보면 북한 압박 목적이 크고 실제로 때릴 생각은 거의 없었다고 봐야 한다.

그때 공포와 불안을 자아내는 여러 전망이 나오고 한국 정부가 불안해하는 상황에서 주한미군사령부는 북한의 영변 핵시설을 파괴했을 때 투자 대비 효과가 있는지 따져보았다. 그 생각을 따라가보자.

영변 핵시설 하나를 없애는 일은 사흘이면 끝난다. 북한은 전진 배치한 장사정포, 방사포로 서울을 향해 불을 뿜을 테고 의정부, 서울, 오산까지 불바다가 된다. 그러면 한국이나 미군도 가만히 있을 수 없다. 여기에 중국까지 개입하면 3차 세계대전^{The Third World War}이 일어난다.

이 경우 300만 명이 사망한 6.25전쟁 때보다 훨씬 많은 인명 피해가 발생하고 전비는 1천억 달러에 이른다. 전쟁이 끝나고 한국을 원상 복구하는 데 30년이 걸리며 3천억 달러의 복구비가 들어간다. 3천억 달러를 복구비로 쓰면 다른 것은 아무것도 할 수 없는 상황에 놓인다.

여기까지 이르자 미국은 슬슬 겁을 냈다. 뒷감당을 어찌할 것인가. 전후 복구에 30년이 걸리고 3천억 달러가 드는 것은 추후 문제고 당장 사람이 죽어 나가면 누가 이런 짓을 벌였는지 도덕적 책임을 따질 테니 당연히 '미국 나가라'는 말이 나올 게 빤한 일이었다. 결국 그들은 영변 핵시설 폭격은 가성비가 낮은 계획이라고 내부적으로 결론을 냈다.

미국이 북한과 핵 문제를 협상하다 지쳐 영변 핵시설 폭격 계획이 나온 것인데 어쨌든 미국은 이걸 어떤 명분으로 중단할지 퇴로를 모색했다. 그때 지미 카터 전 미국 대통령이 평양에 가서 김일성 주석과 회담해 남북정상회담을 제안받고 돌아왔다. 미국은 북한을 위협하느라 주한 미국대사의 가족을 도쿄로 빼내는 소위 후송 Evacuation 훈련까지 했다. 그걸 본 김일성 주석은 '단순한 블러핑이 아니구나' 싶어 정상회담 카드를 꺼냈고, 미국은 그 핑계를 대고 폭격하지 않았다.

당시 카터를 평양으로 가게 만든 사람은 김대중 대통령(당시 아태평화재단 이사장)이다. 1994년 5월 24일 김대중 대통령은 미국 기자클럽NPC에서 연설을 했는데 그 내용은 대충 이렇다.

"지금 이대로 놔둘 경우 한반도에 전쟁이 재발하고 그러면 수백만 명이 죽는다. 제발 이걸 좀 막아 달라. 클린턴 정부가 세우고 있는 영변 핵시설 폭격 계획을 중지시킬 영향력 있는 사람이 움직여줬으면 좋겠다. 현 정부와 말이 통해야 하고 또 그 자신에게 그럴 의지가 있어야 한다. 내가 볼 때는 카터 전 대통령이 최적임자다."

그날 김영삼 대통령이 엄청나게 화를 냈다. 미국이 북한을 혼내줘야 하는데 김대중 이사장이 쓸데없는 소리를 해서 일을 망친다면서 말이다. 카터가 북한에 갈 때 미국의 백악관과 국무부는 "우리는 그 사람과 아무 관련이 없다. 그는 개인적으로 가는 거다"라고 했지만 실제로는 군용기를 내줬다. 김일성 주석이 정상회담 카드를 꺼내자 미국은 안도의 한숨을 쉬었다.

미국은 북한을 굉장히 위험한 존재로 부각시킨 다음 북한이 세게 나오기 전에 그걸로 장사를 한다. 막상 쳐야 할 때는 치지 못하고 협상으로 문제를 풀려고 한다. 실제로 폭격을 가하면 군산복합체가 무기를 팔아 얻는 이익과 소위 국제평화, 세계평화 수호자로서의 이미지로 얻는 이익을 포기해야 하니 손해가 훨씬 더 크다.

미국을 움직이는 엘리트들의 이해관계 측면에서 북한은 계속 위협적인 존재로 남아 있을 필요가 있다. 앞으로도 그럴 것이다.

트럼프, 북미수교는 중국 인중에 꽂는 비수

트럼프는 왜 북한과 평화협정을 맺으려고 하는 걸까?

북미수교로 평양에 미국 대사관이 들어가는 것은 중국에 커다란 위협으로 느껴진다. 한마디로 그건 인중人中에 비수匕首를 꽂는 것이나 다름없다. 미국은 일단 대사관을 전진 배치해 동아시아 지역에서의 군사적·정치적 이익과 전략적 우위를 확보한 다음 중국을 압박하는 힘을 남중국해로 모을 수 있다. 어떤 면에서 중국의 동아시아를 향한 헤게모니 확장은 미국이 남중국해에서 막는 것이 훨씬 효과적이다.

중국이 남중국해에 비행장을 만들고 군사기지화한 지점이 인도양에서 태평양으로 가는 길목이다. 이곳은 일본, 한국, 대만을 비롯해 남아메리카와 미국 서해안으로 가는 유조선이 지나가는 길이다. 중국이 그곳을 지키고 있으면 태평양과 인도양의 미국 제해권이 축소된다.

전략적 측면에서 이 부분은 미국에 훨씬 더 중요하다. 사실 서울에서 베이징보다 평양에서 베이징이 더 가깝기 때문에 미국이 싼값으로 비핵화 약속을 받아내고 북한과 수교해 평양에 대사관이 들어가면 아주 유리하다.

대사관은 스파이가 모이는 장소다. 비싼 와이셔츠를 입고 커프스를 했다고 멋쟁이인 줄 알지만 실은 여기저기서 들은 첩보를 보고해야 한다. 스파이가 간첩은 아니지만 보거나 들은 것을 보고해야 하니 분명 스파이는 맞다.

미국이 중국과 수교할 때 초대 대표부 대표를 지낸 부시는 1977년 CIA 국장이 되었다. 주중 미국 대표부 대표가 CIA 국장이 되었다는 사실은 무얼 말하는가. 외교관은 상대국의 비밀사항까지 잡아내 보고해야 한다. 무역대표부든 일반대표부든 간판을 뭐로 달든 모두 정보수집가들이다. 그들은 서서히 협조자, 즉 미국을 위해

일할 친미세력을 포섭한다.

　외무부도 자신의 상대역인 국무부 사람을 만나 얻은 정보를 미주알고주알 보고해야 한다. 그 정보 보고서는 마치 초등학생 일기 같다. 그 탓에 대사관에서 들어오는 정보가 산더미처럼 쌓이는데, 재미는 없지만 가끔 그 안에 중요한 정보가 들어 있다.

　비록 군사기지가 들어가는 것은 아니어도 평양에 미국 대사관을 설치하면 중국 동향과 관련된 휴민트(Humint, 정보원이나 내부 협조자 등 인적 네트워크나 그를 통해 얻은 정보)를 엄청나게 수집할 수 있다. 중국의 일대일로一帶一路, 즉 과거의 실크로드뿐 아니라 바닷길로도 유라시아를 완전히 중국 영향권으로 만들려는 것을 차단하려면 미국은 남중국해 쪽으로 힘을 모아야 한다. 만약 내게 선택권이 있다면 그런 선택을 하겠다.

　미국 입장에서 중국을 견제하기 위해서는 북한을 끌어들이고 평양에 대사관을 설치해 중국 동향을 손바닥 들여다보듯 파악할 필요가 있다. 그것으로 일대일로 사업을 견제해 중국의 힘을 약화해야 한다. 이를 위해서는 북한과 수교해 핵 문제를 해결하는 것이 좋다. 다시 말해 북한이라는 변수를 활용해 미국의 군수산업을 유지하는 것보다 중국에 집중하는 것이 더 유리하다.

　나는 트럼프 대통령이 공개적으로 말하지는 못하지만 그런 계산을 하고 있다고 본다. 그걸 공개하면 그다음부터는 전략이 아니니 공개할 수는 없을 것이다.

미국 변수, 대통령뿐 아니라 의회도 있다

1994년 10월 미국과 북한은 제네바합의를 했다. 그것은 북한이 영변 핵시설 가동을 중단하면 그 대가로 미국이 3개월 내에 북미수교를 하기로 협상하고 북한에 경수로 발전소를 지어주며 중유도 공급해주기로 한 협약이었다. 하지만 그것은 2003년 완전히 파기되었다.

미 의회 반대로 제네바합의를 한 지 5년이 지나도록 북미수교를 위한 협상은 시작하지도 못했고 2003년부터 경수로 발전소 건설도 중단됐다. 그러자 북한은 영변의 원자로를 다시 가동했다. 우리는 북한이 일방적으로 제네바합의를 깼다고 알고 있지만 사실은 그렇지 않다.

1992년 이른바 북핵 위기 때도 북한이 국제원자력기구IAEA 특별사찰을 거부해서 위기가 일어났다는 미국의 목소리는 잘 들으면서 북한의 목소리는 등한시했다. 특별사찰이란 불심검문처럼 아무 때나 아무것이나 마음대로 열어보는 것을 말한다. 이것은 한마디로 북한을 주권 국가로 대하지 않겠다는 얘기다. 북한이 주권 존중 문제를 제기하며 그런 식으로는 못하겠다고 대응한 것은 당연한 일이다. 한데 미국은 자신들의 정당한 요구에 북한이 강력하게 저항한다며 모든 책임을 북한에 뒤집어씌웠다.

북한은 독재국가라 김정은 위원장이 지시를 내리면 그 진행이 일사천리다. 반면 미국은 법치국가이자 민주국가라 대통령 마음대로 되지 않는다. 의회에서 승인해주지 않으면 수교는 언감생심이다.

아무리 평화협정을 체결해도 의회에서 승인해주지 않으면 효력이 발생하지 않는다.

1919년 1차 세계대전이 끝나고 민족자결주의를 제창한 우드로 윌슨 대통령이 전쟁 재발 방지를 위해 유력한 국가들끼리 국제연맹League of Nations을 만들자고 제안해 모두 조약에 서명했다. 그런데 어이없게도 미 의회가 반대해 미국은 연맹에 들어가지 못했다. 만약 그때 미 의회가 승인했으면 국제연맹 본부는 뉴욕으로 갔을 테고 UN을 따로 만들 필요는 없었을 것이다. 무엇보다 1차 세계대전의 주범인 독일, 이탈리아가 다시 전쟁을 일으키지 못하도록 관리해 2차 세계대전 발발을 억제했을 가능성이 크다. 어찌 보면 미국이 국제연맹에 들어가지 못하는 바람에 2차 세계대전이 일어났다고 할 수도 있다.

이처럼 미국은 의회가 승인하지 않으면 대통령이 체결한 조약도 실질적인 효력을 발휘하지 못한다. 북미수교 결정은 미국 스스로 해야 하고 그것도 실질적으로는 대통령보다 의회가 해야 한다.

원심력 2: 중국

중국에게는 북한보다 미국이 문제다

중국의 입장에서도 북한 핵은 위협이다. 북한이 핵을 보유하면 미국에도 위협이지만 그것이 갑자기 중국 쪽으로 향하지 않으리라고 확신할 수 없기 때문이다. 국제정치에서 적과 동지는 항상 유동적이다.

중국은 북핵 문제를 해결해 북한이 미국과 가까워지는 것도 경계한다. 과거 중소 분쟁 시절 북한이라는 조그만 나라가 중국과 소련 사이를 왔다 갔다 하면서 큰 나라를 가지고 놀았듯, 앞으로 북미 관계가 개선되면 북한은 평양에 있는 중국 대사관과 미국 대사관도 그렇게 대할 가능성이 크다.

아마 시진핑 주석은 미국이 북한과 관계 개선을 도모하는 이유는 핵 문제 해결을 넘어 서태평양 일부와 인도양의 제해권에서 중국의 힘을 빼려는 데 있음을 간파했을 것이다. 중국의 입장에서 미국의 힘을 분산시키려면 한반도 문제가 그대로 남아 있는 것이 좋다. 우리와는 이해관계가 완전히 다른 셈이다.

사실 미중 간의 이런 힘겨루기 때문에 종전선언이 늦어지고 있다. 종전선언은 기본적으로 정전협정을 대체할 평화협정을 체결하는 입구다. 중국이 종전선언에 처음부터 참가하면 북미관계 개선 이후의 동북아 국제질서 속에서 자신의 지분을 높일 수 있다. 종전선언에 참가해야 동북아 국제질서를 법률적으로 설정하는 평화협정의 협상 당사자로서 정정당당하게 입장 정리가 가능하다.

중국은 정전협정 관리 때처럼 평화협정 관리에서도 미국과 같은 자격으로 비토하면 합의한 것이 더 이상 이행될 수 없도록 하는 힘을 갖고 싶어 한다. 반면 미국은 종전선언에서 중국을 빼려고 한다. 종전선언 이후 국제질서를 재편하는 과정 초반부터 중국이 들어오면 지분을 나눠줘야 하기 때문이다.

결정권을 양국이 나눠 갖더라도 5 대 5는 성립하기 어렵다. 중국은 최소한 6 대 4 정도라도 바라는데 미국은 그것조차 내주기 싫어한다.

정정당당하게 합격해 입학식 날부터 반편성에 들어온 학생과 반편성이 끝난 뒤 교실 뒤쪽에 서 있는 학생은 처지가 다르다. 중국은 자신이 입학생 명단에 있는데 입학식에 참석하지 못하는 것은 말이 안 된다는 입장이다. 자신이 정전협정 서명 당사자이므로 직접 서명한 협정의 무효나 폐기를 선언하는 자리에 빠지는 것은 말이 안 된다는 얘기다.

중국의 핵심 논리는 종전선언은 빠져도 평화협정에는 들어가겠다는 것이다. 중국이 북미수교는 막을 수 없지만 북한과 미국이 우호관계를 넘어 준동맹까지 가면 중국은 압박을 받을 수밖에 없다. 미국이 북한을 완전히 손아귀에 넣지 않고 반쯤만 장악하도록 해야 남중국해 쪽으로 들어오는 미국의 소위 대중^{對中} 압력 역량을 줄일 수 있다. 이를 위해서는 종전선언부터 평화협정까지 처음부터 같이 뛰어야 한다.

중국의 북한 압박 1, 2, 3

2018년 6월 시진핑 주석과 김정은 위원장의 세 번째 만남이 있었다. 그들이 처음 만난 2018년 3월 중국 측은 의전에 충분히 신경을 썼다. 시진핑이 불렀기 때문이다. 그 이전까지는 북한이 '내 어려운 사정을 털어놓을 테니 좀 만나주십시오' 하면 중국이 '그래, 와' 하는 식이었다고 한다.

사실 김정은은 자신이 중국에 가겠다고 할 때마다 아버지 때처럼 가림막도 쳐주고 베이징 공항에서 오토바이 줄을 세워 국빈관 조어대釣魚台까지 들어가게 해달라고 했단다. 하지만 중국은 그걸 거절했다. 김정은 위원장이 아쉬워서 찾아가면 중국은 의전에 신경 쓰지 않는다.

김정은 위원장이 두 번째로 중국을 찾아간 것은 존 볼턴 백악관 국가안보보좌관이 리비아 방식이다, CVID(완전하고 검증가능하며 불가역적인 비핵화)다 하니까 겁이 났기 때문이다. 혹시 이런 상황이 아니었을까?

'미국이 우리를 독 안에 든 쥐로 만들려고 완전히 목을 조르고 있는데 내(김정은)가 비명을 지르면 형(시진핑)이 쫓아와서 좀 구해줘.'

그들은 때마침 시진핑 주석이 다롄에서 열릴 항공모함 진수식에 참석하는 기회를 잡아 정상회담을 했다. 2018년 6월 19일부터 20일까지 있었던 세 번째 만남도 중국 쪽에서 불렀다. 6월 12일 북미정상회담을 한 뒤 일주일 동안 북한에서 보고하지 않자 중국이 궁금증을 참지 못하고 부른 것이다. 결국 두 번은 시진핑 주석이 부르고 한 번은 김정은이 찾아간 셈이다. 그때마다 중국은 이렇게 압박을 가했을 확률이 높다.

'종전선언에 우리가 들어가 북미관계 개선 후에 일어날 동북아시아 지역 지각 변동에서 처음부터 지분을 챙겨야겠다. 그 국제질서 재편 과정에서 우리의 지분을 네가 보장해야 해. 딴소리하지 마. 2006년에 부시가 한국 대통령하고 미국 대통령하고 네 아버지하고 셋이 종전선언을 하자고 3자를 얘기했는데, 2007년 6자회담 때 베이징 10.3 합의 과정에 4자가 들어간 거 똑똑히 알아둬. 그거 우리가 넣은 거야.'

이걸 확실하게 다짐받으려고 불렀을 확률이 높다. 중국을 넣지 않고 남북미로 하는 경우 평화협정 과정을 진행하기 어려울지도 모른다. 중국이 이렇게 겁을 줄 수도 있다.

'어디 너네끼리 해봐. 내가 사사건건 너를 힘들게 할 테니. 석유? 잠그면 어떻게 할 거야!'

김정은 위원장으로서는 체면을 구기지 않고 중국을 끼워 넣어야 하는데 미국에 직접 이야기할 수는 없는 입장이다. 그래서 한국의 옆구리를 찌르는 모양새다.

중국의 한국 압박

종전선언 문제가 나온 상황에서 2018년 5월 22일 한미정상회담을 한 문재인 대통령은 북미정상회담을 하기 전에 미국 대통령을 비롯해 러시아 대통령, 일본 총리와 전화 통화를 했다. 한데 중국 시진핑 주석은 계속 전화를 받지 않았다.

일주일 정도 지방에 갔다는 이유로 전화를 받지 않다가 어찌어찌 연결이 되었는데 전화를 받기 전날 통일부에서 "중국이 원하면 종전선언에 들어가야 한다"라고 했다. 사실 종전선언 주체 문제와 관련한 미국의 입장은 청와대나 외교부가 계속해서 공식 발표했다. 그리고 그날 오전 청와대 안보실은 다음과 같은 말을 했다.

"미중은 수교했고 한중도 수교했다. 북중관계는 아주 돈독하므로 적대성이 없는 나라는 들어올 필요가 없다. 남북 간, 미북 간에는 적대성이 남아 있으니 종전선언은 남북미 3자가 하는 것이 맞다."

미국으로부터 '논 페이퍼', 즉 수신자, 발신자 표시도 없는 메모를 통해 중국을 빼려는 억지 논리를 받은 것이다.

'너만 알아. 우리 공조하자.'

그날 오후 김대중도서관에서 열린 6.15 남북정상회담 18주년 기념 학술회의에서 내가 말했다.

"오늘 아침 청와대에서 종전선언은 남북미 3자가 하는 것이라는 발표를 했는데 이건 말도 안 되는 소리다. 종전선언을 하는데 정전협정 서명 당사자가 빠진다는 것이 말이 되느냐? 도대체 청와대가 왜 이러는가. 미국이 시킨 것이구먼."

거기에 참석한 이해찬 의원이 그렇다고 하자 그 내용이 바로 기사화되었다. 통일부는 3자 또는 4자라고 하면서 중국이 원하면 들어올 수 있다는 식으로 한 발 뺐다. 그 이튿날 문 대통령이 시진핑 주석에게 전화하자 그제야 받았다. 중국은 남북통일에서 원심력이다. 그들이 바라지 않는 한 평화협정은 이뤄지기 어렵다는 점을 잊지 않아야 한다.

원심력 3: 일본

미일동맹은 한미동맹보다 훨씬 격이 높다

동맹에는 A, B, C 등급이 있는데 미일동맹은 한미동맹보다 훨씬 격이 높다. 미국은 우리를 C급쯤으로 여기는데 미일동맹과 한미동맹이 같은 급인 줄 아는 사람이 많다. 절대 그렇지 않다. 쉽게 말해 미국이 일본에 파는 무기를 우리에게 다 파는 게 아니다. 일본에는 훨씬 더 고성능의 무기를 판다. 또 이스라엘에 파는 무기를 일본에 다 파는 것도 아니다.

우리의 처지를 정확히 알아야 한다. 사실 미국은 한국을 그리 중요시하지 않는다. 실상도 모르고 미국에 목숨을 거는 사람들을 보면 사랑채에도 들어가지 못하면서 마치 안방에서 밀담을 나누는 관계인 양 착각하는 것 같아 안타깝다. 이건 짝사랑에 불과하다.

전쟁이 끝난 뒤 일본은 미국의 마음을 잡기 위해 무진 애를 썼다. 대표적으로 워싱턴 D.C.의 국회의사당에서 링컨기념관까지 이어지는 내셔널 몰에 일본은 벚나무를 심어놓았다. 또 일본 기업들은 미국 유수의 싱크탱크 중에서도 동아시아 전문가나 일본 전문가를 집중 후원한다. 그들은 오랫동안 미국의 정책이 은연중에 일본에 유리한 방향으로 혹은 일본이 가고자 하는 방향으로 따라오도록 계획적으로 활동해왔다. 그러다 보니 한반도 문제, 특히 남북문제에서 일본이 미국에 미치는 영향력이 작지 않다.

미국에 로비를 하는 우리 쪽 사람이 100원을 쓴다면 일본은

1만 원을 쓴다. 무려 100배의 자금력으로 싱크탱크를 지원한다면 어느 쪽으로 바람이 불겠는가?

2018년 북미정상회담이 이뤄지고 남북관계가 빠른 속도로 개선될 때 처음에는 아베 신조 총리가 제동을 걸어보려 했다. 나는 트럼프 주변의 볼턴이나 마이크 펜스 부통령 같은 강경파는 대부분 일본의 영향을 받았다고 본다. 일본이 싱크탱크를 장악하고 있으니 직접은 아니어도 건너고 건너 그들의 얘기를 듣는 부통령이나 안보 보좌관은 일본 쪽으로 기울 수밖에 없다. 싱크탱크가 영향력이 있기 때문에 공화당이든 민주당이든 정부 인사든 어떤 점에서 다 장악하고 있다고 봐야 한다.

2018년 남북관계, 북미관계 개선은 아무튼 일본이 소외감을 느끼게 하는 정도로 일본에 교훈은 줬다고 본다. 이쯤에서 한국은 일본을 끌어안아야 한다. 미국에 매달려 북일정상회담을 하는 것보다 한국이 북한과 일본 사이에 다리를 놔주면 앞으로 북핵 문제를 풀어가는 과정에서 일본이 뒤로 장난치는 것을 막을 수 있지 않을까? 그래도 일본이 일을 벌일 수는 있지만 하나의 방법이 아닌지 생각해볼 필요는 있다.

1980년대 중반 한미통상 문제가 생겼을 때 비로소 한국은 로비를 해서 통상 압력을 완화해보려고 굉장히 노력했다. 그때 일본이 이미 미국 의회, 언론계, 학계 등에서 일본에 유리한 방향으로 얘기해줄 사람을 수없이 확보해 죽 관리해왔음을 알았다. 이는 제국을 꿈꾼 나라의 일종의 노하우일 수도 있다. 그러니 미국 입장에서도 비록 패전국이지만 만만한 상대는 아니라고 볼 수밖에 없다. 미국의 소위 지식층, 여론지도층이 일본을 만만하게 여기지 않고 중시하는 이유 중 하나가 여기에 있다고 본다.

비핵화 카드로 시간을 벌면서 딴짓한다고?

일부에서는 북한이 비핵화할 마음이 없는데 전쟁 준비할 시간을 벌려고 협상 테이블로 나온 것이 아니냐며 의심한다. 앞에서는 비핵화할 것처럼 회담하고 뒤로는 딴짓을 할 텐데 북한을 믿을 수 있느냐는 얘기다. 내가 40년 동안 학자로서 쌓은 지식과 회담 실무자로서 했던 경험에 비춰볼 때 2018년 현재 북한의 움직임은 제스처가 아니라 본심이다.

지금까지 북핵 역사를 보면 회담을 지속하는 동안만큼은 핵 활동을 중단했다. 이것은 미사일도 마찬가지다. 회담을 열지 않은 틈새시간, 즉 노마크 찬스를 이용해 이제껏 핵실험을 여섯 번 한 것이다. 2008년 12월 초 그러니까 이명박 정부 1년 차에 6자회담이 살짝 열린 이후 회담은 열리지 않았고, 그 9년 동안 북한은 핵실험을 추가로 다섯 번 더 했다.

북한의 핵 능력 고도화는 6자회담을 열지 못하게 한 쪽에서 책임을 져야 한다. 북한은 열지 말자고 하지 않았고 오히려 협상을 통해 빨리 비핵화 문제를 해결하려 했다. 먼저 비핵화해야 도와준다는 말은 순서가 뒤바뀐 것이다. 그럼에도 불구하고 이걸 강요하다가 6자회담은 멈춰버렸고 그동안 북한 핵은 고도화되었다.

회담은 북한이 핵 활동을 중단하는 조건에서만 시작하고 6자회담이 열릴 경우 반드시 사찰단이 북한에 들어간다. 군사강국 미국에는 첨단 과학 장비가 많아서 공중에서 카메라로 찍고 소리로도 탐지하기 때문에 얼마든지 감시가 가능하다. 따라서 일단 회담이 열리면 북한은 절대 뒤로 나쁜 짓을 할 수가 없다. 뒤로 무슨 짓을 할지 모른다는 걱정은 하지 않아도 된다.

그보다 우리가 주목해야 할 점은 북한이 경제발전은 불가피하고 더는 미룰 수 없다고 판단해 북미관계 개선에 적극 나섰다는 사실이다. 이런 상황에서 회담하는 척하며 딴짓을 할 수 있겠는가. 그 증거로 "우리가 약속을 어기면 미국이 우리를 그냥 두겠습니까?"라는 김정은 위원장의 말은 북한의 비핵화 약속에 진정성이 있음을 보여준다.

북한은 이미 시장경제를 시작했다

북한은 왜 박봉주를 총리에 앉혔을까

북한은 이미 시장경제를 시작했고 이제 돌이킬 수 없는 상황이다. 2002년 통일부 장관으로서 남북장관급 회담에 참석했는데 북쪽의 회담대표단 단장이 내게 지나가는 말처럼 이야기했다.

"거 듣자 하니 남쪽 경제가 지난 2, 30년 동안 불처럼 일어났다는데 그 비결을 좀 배워주라요."

북한이 우리에게 경제를 배우겠다는 것은 군사적 적대관계에서 경제적 협력관계로의 변화를 보여주는 반가운 조짐이다. 그때 문득 김영삼 대통령 시절 청와대 비서관을 함께하고 한국개발연구원KDI 연구조정실장으로 오래 근무한 김중수 박사에게 들은 말이 생각났다.

"한국개발연구원에 동남아시아 국가의 경제 관리들을 위한 교육 프로그램이 있는데 사실 이걸 북쪽 사람들한테 가르쳐주고 싶다."

김 박사의 말을 떠올린 나는 간단히 대꾸했다.

"멀리 중국이나 베트남까지 가지 말고 그 원본인 남쪽으로 오시오. 그러면 많은 걸 알게 될 거요."

그러자 북한은 2002년 10월 25일 경제시찰단 열여덟 명을 서울로 보냈고 그들은 15일 동안 한국의 웬만한 산업단지는 모두 돌아보았다. 그들을 경제고찰단이라고 불렀는데 '시찰단'은 일본식 표현이고 중국에서는 '고찰단'이라고 한다. 북한 사람들은 중국식 한자를 많이 쓴다.

북한의 경제시찰단은 마지막 일정으로 기흥에 있는 삼성전자까지 돌아본 뒤 곧바로 평양으로 가지 않고 또다시 15일 동안 싱가포르, 말레이시아, 태국을 돌아보고 평양으로 돌아갔다. 그들은 아마 남한의 경제발전 모델을 보고 상당히 감명을 받았을 것이다.

그때 북한 경제시찰단의 실질적인 결정권자는 장성택이었고 한국개발연구원 원장이 된 김중수 박사가 옆자리에 배석했다. 서로 주고받은 이야기, 특히 남쪽 사람들의 말을 가장 열심히 메모하고 가는 곳마다 질문을 많이 해 수첩에 기록한 사람이 지금의 박봉주 내각총리다. 당시에는 화학공업상이었다.

시찰단이 남쪽에 내려오기 전 북한은 이미 개방개혁을 염두에 두고 석 달 전인 2002년 7월 1일 '7.1경제관리 개선조치'를 내놓은 상황이었다. 그래서인지 한국 경제와 동남아시아 경제 발전상을 보며 열심히 질문하고 보고서를 쓴 박봉주가 총리가 된 뒤 장마당이 나오기 시작했다. 2005년쯤 장마당이 400개니, 500개니 하는 말이 나왔는데 지나온 시간을 고려하면 지금 많이 늘어난 것은 아니다.

이런 식으로 경제발전을 도모하던 북한은 핵 문제에 따른 제재로 인해 밖에서 자본과 기술을 끌어들이지 못했다. 여기에서 벗어나기 위해 작심한 북한은 2016년 5월 로동당 7차 당대회에서 국가 경제발전 5개년 계획을 결정했고, 그 조건을 갖추고자 전에 자위自衛 수단이던 핵무기를 협상카드로 쓰고 있다.

"미국이 두려워할 만큼 핵무기를 가졌으니 협상 능력이 생겼다. 이제 핵무기와 북미수교를 바꾸자."

북한은 이러한 계산으로 핵무기를 포기하고 경제발전을 선택한 것이다.

북한, 핵 포기하고 경제 선택했다

김정은 위원장은 2018년 신년사에서 이렇게 말했다.

"이 땅에 화염을 피우며 신성한 강토를 피로 물들일 외세와의 모든 핵전쟁 연습을 그만두어야 하며, 미국의 핵 장비들과 침략 무력을 끌어들이는 일체 행위들을 걷어치워야 합니다."

이 신년사보다 더 중요한 것이 2016년 5월 7차 조선로동당 당대회에서 제시한 조선로동당 중앙위원회 사업총화 보고다. 김정은 위원장은 이 보고를 바탕으로 2016년 5월부터 경제를 선택했다. 조선로동당 중앙위원회 사업총화 보고는 직전 당대회부터 이번 당대회까지 당에서 무슨 일을 했는지, 국가를 어떻게 운영했는지 총정리한다. 그리고 그 토대 위에 앞으로 어떤 방향으로 나아갈 것인지 정책 방향을 제시한다.

따라서 신년사보다 사업총화 보고가 훨씬 더 중요하다. 이 내용을 자세히 들여다보면 일단 김정은의 브랜드인 '핵·경제 병진노선'을 강조한다. 자신들은 이미 핵실험을 다섯 번이나 한 핵보유국이므로 이제 핵 비확산 책임(북한식 용어로 '핵 전파방지')의 의무를 성실히 이행하겠다고 말한다. 이것은 핵보유국으로 인정해달라는 의미다.

그때부터 '국가 경제발전 5개년 계획'을 공표하며 앞으로 핵이 아니라 경제에 중점을 두겠다고 말했다. 경제 쪽에 방점을 찍은 김정은 위원장은 자신이 집권한 이후 북한 주민이 먹고살기가 좋아졌다고 인식하도록 하겠다는 정책을 이미 발표했고 2018년 그것을 더 구체적으로 말했다.

그런데 북한의 경제발전 열쇠는 미국이 쥐고 있다. 미국과의 관계를 개선하지 않으면 제재 해제는 말할 것도 없고 세계은행이나 아시아개발은행 등에서 차관을 들여올 수 없다. 물론 북미수교를 이루려면 미국이 원하는 비핵화를 행동으로 옮겨야 한다. 혹시 북한은 이런 결단을 내린 게 아닐까?

'이제 죽어라고 개발한 핵무기가 훌륭한 협상카드로 작용해 이걸 포기하는 대가로 수교를 받아낼 수 있다. 이걸 포기하면 평화협정을 받아낼 수 있다. 그러면 우리의 경제 상황을 바꿀 수 있다.'

북한이 평창올림픽에 온 것은 문재인 대통령의 등에 업혀 태평양을 건너 워싱턴 D.C.로 가려는 계산이 섰기 때문이다. 그런 까닭에 2018년 1월 1일 신년사에서 김정은 위원장이 "평창올림픽의 성과적 개최를 진심으로 바란다", "평창올림픽에 대표단을 파견할 용의가 있다"고 먼저 참가를 제안한 것이다. 그걸 놓치지 않은 한국은 그야말로 날아가는 화살을 손으로 잡듯 딱 기회를 포착해 1월 2일 바로 답을 했다.

"좋다. 회담하자."

북한이 1월 4일 응답했고 남북고위급회담을 1월 9일에 열기로 합의했다. 문 대통령은 트럼프 대통령에게 회담할 거라는 사실을 전화로 알렸고 트럼프 대통령은 남북대화를 100퍼센트 지지한다고 말했다. 이는 우리가 남북관계를 개선해 북미관계 개선으로 가는 다리를 놓겠다는 의미고, 북미관계 개선에 다리를 놓는다는 것은 핵 문제 해결의 단초를 마련하겠다는 뜻이다.

북핵 문제는 북미 간에 대화가 이뤄져야 풀린다. 이것은 미국이 북한과 수교하지 않으면 끝까지 해결할 수 없는 문제다. 결국 미국이 핵무기를 가져다 해체하는 식으로 해결될 가능성이 크다. 북한이 그런 그림을 알고 있기에 신년사에서 기정사실화한 '핵·경제 병진노선' 내지 '핵보유국으로서의 지위 유지'를 포기한 것이다. 2018년 1월 9일 남북고위급회담을 끝낸 다음 날 문재인 대통령과의 통화에서 트럼프 대통령이 말했다.

"앞으로 남북대화가 이어지는 동안만큼은 미국의 대북 군사적 행동은 없다는 것을 그들에게 알려주시오."

북한은 달라져야만 했다

1950~1960년대 북한은 전쟁을 준비했다

우리가 볼 때 1950년대 북한은 기억 속에서 사라졌으면 싶을 정도로 공격적이고 위험한 집단이었다. 1960년대 남북이 체제 경쟁을 시작한 이후 한국이 5.16 군사쿠데타에 이어 경제개발계획을 착착 진행하자 북한은 한국에 뒤지지 않으려고 여러 가지 장난을 쳤다. 1960년대 초까지는 북한이 더 잘살았다. 한국은 이승만 때는 경제개발계획이 없었고 장면 정권에서 만든 계획을 박정희 정권이 가져다 썼다.

군사정권이 경제개발을 하면 나중에 6.25전쟁을 보복하기 위해 밀고 올라올 가능성이 있다고 본 북한은 소련과 중국으로 가서 조소동맹과 조중동맹을 체결했다. 그래도 불안한지 4대 군사노선, 즉 전민무장화, 전군간부화, 전토요새화, 전군현대화를 채택했다. 이 중 전군간부화는 졸병에게 간부훈련을 시켜 전쟁이 나면 그들이 장교가 되고 새로 들어오는 신병은 졸병이 되는 식이다.

그때 북한의 전쟁 준비는 남한의 박정희 정권이 쳐들어올지도 모른다는 불안감 때문이었다. 1961년 5월 16일 당시 새벽에 KBS방송국에 가서 총을 들이대고 읽게 한 '반공을 국시로 한다'를 혁명공약 1호로 삼고 시작한 군사정권이라 그럴 만도 했다. 여기에다 한국은 경제력까지 북한을 따라잡으려 하니 위협을 느낀 것이다.

북한이 볼 때 미국을 끼고 있는 한국이 경제발전까지 시작하면 굉장히 위험했다. 사실 미국은 우리에게 돈을 주지 않았다. 한국은 서독에 보낸 광부와 간호사의 인건비를 담보로 해서 돈을 꿔왔고 일본에게 받은 배상금을 활용했다. 미국은 한국이 일본에게 돈을 받아 경제발전에 쓰게 하려고 한일협정을 재촉했다.

1960년대에 북한은 남한에 뒤질까 굉장히 우려했기 때문에 방해공작에 심혈을 기울였다. 소위 월북자들을 다시 남쪽으로 보내 한국 정권에 여러 가지 도덕적 흠집을 냈고 대남모략도 강화했다. 한마디로 북한은 남남갈등이 일어나도록 조장하는 나쁜 짓을 많이 했다. 이것은 일명 '남쪽 두 쪽 내기' 전략이다. 남쪽 인구가 두 배 많지만 반정부나 반미로 돌아서게 만들면 결국 수적으로 북쪽이 1 대 1에서 2 대 1로 올라간다고 생각한 것이다. 1968년 울진, 삼척에 무장공비가 내려왔는데 당시 북한은 이런 오판을 했다.

'남쪽 민심이 박정희한테 떠나고 있으니 이렇게 들어가도 크게 비난받을 일은 없다. 권력 공백이 생기면 남쪽 사람들끼리 싸우는 과정에서 우리가 마음대로 할 수 있는 사람은 아니어도 최소한 박정희보다 좀 쉬운 사람이 집권할 거다. 그럼 그때 가지고 놀 수 있다.'

당시 북한은 박정희를 제거해줬으니 남쪽에 대고 잘하라거나 협조하라고 할 수 있을 거라고 착각했다. 이건 그야말로 완전한 오판이었다. 6.25전쟁 때도 그런 식으로 오판했다. 무조건 밀고 내려가기만 하면 사람들이 쌍수를 들어 환영하고 군량미도 제공할 거라고 착각했다는 말이다. 북한은 남한에서 자기들에게 협조하는 사람이 있을 거라는 가정 하에 말도 안 되는 전략을 1970년대까지 썼다.

1971년 적십자회담은 탐색이 더 중요했다

1971년 무렵부터 한국은행 추계로 한국의 1인당 GDP가 북한을 앞서기 시작했다. 그리고 1972년 박정희 대통령은 8.15 경축사에서 '선의의 체제 경쟁'을 제안했다. 오히려 이것은 북한에 굉장한 공포를 안겨주었다. 자신들을 완전히 따돌릴 수 있다는 자신감의 표현이라 믿었기 때문이다.

그러다 보니 북한의 대남분열 공작은 더 심해졌는데 1971년 7대 대통령 선거에서 김대중 후보가 난데없이 '4대국교차승인론'과 '남북교류협력론'을 들고 나왔다. 물론 국제정치적으로 보면 이것은 난데없는 일이 아니었다. 끝도 없는 군비경쟁에 지친 미국과 소련이 이미 1969~1970년 화해했고 미국과 중국도 화해로 가는 걸 보고 김대중 후보가 화해 협력을 주장한 것이다. 대국 사이에 화해 협력의 바람이 부는 틈을 타 우리도 교류협력을 하되 미·일·중·소 4대국이 먼저 남북을 교차 승인해달라는 얘기였다.

북한의 입장에서는 큰 흐름에서 볼 때 김대중이라는 사람이 숨 쉴 시간적 여유를 주니 나쁘지 않은 주장이었다. 반면 박정희 대통령은 김대중 후보를 북한 정권 협조자 비슷한 꼴이라 하여 빨갱이로 보았다. 여하튼 정치인 김대중은 '남북교류협력'이라는 어젠다를 자기 것으로 만들었다.

1971년 선거가 끝나자마자 남한 정부는 대한적십자사를 앞세워 8.15남북이산가족상봉을 제안했다. 이는 북한이 계속 우리에게 위협적인 존재인지 아니면 우리가 완전하게 영원히 따돌릴 수 있는지 확인하려는 목적이 컸다. 그 목적은 북한도 마찬가지였다.

박정희 대통령이나 김일성 주석의 입장에서는 미국과 소련이 화해하는 것이 불안했다. 동맹국이 적국 동맹국과 손을 잡으면 우리가 공격을 당했을 때 도와주지 않을 게 아닌가. 남한과 북한은 미국과 소련에게 버림받을지도 모른다는 불안감 때문에 당사자끼리 서로 전쟁을 벌일 가능성이 있는지 직접 확인하고 싶어 했다.

가서 보자! 그렇게 각각 확인한 결과 양쪽 다 안심했다. 남한이 보기에 북한에 남한을 칠 여지는 없는 듯했고, 북한도 남한을 보니 경제가 좀 좋아졌는데 남한 사람들이 하는 방식으로 봐서 무슨 일을 벌일 것 같지는 않았다.

1971년 첫 적십자회담의 목적은 이산가족상봉에 있었지만 결국 이산가족상봉은 이뤄지지 않았다. 본심이 다른 곳에 있었던 탓이다. 1970년대 남북대화에서는 본질적 토론으로 들어가지 않았다. 그저 다람쥐 쳇바퀴 돌듯 계속 주변부 이야기만 하고 조건 타령만 했다. 그러면서도 회담을 끊지 않은 이유는 계속 확인해야 했기 때문이다.

1970년대 북쪽의 남북대화 전략은 현란한 공개 비난이었다. 특히 군사정권을 공격하면서 자기들의 정당성을 강조했다. 한국은 한국대로 김일성 독재나 숙청사를 바탕으로 '저쪽은 도덕적으로 나쁜 정권'이라는 것을 부각시켰다. 그러니까 1970년대에는 북한과 남한 모두 똑같은 싸움을 했다. 말로는 선의의 체제 경쟁을 하자고 했지만 실제로는 선의가 아니라 악의의 체제 경쟁을 한 셈이다.

1972년 7.4남북공동성명도 어찌 보면 1971년에 시작한 적십자회담 과정에서 서로 상대방이 치지 못하리라는 것을 확인한 뒤 그 상태를 몇 년 끌고 가자는, 즉 공존하자는 것을 합의한 약속에 가깝다. 서로 약속하지는 않았지만 7.4남북공동성명을 만들어놓고 한국은 유신체제를, 북한은 수령체제를 시작했다.

1980년대, 몽상이 남아 있었다

1970년대 중반 넘어 한국이 경제적으로 북한을 훨씬 앞지르고 1980년대부터 북한 경제가 제로성장을 하자 북한은 1980년대에 꼬리를 내렸다. 1950~80년대 북한에 변화를 일으킨 변수는 경제력, 국제관계, 군비였다.

1960년대 초 경제개발을 시작한 한국이 안보를 미국에 맡기고 국방비에 쓸 돈을 경제 건설에 쓴 것도 한국경제가 빨리 일어난 요인이다. 반면 중국과 소련이 지원해주면서 간섭하자 국방에서 자주를 선언한 북한은 안보를 소련과 중국에 맡길 수 없었다. 당시 북한은 중공업 중흥에 힘써 무기 산업을 일군 덕분에 재래식 전력 장비는 북한이 훨씬 앞섰다. 한국은 무기를 사다 쓰고 북한은 자체 개발했다.

국방을 독자적으로 해결해야 했던 북한은 1960년대 초 국방·경제 병진노선을 내세웠다. 경제를 무시할 수 없어서 국방·경제 병진이라고 했지만 비중은 국방에 있었고 결국 북한 경제는 주저앉았다. 북한은 1980년대부터 제로성장을 했으나 아직 경제성장이 멈춘 것을 피부로 느끼기 전이라 감히 '수령'이 내놓은 국방·경제 병진노선에 문제가 있으니 수정하자는 말을 할 수 없었다.

김정은 시대 들어 경제에 주목하는 것은 김 위원장이 알아서 하는 것이라기보다 밑에서 '이 정도면 핵은 협상카드로 적당하니 이제 경제 쪽으로 갑시다' 하고 제안했을 가능성이 크다. 그만큼 북한은 과거보다 많이 자유화했다.

1980년대까지만 해도 북한에는 한국에 혼란을 조장하면 우위에 설 수 있을 거라는 몽상이 남아 있었다. 1960년대에는 한국이 형편없이 못살던 시절이라 북한이 남한을 끌고 갈 자신이 있었기에 그쪽에서 연방제를 제안했다. 북한은 그게 아니면 남북경제협력위원회라도 만들자고 했다. 당시 경제적으로 뒤처진 한국을 북한이 경제로 예속할 수 있을 거라고 계산했기 때문이다.

그런데 한국의 경제가 점점 좋아지자 1980년 6차 당대회를 열면서 이른바 '고려민주연방공화국 창립방안'이라는 걸 내놓았다. 당시 전두환 정권은 이를 철저히 거부했는데 고려민주연방공화국 창립방안에는 이런 의미가 담겨 있다.

'남조선이 우리보다 경제적으로는 앞서는지 모르지만 정치적으로는 5.18 광주민주항쟁을 계기로 완전히 혼란 상태니 전두환 말고 용공^{容共}·연공^{聯共}할 수 있는 사람이 집권할 상황이 된 게 아닌가. 지금 군부가 저렇게 포악한 짓을 했으니 남조선 인민이 각성해서 민주화운동을 하는 김대중이나 김영삼을 뽑아줄 수 있다. 그들이 집권하면 박정희·전두환 때와 달리 공산당과 연합한다. 연공까지는 아니어도 용공·공산주의를 용납하는 정권이 들어설 수 있다. 그럼 우리가 숨을 쉴 틈이 생기고 경우에 따라서는 다시 우위에 설 수 있다.'

북한은 1980년 10월까지만 해도 이런 착각을 했다.

1991년, 김일성은 헬리콥터를 보낼 만큼 좋아했다

1990년대 북한은 회담을 하면서 장난칠 생각을 하지 않았다. 이는 한국은 두 자릿수 성장을 지속하는데 북한은 마이너스 성장으로 돌아선 데다 소련이 러시아만 남기고 동유럽을 놓아버리는 바람에 어쩔 수 없는 선택이었다.

'더는 너희를 먹여 살리지 못하겠다!'

소련은 러시아만 남기고 우크라이나, 벨라루스, 에스토니아 등 열다섯 개 공화국을 모두 풀어주었다.

1980년대 말 경제가 무너진 북한은 한국이 두 자릿수로 고속 성장해 1990년대 중반 1인당 GDP가 1만 달러에 이르자 자기네가 먹힐지 모른다고 생각했다. 이미 그 이전부터 김일성 주석은 북한이 한국에 흡수통일될지도 모른다는 공포감을 느꼈다. 이를 반영하듯 1989년 1월 1일 신년사에서 그는 이렇게 말했다.

"이제 통일은 누가 누구를 먹거나 누가 누구에게 먹히는 식으로 되어서는 안 됩니다."

노골적으로 흡수통일은 안 된다고 말한 것이다. 그로부터 열 달 후인 11월 9일 베를린 장벽이 무너지고 1990년 10월 3일 동서독이 통일하자 북한은 '이제 죽는구나' 싶었을 터다.

1991년 1월 1일 김 주석은 신년사에서 '동서독처럼 하면 안 된다'는 생각에 흡수통일은 안 된다고 말한 1989년 1월 1일의 신년사를 반복했다. 그러면서 연방제도 강도를 낮춰야 한다고 강조했다.

"이제 연방제도 느슨한 형태로 가야 합니다."

그때 감을 잡은 한국은 총리급 회담에서 '북한을 절대 흡수통일하지 않는다'는 약속이 담긴 기본합의서를 만들어주었다. 1989년부터 북한이 흡수통일에 공포감을 느끼고 있음을 확인한 한국이 총리급 회담을 제안한 것이다. 그 합의서를 작성한 날 김 주석은 회담 대표단이 탈 헬리콥터를 개성으로 보냈다. 기차를 타고 가면 네 시간이 걸리는데 어찌나 좋은지 그 네 시간을 기다리지 못해 헬리콥터를 보냈다는 얘기다. 혹시 그는 이렇게 말하지 않았을까?

'이걸로 적들의 발목을 잡았다. 이것은 천군만마보다 위력하다. 동무들, 수고했다.'

그런 뒤에도 불안해한 북한은 1992년 1월 미국에 가서 미군 주둔을 전제로 수교만 해달라는 식으로 사정했다. 미국은 수교를 해주지 않았다. 그때 북한은 미국이 언젠가 자신들을 치겠다는 의미로 알아들었다.

'남한이야 어차피 힘이 없고 미국이 따라오라면 따라가니 무서운 건 미국인데, 결국 미국이 군사적으로 치겠다는 얘기다. 당하지 않으려면 핵이 필요하다.'

그때부터 북한은 핵무기 개발에 들어갔다. 남한에게 흡수통일을 하지 않겠다는 기본합의서로 체제 보장을 받았으니 미국이 미군 주둔을 전제로 수교를 해주어 체제 보장을 받았다면 북한은 핵무기를 만들지 않았을지도 모른다.

1990년대 들어 북한은 소위 '투 코리아'를 제시하면서 UN 가
입신청도 한국보다 먼저 했고 결국 남북이 UN에 동시 가입했다.
시간이 흐를수록 북한은 회담장에 나와 말장난하는 것이 줄어들었
고 실리를 챙기는 쪽으로 선회했다. 그들이 달라진 것이다.

남한의 경제지원을 받기 시작했다

1990년대 북한 경제는 점점 더 나빠졌다. 1994년 김 주석이 김
영삼 대통령에게 정상회담을 제안한 데는, 미국의 영변 핵시설 폭
격을 막아내는 동시에 경제가 월등히 좋아진 남한 대통령에게 무언
가를 받아낼 계산이었다고 본다. 김 주석이 우리에게 제시할 구체
적인 요구 목록을 작성하기 위해 자기네 사정을 돌아보니 보고와
달리 형편없었단다.

보고서에는 '경제가 대단히 좋아졌다. 작년 대비 120퍼센트 달
성이다'라고 올라왔는데 확인해보니 실제로는 엉망이었던 것이다.
이때 받은 스트레스도 김 주석이 갑자기 사망한 원인 중 하나가 아
닌가 싶다. 결국 김영삼 대통령과 김 주석은 만나지 못했다.

늘 기고만장하며 어떻게 해서든 남쪽을 두 쪽 내려고 모략·선
전·선동하던 북한은 1980년대 초반 이후 그런 자세를 버렸다. 그들
의 본심은 정상회담에서 경제를 지원받는 것으로 바뀌었다. 김 주
석이 사망한 다음 해인 1995년 북한은 UN의 식량원조기구인 세계
식량계획^{WFP}에 식량을 지원해달라고 구호를 요청했다.

그때 일본이 쌀 50만 톤을 주겠다고 치고 나오자 김영삼 대통

령이 먼저 주겠다고 했다. 그 이전의 북한이라면 절대 한국이 주는 쌀을 받지 않았겠지만 이번에는 받았다. 그런데 주는 과정에서 불미스러운 일, 즉 〈조선일보〉가 문제 삼은 '청진항 인공기 계양 사건'이 터졌다. 이건 북쪽 사람들이 잘못한 건데, 그들이 쌀을 싣고 가는 배에 총을 들이대며 인공기를 달라고 요구한 것이다.

원래 베이징 남북회담에서 북한이 한국에서 쌀을 보낸다는 걸 알릴 수 없다고 해서 우리 배에 태극기든 인공기든 달지 않고 표시 없이 가기로 남북이 합의했는데, 그 합의사항이 청진항 당국자에게 전달되기도 전에 배가 들어가는 바람에 사달이 난 거다. 북한은 그 정도로 통신시설이 좋지 않았다.

해안을 지키는 북한 군인들은 남의 나라 배가 방문국 깃발, 즉 인공기를 달지 않고 들어오자 총을 들고 와서 깃발을 달라고 요구했다. 한국 선장이 "깃발을 달지 않기로 합의한 것으로 안다"고 했지만 "우리는 연락을 받지 못했다. 깃발을 달라!"며 총을 쏘려고 하니 선장은 할 수 없이 깃발을 달았다.

쌀을 내려주고 공해상으로 나온 선장이 부산 본사에 그 얘기를 전달하자 부산 본사는 생각 없이 그걸 기자들에게 터뜨렸다. 그 다음 날 아침 〈조선일보〉는 '퍼주고 뺨 맞기'라는 사설을 썼고 그때 처음 남남갈등이 불거졌다. 그 사건 이후 김영삼 정부에서는 더 이상 쌀을 주지 않았다.

김대중 정부 들어서는 비료를 주기 위한 회담을 했다. 1998년 4월 내가 회담 수석대표로 갔는데 북한 사람들의 태도가 이전과 확연히 달라졌다. 1970년대 말 판문점에서 파이프를 물고 위압적인 자세를 보이던 모습은 사라지고 가급적 미소를 지으며 나와 눈을 마주치려 애쓰는 게 역력했다. 내게는 그것이 비료 한 톨이라도 더 도와달라는 것으로 보였다. 참으로 격세지감이 느껴졌다.

나는 북한의 변화를 현장에서 체험했고 정상회담 이후 쌀과 비료를 본격적으로 보내던 2000년대로 넘어오자 우리가 하는 말이 통하기 시작했다.

"쌀과 비료를 계속 받고 싶으면 절대 비무장지대에서 총소리가 나지 않게 하라. NLL 가까이에서 어부들을 잡아가지 말고 함부로 월선하지도 마라. 군사적으로 조금도 이상한 짓을 하지 마라. 총소리가 나면 가던 배도 되돌려야 한다. 1995년 처음 쌀을 가져갈 때 사고가 나자 두 번째로 가던 배가 원산까지 들어갔다가 되돌아 나오지 않았느냐. 여론이 나빠지면 우리는 그렇게 할 수밖에 없다. 쌀과 비료를 계속 받고 싶으면 절대로 그런 짓을 하지 않도록 군부에 얘기해라. 경제를 지원하는 대가로 군사적 긴장을 완화한다는 것이 햇볕정책의 정당화 논리인데 그렇게 해야 할 것 아니냐!"

이러한 논리는 1970년대만 해도 있을 수 없는 일이었다.

물론 북한의 핵과 미사일은 위험하지만 재래식 병력 측면에서 북한은 상대가 되지 않는다. 북한은 GDP가 400억 달러고 한국은 1조 5~6천 달러다. 2018년 한국 국방비가 420억 달러니 북한 GDP가 한국 1년 국방비에 불과한 셈이다. GDP가 한국의 40분의 1이라는 것은 그야말로 엄청난 격차다.

한국보다 미국이다

한국이 북한을 나쁘게 보는 것은 반공교육 영향도 있지만 북한이 빌미를 준 측면도 많다. 여기에는 51퍼센트의 진실이 있고 이는 북한도 인정했다. 박근혜 자서전《절망은 나를 단련시키고 희망은 나를 움직인다》에 보면 2002년 평양에서 김정일 위원장을 만났을 때 김 위원장이 1968년 울진·삼척 무장공비 사건을 두고 "68년 때는 좌익맹동주의자들이 잘못을 저질렀다"라고 했음을 기록하고 있다. 그 이전인 1972년 이후락 당시 중앙정보부장이 평양에 김일성 주석을 만나러 갔을 때도 "1968년 1.21과 울진·삼척 사건 때 좌경맹동주의자들이 그런 짓을 했는데 다시는 그런 일이 없도록 하겠다"고 했다. 북한이 자신들의 잘못을 시인한 셈이다.

1990년대부터 북한은 생각을 바꿨다.

'이제 체제 경쟁은 더 이상 의미도 없고 할 수도 없다. 남조선을 두 쪽 내는 것도 틀렸다. 통일은 먼 훗날의 목표로 미뤄놓고 지금은 투 코리아로 가자. 체제라도 보장받자.'

그때부터 북한은 한국이 북한을 흡수하는 것보다 미국이 군사적으로 치는 것을 더 두려워했다. 한국이 북한을 군사적으로 친다는 생각은 하지 않았다. 하지만 미국이 한반도라는 전략적 요충지를 완전히 자기 것으로 만들려고 북한을 칠지도 모른다는 공포와 위기감은 있었다. 앞에서 말했듯이 실제로 미국이 영변 핵시설 폭파를 검토할 만큼 아슬아슬한 순간도 있었다.

그런데 미국이 군사적으로 아무리 막강할지라도 북한을 치려면 명분이 있어야 한다. 선전포고하고 선제공격하기 위해서는 제3자가 볼 때 '저놈이 맞을 짓을 했네' 하는 것이 있어야 하는데 북한은 거기에 걸려들 만한 짓을 하지 않았다. 힘없는 나라가 큰 나라 사이에서 시달리다 보니 북한도 살길을 찾는 데는 그 나름대로 재주가 있다.

오해는 풀자

개성공단 인건비, 금강산 관광비로는 핵무기 못 만든다

개성공단으로 들어간 돈이 가장 많을 때도 일 년에 6천480만 달러에 지나지 않는다. 문을 닫기 직전 개성공단에서 일한 북한 노동자는 5만 4천 명이었다. 개성시 인구가 17만 명에 불과한데 할머니를 빼고 움직일 수 있는 여성은 다 나와도 모자라 개풍군 사람들까지 데려와서 5만 4천 명을 확보해준 것이다. 북한 여성들도 남한 여성들만큼 솜씨도 좋고 부지런하며 쉬지 않고 일한다.

그들의 한 달 인건비는 본래 약 70달러지만 여러 가지 잔업수당 등을 합쳐 기본적으로 100달러나 120달러가 나간다. 간단하게 100달러로 계산하면 한 달에 540만 달러, 일 년에 6천480만 달러다. 그러니까 전체 인건비라고 해봐야 1억 달러도 안 되는 금액이다.

금강산 관광을 시작할 때 현대는 관광객 숫자와 관계없이 일 년에 1억 5천만 달러씩 최소 3년을 보장하기로 했다. 그렇게 문을 열었는데 관광객이 생각만큼 오지 않자 현대가 대충 이런 식으로 고충을 털어놓았다.

"도저히 안 되겠다. 너무 까다롭게 구니 관광객이 오지 않는다. 금강산에 가서 괜히 봉변당할 일이 없다는 인식이 생겨야 관광객이 늘어날 거다."

그때 관광객 수만큼 관광수익을 계산하는 식으로 바꿨는데 이는 현대가 북한에게 일종의 시장 개념을 넣어준 것이다. 당신들이 하기에 따라 관광객이 늘어날 수 있다는 것을 가르쳐준 셈이다. 그러자 관광객에게 눈을 부라리던 것과 어딘가에 잘못 앉았다가 벌금을 물리는 것이 없어졌다. 덕분에 관광객 숫자는 늘었지만 일 년에 그 수익이 1억 달러에도 미치지 못했다.

금강산 관광은 1998년부터 시작했고 개성공단은 2005년부터 돌아갔으나 초기에는 노동력이 1만 명도 되지 않았다. 그러다 공장이 더 들어가면서 124개 업체에 5만 4천 명이 일한 것이 절정이었다. 개성공단과 금강산 관광으로 북한에 들어간 돈을 최대로 합해도 일 년에 2억 달러에도 미치지 못한다. 그 돈으로는 절대 핵무기를 만들지 못한다.

심지어 우리가 보낸 쌀을 팔아 핵무기 개발 자금으로 썼다는 어리석은 주장을 하는 사람도 있다. 그걸 다 싣고 나가 중국에 팔아도 경쟁력이 없다. 2년 된 쌀을 중국에서 왜 사 먹겠는가? 오히려 운임비가 더 들지 않겠는가.

2005년 미국 의회의 공식 싱크탱크인 미의회조사국CRS은 북한이 핵실험을 하기 직전 보고서를 냈는데, 이를 보면 이러한 생각이 완전한 착각임을 알 수 있다. 미의회조사국은 미국 국회의원들이 입법 활동에 활용하도록 기초자료를 만들어주며 해마다 각국 핸드북도 발행한다. 그 제목을 보면 가령 '경제시장으로서의 싱가포르', '무기시장으로서의 한국', '무기시장으로서의 일본' 하는 식이다.

2005년 〈CRS리포트(미 의회조사국 보고서)〉에서 북한 관련 내용을 보면 북한에는 군대에서 특별히 운영하는 군수공업위원회가 있는데, 미국과 사이가 좋지 않은 나라들과 무기 거래를 해 일 년에 10억 달러씩 벌어 그 돈을 기술 개발과 확대 재생산에 투자한다고 나온다. 2009년 초여름에 낸 〈CRS리포트〉에는 북한이 이란과의 무기 거래만으로 연간 10억 달러 정도를 번다는 내용이다.

지구상의 모든 나라가 미국의 말을 잘 듣는 것은 아니다. 미국과 적대관계에 있는 나라도 많고 미국과 사이가 나쁘지는 않지만 정치적·경제적 이유로 북한과 거래하는 나라도 있다. 북한은 군수경제와 인민경제가 나뉘어 있고 군수경제에서 번 돈은 인민경제로 넘어오지 않는다. 그리고 인민경제에서 번 돈은 푼돈에 불과해 군수경제에서 빼앗아갈 필요가 없다.

실제로 북미협상 때 미국이 미사일을 발사하지 말라고 하자 북한이 노골적으로 말했다.

"우리가 이걸로 돈을 벌어 평화가 올 때까지 군대와 군사력을 유지하고 외국에 팔기도 해야 하는데 발사를 못하게 하면 어떻게 하나. 신종 미사일이 나왔을 때 쫙 쏘아 성공하는 모습을 보여야 팔릴 거 아니냐. 우리가 이걸로 10억 달러씩 벌어서 쓰고 있다는 건 당신들도 인정하잖냐. 이걸 못하게 하려면 그 돈을 우리한테 대신 달라. 기회비용을 물어달라."

미국에서 10억 달러는 너무 많고 5억 달러는 쳐줄 수 있다고 흥정까지 한 적이 있다.

북한은 지난 10년 동안 죽어라고 노력해 경제를 되살리기 시작했다. 우리에게 배워간 그대로는 아니겠지만 많은 부분에서 받아들일 것은 받아들여 실험을 거쳐 성과를 내고 있다. 우리 돈이 없으면 북한이 못살 거라는 생각은 우리의 착각이다.

우리가 쌀 지원해준 것, 북한 주민도 안다

우리가 북한에 쌀을 보낼 때는 겉에 '쌀 40kg 대한민국'이라고 인쇄한 포대에 넣어 보낸다. 2002년 쌀 40만 톤, 즉 40킬로그램짜리 포대 1천만 개가 북한으로 갔다. 2003년과 2004년에도 각각 1천만 개를 보냈고 2005년 정동영 통일부 장관 때는 10만 톤을 더 늘려 1천250만 개를 보냈다. 전체 포대가 4천250만 개가 간 셈인데 그 포대는 가볍고 찢어지거나 타지 않는다. 그걸 북한 주민이 온갖 용도로 사용하면서 '쌀 40kg 대한민국'이라고 쓴 빈 포대가 지금도 돌아다니고 있다.

심지어 2017년 압록강·두만강변을 다녀온 한국 기자들이 망원경으로 보니 어떤 사람이 자전거를 타고 가다 비가 오자 뭘 쓰고 갔는데 자세히 보니 '쌀 40kg 대한민국'이라는 글씨가 뒤집어져 있더란다. 포대를 잘라 바느질을 해서 패치워크처럼 비옷을 만들어 입고 다니는 사람도 있는데 그 민심이 어떻겠는가.

그것이 남쪽에서 왔다는 걸 북한 주민도 다 안다. 북한 정권에서 그런 것까지 가릴 수는 없다. 그러니 남쪽에서 지원해준다는 것을 북한 주민이 모른다는 것은 잘못 알고 하는 말이다.

한국은 쌀이 남아돌고 북한에는 2년 된 쌀을 준다. 그래도 그들은 고맙다고 눈물겹게 이야기한다. 일부에서 군량미로 비축할 위험이 있다고 해서 아예 방아를 찧어 보낸다. 군량미로 비축하려면 벼 상태로 보관해야 하므로 우리가 보낸 쌀은 군량미로 쓸 수 없다. 그것도 3년 이상 지나면 먹지 못하고 떡을 할 수도 없다.

혹자는 '자생력을 키워주면 기운을 차려 다시 주먹 쥐고 나올 거다, 총을 들고 남침할 거다'라고 하는데, 논리적으로는 말이 되지만 나는 현실적으로 일어날 수 없는 일이라고 본다. 사람이란 경제가 좋아져 배가 부르면 그다음부터는 더 맛있는 걸 찾고, 더 맛있는 걸 먹으면 노래 부르고 싶고 춤추며 구경 다니고 싶어진다.

기운이 생기면 그동안 나를 도와준 놈을 때려죽이고 싶어 할 거라고? 거기도 사람 사는 곳이다. 경제적으로 자생하도록 도와준 사람을 상대로 다시 군사력을 쓴다고? 한국은 순전히 경제적 지원만 하는 게 아니라 사회문화적 교류협력도 활성화하고 있다. 자꾸 교류하다 보면 자연스럽게 마음이 연결될 수밖에 없다.

북한을 더 압박하면 핵 문제를 해결하기 어렵다

한국은 물론 미국과 일본에서도 북한을 더 압박해 핵 문제를 해결하자는 주장이 적지 않지만 사실은 그 반대다.

2005년 9월, 4차 6자회담 2단계 회의에서 합의한 9.19 공동성명은 정동영 장관의 200만 킬로와트 대북 송전 계획과 쌀 추가지원 구상이 큰 역할을 했다고 볼 수 있다. 2005년 6월 17일 정동영 장관이 김정일 위원장과의 회담에서 북핵 6자회담에 복귀하고 남북관계 복원에 나서겠다는 두 가지 약속을 받아냈다. 정동영 장관이 쌀을 10만 톤 더 늘려 50만 톤을 지원하면서 남북관계가 좋아졌고, 그걸 토대로 북한이 6자회담에서 미국에 요구하는 수준을 낮추도록 설득했다.

다른 한편으로 미국에 대북압박 일변도로만 나가지 말라고 설득하고, 중국에는 '우리가 이 정도로 해놓았으니 회담을 열어 마무리하자' 해서 합의에 이르렀다. 나는 9.19 공동성명은 한국 정부의 적극적인 역할이 없었으면 나올 수 없었다고 본다. 그것은 정동영 장관과 이종석 국가안전보장회의[NSC] 사무차장의 공로로 인정하고 기록에 남겨야 한다.

북한은 핵을 포기하는 대가로 미국·일본과 국교정상화, 5개국 경제지원, 체제안전을 보장해줄 평화체제 구축을 받아냈다. 이쯤이면 북한은 핵 카드 하나로 엄청나게 남는 장사를 한 셈이다. 그러니 북한이 핵을 포기하지 않을 이유는 없었다.

공동성명 합의와 발표는 미 국무부 쪽과 진행했는데 당시 미국 정부에는 네오콘들이 아직 남아 있었다. 그때 재무부 쪽 네오콘이 움직이더니 9.19공동성명을 발표한 다음 날 마카오의 방코델타아시아^{BDA}에 예금한 북한 자금을 동결해버렸다. 미 국무부 주도로 어렵게 합의한 것을 네오콘들이 재무부 쪽을 움직여 단순히 압박만 한 것이 아니라 사실상 9.19공동성명 자체를 뒤집어버렸다. 그렇게 9.19공동성명은 잉크가 마르기도 전에 표류했다.

미국의 본심을 의심한 북한은 미사일 사거리를 늘리고 핵폭탄을 만들기 시작했다. 2006년 7월 4일 북한은 미국독립기념일에 대륙간탄도미사일을 발사했다. 이는 북한을 건드리지 말라고 미국에 보내는 경고이자 차기 협상에서 더 큰 대가를 받아내기 위한 포석으로 볼 수 있다. 북한이 방코델타아시아 자금 동결 문제로 미사일을 발사하자 UN은 미국 주도로 제재결의안 1695호를 만들어 대북 제재를 시작했다. 더 강하게 나온 북한은 2006년 10월 3일 핵실험을 예고한 뒤 10월 9일 1차 핵실험을 단행했다. 북한은 제재를 뚫고 1차 핵실험을 했고 제재가 가장 심할 때 가장 많이 핵실험을 했다.

북한 핵은 우리 핵이 될 수 없다

현재 전 세계 '핵'은 강자의 논리에 따라 관리되고 있다. 최초로 핵무기를 개발한 미국, 미국에게 당하지 않으려고 두 번째로 핵무기를 개발한 소련 그리고 소련과 사이가 나빠지면 불안해서 핵을 개발한 중국. 가르쳐주지 않아도 척척 만들어내는 걸 보면 핵무기 개발에 비밀스런 고도의 기술이 필요한 건 아닌 모양이다. 영국과 프랑스도 핵무기를 보유하고 있는데 그들의 논리는 이렇다.

'우리는 상임이사국으로 법과 규정을 잘 지키는 나라니 핵을 가져도 돼. 나머지 나라는 안 돼. 너무 위험해!'

이러면서 선진국들이 핵을 관리하는 것이 소위 핵비확산조약 NPT이다. 핵무기는 허용하지 않지만 핵을 방사선 치료 같은 핵의학, 농업용처럼 평화적으로 이용하는 것은 얼마든지 쓰도록 보장한다. 이런 '핵 비확산 체계'를 관리하는 곳이 국제원자력기구, 즉 IAEA 다. 나머지 국가가 이상한 짓을 하면 반드시 들어가 모두 뒤져서 없애는 것이 IAEA의 역할이다. 만약 말을 듣지 않으면 그다음부터 제재에 들어간다. 지금 북한이 받는 제재는 핵무기를 보유하려 하기 때문에 가해지는 것이다.

일부에서는 북한의 핵을 굳이 없앨 이유가 어디 있느냐고 반문한다. 북쪽이 만들었지만 통일하면 우리가 써도 되는 게 아니냐는 논리다. 이건 정말 천지분간 못하는 소리다. 통일하려면 핵 폐기를 조건으로 교류협력을 활성화해 하나의 체제로 통합이 이뤄지도록 끌고 나가야 한다. 핵을 보유한 상태에서는 통일하기 어렵다. 어쩌다 통일을 할지라도 핵을 보유한 코리아, 즉 하나가 된 한국Unified Korea은 그날부터 핵을 포기할 때까지 제재를 받는다.

지금 북한은 제재를 받아도 죽지 않고 버틸 수 있다. 왜냐하면 대외 경제의존도가 10퍼센트에 불과하기 때문이다. 한국은 대외 경제의존도가 90퍼센트에 이르기 때문에 우리가 북한 수준의 제재를 받으면 일주일도 버티지 못한다.

북한은 만만치 않다

북한은 작지만 큰 나라를 가지고 논 경험이 있다

1950~1960년대 공산국가에서 최고지도자를 향한 충성심을 종교 수준으로 만들어 시간당 생산력을 높이는 '운동'이 벌어졌다. 소련의 스타하노프운동, 북한의 천리마운동, 중국의 대약진운동이 그것인데 당시 노동자들은 죽어라고 일해야 했다.

1950년대 중반 스탈린이 사망한 뒤 권력을 잡은 니키타 흐루쇼프는 스탈린 시대 모델(군수경제 중심의 중공업, 개인숭배 아래의 노동력 동원)의 한계를 깨닫고 소련 경제발전을 위해 시장원리를 상당 부분 도입했다. 그 시기 중국 모택동은 대약진운동을 시작했는데 이는 스탈린 모델이다.

결국 중국이 살아남기 위해 쓰는 모델이 나쁘다고 하는 흐루쇼프의 소련과 중국 사이에 이념 분쟁이 시작되었다. 정권을 수립한 지 7~8년에 불과한 북한은 그동안 따라온 스탈린 모델을 버리고 흐루쇼프식으로는 갈 수 없었다. 김일성을 우상화해 그 힘으로 노동자들이 열심히 일하도록 만드는 정치문화가 필요했던 북한은 소련을 비판했고 자연스럽게 중국 편에 섰다.

그때 북한은 경제적으로 중국의 도움을 받았는데 소련 역시 북한을 자기편으로 끌어들이려고 북한을 도와주었다. 문제는 중국도, 소련도 경제적 지원을 하는 만큼 북한을 간섭한다는 데 있었다. 그 간섭을 물리치려 한 북한은 등거리 외교를 하면서 소련과 중국을 왔다 갔다 하며 재미를 봤다. 그렇게 양쪽에서 뜯어낸 덕분에 북한은 1960년대 말까지 한국보다 잘살았다.

그처럼 덩치 큰 소련과 중국을 가지고 논 경험이 있기에 지금 북한은 미국과 중국 간에도 그런 외교를 하려는 것 같다. 중국에 완전히 붙지 않고 일정 거리를 유지하면서 미국과 관계 개선을 노리며 양쪽을 왔다 갔다 하는 식이다. 당분간은 대미관계를 확실히 개선하는 것이 가장 중요하지만 김정은 위원장이 중국에 세 번이나 쫓아가 시진핑 주석의 힘을 빌려 미국의 대북 압박을 견제하는 것을 보면 북한은 정말 호락호락하지 않다.

1950~1960년대, 즉 중소 분쟁 시대에 이른바 '자주외교'를 하며 양쪽에서 경제적 이득을 취한 경험을 미중 갈등 시대에 재현하려는 게 김정은 시대의 북한 외교라고 본다. 만약 북한이 중국식 경제발전을 따르면 중국은 북한을 도와주면서 완전히 자기 것으로 만들려고 할 테니 북한은 중국과 가깝게 지내면서도 일정 거리를 둘 필요가 있다. 그래서 미국에 베트남식으로 개혁개방할 테니 도와달라고 하는 것이다.

북한 변수, 10년 전 요구와 다르다

남북문제를 둘러싼 상황이 김대중 정부나 노무현 정부 때와는 많이 달라졌다. 우선 그때는 북핵 문제가 지금처럼 고약하지 않았으나 이명박 정부 이후 문제가 커져 햇볕정책을 본격적으로 쓸 수 없다. 북핵 문제를 빨리 해결하고 북미정상회담, 한중회담, 한일회담, 한러회담까지 진행해 6자회담이 열리면 그때부터는 북핵 문제 해결 과정이 시작된다. 그걸 10년 전과 똑같은 방식으로 할 수 있을까?

이제 북한은 10년 전과 똑같은 지원은 거부한다. 그때는 지원만 해줘도 고맙다고 했지만 지난 10년 동안 압박과 제재 속에서도 경제가 굴러가 먹고살 게 된 까닭에 지원이 아니라 경협사업을 많이 하자고 요구한다. 예를 들면 철도, 도로, 항만 같은 사회간접자본SOC의 현대화를 도와달라는데 말이 그렇지 해달라는 것이나 다름없다. 이 경우 돈의 규모가 커진다.

또 다른 문제는 비핵화 과정 가운데 하나인 핵무기 폐기다. 북한의 핵시설과 핵물질은 폐기하면 끝나지만 핵무기는 폐기하라고 해서 그냥 내놓지 않았다. 과거 우크라이나가 보유하던 핵무기는 소련이 들고 나가 해체했다. 소련 시절 잔뜩 개발해 우크라이나 땅에 배치한 핵무기를 소련 해체 후 방치하고 있었는데 결국 미국이 돈을 주어 들어내 해체했다. 북한의 핵무기는 우크라이나가 보유한 것보다 개수는 적을 테지만 아무튼 사다가 해체해야 한다. 한국에는 그 기술이 없지만 해체비용을 우리에게 내라고 할 가능성이 크다.

비핵화 과정은 시간이 오래 걸리는 일이다. 그만큼 북미수교를 위한 평화협정과 북미 간 관계 개선도 시간이 걸릴 것이다. 그렇지만 한국은 마냥 기다릴 수 없다. 비핵화와 북미관계 개선 과정을 시작하면 우리는 곧바로 남북관계 개선을 시작해야 한다. 그래도 김대중·노무현 정부 10년 동안의 경험이 있으니 곧바로 살아날 수 있을 것이다. 다만 이제는 그 규모가 커졌으므로 빨리 돈을 벌어야 한다.

10장

통일의 구심력

더 강한 구심력이 필요하다

요즘은 연애하면 집안 어른들이 말릴 수 없지만 옛날에는 부모가 '그 집안과는 절대 안 돼!' 하면 결혼하기가 어려웠다. 여기서 부모의 반대가 결혼의 원심력이다. 그런데 만나고 또 만나면서 둘 사이에 믿음과 사랑이라는 구심력이 커지면 결혼을 반대하는 부모의 원심력은 힘을 쓰지 못한다.

지금 한반도에는 통일 구심력과 원심력이 작용하고 있다. 원심력이 반대할 수 없는 통일 조건은 무엇일까? 남북통일을 이루고 말겠다는 구심력이 확실히 강해지면 막을 길이 없다. 남북 7천500만이 '우리는 통일을 해야겠어. 우리끼리 하나의 정부를 만들고 하나의 국기를 들고 하나의 애국가를 부르면서 올림픽에 나가야겠어. 그러니 방해하지 마!' 할 정도로 통일 구심력이 커져야 한다. 그러면 현재의 분단 상태를 지지하면서 이득을 노리는 통일 원심력이 힘을 쓰지 못한다.

지금 평화가 왔다고 해도 우리는 통일로 갈 수 없다. 경제협력을 해도 시너지가 크지 않다. 남북 간의 경제 격차가 너무 벌어져 있고 사회문화적 이질성도 크기 때문이다.

먼저 평화 정착을 위해 힘쓰고 두 개의 국가지만 통일한 것이나 다름없을 정도로 남북이 소통하고 왕래해야 한다. 교류협력을 활성화하고 상호의존성을 키우는 통일 과정을 거쳐 최종적으로 한 국가, 한 국민, 한 정부, 한 체제로 국기·군대·애국가가 하나인 통일로 나아가야 한다.

통일까지 이렇게 가면 미국도 중국도 반대할 수가 없다. 절대 미·중·러·일의 도움을 받아 통일하겠다는 생각을 하면 안 된다. 여기까지 가는 동안 우리는 주변국가의 도움은커녕 그들의 방해와 견제를 어떻게 물리칠 것인지 생각해야 한다. 남북의 결합력, 즉 구심력이 원심력보다 더 커져야 한다.

돈이 가면 마음이 움직인다

통일독일은 동독이 붕괴해 서독에 흡수통일된 것이 아니다.

1969년부터 베를린 장벽이 무너진 1989년까지 근 20년간 서독은 꾸준히 동독을 먹여 살렸다. 그러다 보니 동독 사람들의 마음이 서독으로 넘어갔다. 통일은 먼저 마음과 마음을 연결하고 사회문화적 동질성을 키워가다가 마지막에 정치적으로 통일하는 것이다.

독일은 마음을 연결하기 위해 처음에 현금으로 시작했다. 베를린 장벽이 무너질 때까지 서독에서 동독으로 넘어간 현금과 현물이 총 1천44억 도이치마르크다. 이것을 달러로 환산할 때 환율이 1.6 대 1 또는 2 대 1일 경우도 있는데 1.8 대 1로 하면 580억 달러다. 이 액수를 20년으로 나누면 연간 29억 달러다. 해마다 29억 달러씩 20년을 준 덕분에 동독 사람들의 마음이 넘어온 것이다.

동서독은 한반도와 달리 크리스마스나 부활절에 서로 가족 방문을 허용했다. 왕래를 하니 서로의 사정이 빤히 드러났고 서독 사람들은 동독에 갈 때마다 돈을 가져가서 썼다. 그러다가 그 정도로는 부족하다 싶어 돈을 지원하고 우편 교류도 하고 신문과 방송도 개방했다.

동서독이 처음부터 신문을 개방한 것은 아니다. 경제적 지원이 깊어져 그것이 끊기면 오히려 동독이 불안해지는 상황에 이르자 방문 체류일수를 연장했고, 이어 동서독 경계에서 환전해 가져갈 수 있는 돈의 액수를 늘렸다. 그다음에 신문 개방이 이뤄졌다.

서독에서 동독으로 가는 현금과 현물이 정례화해 이른바 '상호 의존성'이 생긴 뒤, 인권을 개선해야 동독 지원을 계속하겠다는 서독의 설득이 압력으로 작용해 동독은 도리 없이 그걸 받아들였다.

수면 위에서 교류협력, 인권 개선이 일어나기까지 수면 밑에서 많은 돈이 서독에서 동독으로 갔다는 사실을 결코 잊어서는 안 된다.

현금과 현물을 지원하는 한편 사회 개방과 인권 개선을 권하면서 왕래의 폭을 넓히고 심화한 덕분에 동독인의 마음이 서독으로 다 넘어간 상태에서 몸마저 넘어온 것이 1989년 11월 9일의 베를린 장벽 붕괴로 이어졌다. 투표로 체제를 결정할 때, 동독인의 절대다수가 서독 체제를 선택했고 결국 자유민주주의 체제로 통일이 이뤄졌다.

교류협력은 이념 아닌 비전이다

서독 정부가 처음부터 서독 문화나 경제를 동독에 전파해 그들이 서독을 동경하도록 만들고자 돈을 보낸 것은 아니다. 단지 동독이 너무 어려우니까 좀 도와줘야겠다는 차원에서 시작했다. 접촉이 깊어지면 자연스럽게 적대관계가 사라지고 서로를 이해하는 정도로 발전하지 않겠느냐는 생각이었다. 그들은 통일은 먼 훗날의 일이고 쉽게 되지도 않는다고 여기면서도 동독을 도와주었다.

많은 한국인이 미국을 좋아하는 이유가 무엇인가? 1950년대 후반부터 1960년대에 우리가 먹을 것이 없어서 고생할 때 미국이 보내주는 잉여농산물을 먹고 살아남은 기억이 남아서다.

그렇게 통일을 멀리 내다본 독일은 오히려 통일했고 통일을 입에 달고 산 남북은 아직 날이 멀었다. 먼저 적대관계를 해소해야 한다. 저런 놈들하고 무슨 경제를 같이 운영하고, 저런 것들하고 왜 사회문화적으로 같이 어울려야 하느냐는 반감 말이다. 이런 적대감이 있으면 경제·사회문화적으로 하나가 되어야겠다는 생각이 나지 않는다.

반면 적대관계가 사라지면 순리에 따라 경제공동체가 만들어지고 사회문화적으로도 일체감을 느낀다. 비핵화와 북미수교로 가기까지 또한 남북이 통일에 이르기까지 계속 나아가게 해줄 통일 구심점은 어디에서 생길까? 바로 교류협력이다.

교류협력이 그런 파급 효과를 낳는다. 교류협력을 하다 보면 그렇게 될 수밖에 없다. 독일의 경우 자주 왕래하다 보니 동독 사람들 마음속에 서독처럼 살고 싶다는 마음이 퍼져갔다. 그 흐름을 알아챈 서독 정부는 '선거로 결정하자'고 했고 독일은 그렇게 구심력이 커진 상태에서 투표로 결정했다.

동서독에는 전쟁이 없었기에 우리와 같은 적대감이 없었다. 물론 서독 보수정권 시절에는 동독을 향한 적대감이나 거리감을 키우려고 이른바 정치교육을 했다. 반공의식을 키우기 위해 동쪽에서 도둑이 넘어오는 만화도 만들었다. 정치교육은 쉬우면 잘 먹히지 않는가. 더구나 베를린 장벽이 무너지기까지 동독에서는 서쪽에 간첩을 보냈다.

세세하게 다 따지면 아무것도 하지 못한다. 그런 짓을 하지 못하도록 만드는 것이 교류협력이고 지원이다. 진보정권이 동독을 지원할 때 보수야당은 퍼주기니 어쩌니 하며 심하게 반대하지 않았다. 마찬가지로 남북 교류협력이나 대북지원을 '퍼주기'로 보는 인식을 고치지 않는 한 북한 사회 변화는 끌어낼 수 없다. 남북 화해협력을 심화하는 것은 더욱더 어렵다. 이제 퍼주기라는 말은 쓰지 않아야 한다.

베트남 역시 분단 상태로 있다가 통일했다. 1975년 북베트남의 공산주의 월맹이 탱크를 밀고 내려와 부패 때문에 민심을 잃은 남베트남의 친미정부 월남의 대통령궁으로 들어갔다. 통일베트남은 통일독일과 달리 통일 초기 경제발전을 이루지 못했다. 비록 군사력을 동원한 무력통일이었지만 남베트남 국민의 마음이 월맹에 넘어온 상태였음에도 불구하고 경제적 시너지가 나지 않았다.

무엇보다 커다란 한계는 베트남이 공산주의로 통일한 것이었지만, 과거 남베트남 정권에서 기득권을 누리던 사람들이 발목을 잡아 오랫동안 내부적으로 통합을 이루지 못한 것도 통일베트남이 빠르게 발전하지 못한 중요한 요인이었다.

베를린 장벽이 무너지고 통일을 이뤘을 때 동독 지원정책을 시작한 빌리 브란트 전 총리가 말했다.

"이렇게까지 빨리 성과를 낼 줄은 몰랐다. 20년 만에 통일을 이루리라고 전혀 예상하지 못했다."

1969년 취임한 브란트 총리가 통일을 목적으로 동독 지원을 시작한 게 아니라는 얘기다.

보수 기민당은 진보 사민당의 동방정책을 이어갈 수밖에 없었다

독일이 통일하기까지 걸린 20년은 결코 순탄치 않았다. 1949년 동·서 양쪽에 정부가 들어선 뒤 20년 동안 서독을 장악한 보수정권은 철저한 분리정책을 고수했고 동독과 수교하는 국가와는 상대하지 않았다. 서독과 수교한 국가가 동독과 외교관계를 맺으면 그날로 관계를 끊어버렸다. 이것을 할슈타인 원칙이라고 한다.

그렇게 동독과 거래하지 않고 서독만 잘사는 경제정책을 추진한 서독은 '라인강의 기적'이라는 경제성장을 이뤄냈다. 서독이 엄청나게 부자가 된 것이다. 파이가 커지자 분배 문제가 등장했고 사민당(사회민주당) 정부가 들어서면서 내부적으로 복지와 교육에 집중 투자했다.

그러고도 돈이 남으니 동독에 보내기 시작했는데 이때 동독이 지원을 받을 수밖에 없는 여러 가지 이유를 찾아내 돈을 전달했다. 그 결과 동독이 서독에 의존하자 신문과 방송을 개방하고 나중에는 인권 개선까지 할 수밖에 없는 구조를 만들었다. 집권 13년 동안 사민당은 꾸준히 그런 작업을 추진했다.

1982년 보수 성향의 기민당(기독민주당)으로 정권이 바뀌었다. 기민당의 헬무트 콜 총리는 13년 동안 사민당이 추진해온 대동독 정책인 '동방정책'을 계속 이어갔다. 처음에는 기민당 내 보수세력, 극보수, 보수 국민이 반발했다.

'미쳤다. 정신 나갔다. 어떻게 정적의 정책을 그대로 답습하겠다는 것인가! 탄핵하자!'

그러나 절대다수 서독 국민과 서독 내 온건파 또는 진보성향 보수 정치인은 동방정책을 이어가는 것을 환영했다. 결국 콜 총리는 동방정책을 일관성 있게 유지했고 1989년 11월 9일 베를린 장벽이 무너졌다. 만약 그때 그 정책을 이어가지 않았다면 정권교체 이후 7년 만에 베를린 장벽이 무너지는 일은 없었을 것이다.

이념 차이는 생각보다 빨리 없어진다

지금 독일인은 잘 살고 있는가? 동서갈등은 심하지 않은가? 사실 머릿속의 이념은 하루아침에 없어진다. 1992년 동독에 간 나는 호텔 식당에서 나비넥타이를 매고 음식을 가져다준 젊은이를 불러 앉혔다. 막 대학을 졸업해 취직했다는 그 젊은이에게 통일 이후 무엇이 제일 혼란스럽냐고 물었더니 역사라고 했다.

동독 시절에 배운 독일사가 서독의 또래가 아는 역사와 차이가 많아 고통스럽다고 했다. 그래도 자신은 서독 사람들 흉내를 내며 조금씩 닮아가는 중인데 중학생인 동생은 순식간에 서독화했다고 말했다. 행동까지 규제하는 공산주의 체제에서 오랫동안 강한 사상교육을 받은 사람은 바꾸기가 고통스럽지만 할 수 없는 일이라고 했다.

택시를 탔을 때 택시기사에게도 같은 질문을 했다. 그는 통일 이전에 학교 교사였다고 했다. 체제가 바뀌면 교사들이 가장 골치가 아프다. 공산주의 국가에서 학교는 체제에 순응하는 인재를 길러내는 기관이기 때문에 철저히 공산주의 교육을 해야 한다. 수학이나 과학 쪽은 큰 차이가 없어서 계속 교사로 남을 수도 있지만 국어나 국사 쪽은 얘기가 다르다.

그 택시기사는 형편이 나아졌고 자본주의에서 살다 보니 일한 만큼 수입이 들어와서 좋다고 했다. 또 버는 것을 모두 내 것으로 만들려면 탈세를 해야 하는데 탈세 기술이 아직 몸에 익지 않아 힘들다면서도 곧 해결될 거라고 낙관했다.

그처럼 체제 교육을 담당하던 교사도 빠른 속도로 자본주의에 적응하고 있었다.

〈로동신문〉 기자와 〈조선일보〉 기자

우리에게도 20년이 필요할까? 역사적 당위성으로 통일이 필요하다고 말해왔는데 막상 통일하면 쉽게 가까워질 수 있을까?

김대중 정부와 노무현 정부 10년 동안의 통일정책을 보수정권이 독일처럼 계속 이어갔다면 강산이 두 번 변하는 그 20년 동안 남북관계 상황은 지금과 확연히 달랐을 것이다.

나는 1979년 3월 판문점에서 처음 북한 사람을 만났다. 그해 북한은 세계탁구선수권 대회에 남북 단일팀으로 출전하자는 제안을 했고 판문점에서 체육회담을 열었다. 그때 북쪽 사람들을 만나고 이전까지 내 머릿속에 있던 대북관이 완전히 허물어졌다. 언어의 이질화로 의사소통이 어려울 거라는 교육을 받은 터라 회담할 때 의사소통이 힘들지 않을까 생각했는데, 경상도 사람과 전라도 사람이 서로 사투리를 얼른 못 알아듣는 정도에 불과했다.

몇 번 이야기하다 보면 '아, 이 사람은 이런 단어를 이렇게 쓰는구나' 하고 금방 알아듣는다. 내가 회담 대표로서 북쪽 사람들과 자주 접촉하고 판문점뿐 아니라 평양의 호텔에 묵기도 했는데, 종업원에게 말을 걸어도 의사소통에 전혀 문제가 없었다. 이런저런 몸짓이나 표정, 나이 든 사람 앞에서의 태도가 똑같았다. 나는 이질화했다는 게 어떤 점에서는 과장이고 오히려 동질화에 더 가깝다고 느꼈다.

우리가 10년을 교류하다가 멈춘 채 10년이 흘렀는데 화해·협력 정책을 시작하면 또다시 10년이 걸릴까? 나는 그렇지 않다고 본다. 운동을 열심히 하다가 중단한 뒤 다시 시작하면 처음엔 잘 되지 않는다. 하지만 금세 옛날 실력이 나온다.

남북은 10년간 교류협력을 했다. 좀 더 빠른 속도로 가까워지는 방식을 몸에 익히던 순간 교류가 중단되었다. 교류협력을 재개하면 10년이면 충분하리라고 보고 그보다 더 빠를 수도 있다고 생각한다.

한국인은 굉장히 격정적이다. 〈로동신문〉 기자와 〈조선일보〉 기자는 서로 얼마나 적대적인 입장인가. 그런데 회담을 취재하면서 몇 번 만나면 금방 형님, 동생이 되고 술을 마시면서 러브샷을 한다.

더구나 헤어질 때는 악수한 채 서로 놔주지를 않는다.

2018년 평창올림픽에서 며칠 동안 함께한 여자 아이스하키팀 선수들은 서로 언니, 동생 하면서 잘 지냈고 헤어질 때 눈물을 쏟았다. 이건 독일 사람들 사이에서는 볼 수 없는 장면이다. 남북이 만나면서 접촉이 잦아지면 한국인 특유의 성향이 분명 나타나리라고 본다. 그런 격정 덕분에 서로 가까워지는 속도가 훨씬 빠를 것이다.

경제지원이 평화로 돌아온다

뒤돌아보니 내가 통일 문제를 직업적으로 연구한 지 40년이 조금 넘는다. 그 시간을 돌아보면 박정희, 전두환, 노태우 정부 때까지도 남북 왕래가 일상화하지 않았고 민심을 말하는 것은 감히 꿈꿀 수도 없었다.

김대중 정부 들어 본격적으로 교류협력을 활성화하는 대북화해협력정책을 실행했는데 이를 흔히 햇볕정책이라고 부른다. 햇볕정책 운영 원리는 네 가지다.

첫째가 쉬운 것부터 하고 어려운 것은 나중에 한다는 선이후난先易後難이다. 둘째는 경제를 앞세우고 정치외교는 나중에 한다는 선경후정先經後政이다. 경제 교류협력을 하다 보면 나중에 정치에 협조할 수밖에 없는 상황이 오기 때문이다. 셋째는 가장 중요한 것으로 선민후관先民後官이다. 관이 먼저 나서려고 하면 복잡해지고 경계심이 생기므로 민간을 내세워 마음 놓고 지원받게 한다는 의미다. 햇볕정책의 마지막 원칙은 선공후득先供後得이다. 우리가 먼저 경제적으로 지원해주고 보답은 나중에 긴장 완화로 받는다는 뜻이다.

이 원리를 토대로 최일선에서 햇볕정책을 추진한 우리는 북한의 민심이 남쪽으로 넘어오는 것을 피부로 느낄 수 있었다.

남북 간의 구심력을 키우는 데는 특히 경제적 지원이 중요하다. 이것으로 물밑에서 민심이 연결되면 구심력이 커진다. 우리 주변의 통일 방해 세력, 즉 원심력을 밀어내는 것은 나중의 일이고 먼저 구심력을 키워야 한다. 그것을 키우는 확실한 방법은 마음의 연결이고 그들이 필요로 하는 것을 우리가 주는 것이 마음을 연결한다. 거기까지 나아가면 북쪽이 군사적 위협을 하지 못한다.

1977년 통일원에 들어간 내가 처음 맡은 업무가 동서독 관계 연구라 그들의 민심이 그렇게 연결되었다는 것을 알았으나 우리는 왕래한 적도, 물자를 보낸 적도 없어서 민심이 연결된다는 것을 꿈꾸지 못했다. 그러한 움직임과 흐름이 일어날 수 있음을 생각조차 하지 못했는데 1998년 민간이 나서서 지원을 시작했다. 정부가 하면 겁을 내니 민간이 나선 것이다. 예를 들면 북한에 영유아들이 먹을 분유를 보내고 빵 공장을 지어주었으며 젖소 대신 염소를 보내주었다.

그다음부터 그들의 눈빛이 달라졌다. 어느 정도 마음이 녹은 것이다. '우리도 10년만 이 방향대로 나아가면 독일처럼 될 수 있겠구나' 싶었는데 1994년 7월 김영삼·김일성 정상회담이 이뤄지지 않아 못내 아쉬웠다. 나는 그 회담을 준비한 실무 책임자라 어떤 합의를 하려고 했는지 잘 알기에 더욱더 아쉬웠다. 그때 김영삼 대통령이 "돈 주면 안 되겠나"라고 말할 정도로 우리 정부는 경제협력으로 군사적 긴장완화를 이루려는 의지가 강했다.

그 의지대로 일이 진행되었다면 마음의 연결 현상이 나타나지 않았을까. 그것을 김대중 정부와 노무현 정부가 계속 이어갈 경우 이미 14년이고 거기에 6년만 더 보태면 20년이었다. 그러면 우리도 통일할 수 있었을 텐데 정말 아깝다.

1994년 김일성 주석 사망으로 정상회담을 못했지만 진보정권 들어 10년 동안 남과 북은 마음을 연결했다. 그리고 9년이라는 공백을 뛰어넘어 이제 문재인 정부가 통일의 구심력을 키우는 방향으로 정책을 추진해가고 있다. 문 정부가 끝날 때쯤 비핵화를 기반으로 한 평화체제와 통일이 훨씬 더 가시권 내에 들어올 것이다.

우리, 지금부터, 할 일이, 있다

완전히 잊을 수는 없다

　전쟁을 겪지 않은 사람들은 전쟁이 기억에 없으니 남북한 사이에 아직 전쟁이 끝나지 않았다는 사실을 잘 알지 못한다. 전쟁이 완전히 끝나지 않았다는 사실을 잊은 듯 사는 사람들도 있다.

　이들은 북한의 미사일 발사와 핵실험을 비롯해 비무장지대의 총소리, 서해에서의 무력 충돌, 어선 납치 등의 기사가 나올 때마다 전쟁 공포에 휩싸인다. 새삼 전쟁이 끝나지 않았다는 사실을 느끼기 때문이다.

　어떤 사건이 발생했다가 겨우 마무리되면 다행히 이번에는 대규모 충돌로 번지지 않아 전쟁으로 치닫지 않았다는 것을 안다. 또 서해나 철원 근방에서 티격태격하다가 점점 옆으로 번지고 충돌 규모가 커져 국지전으로 시작해 전쟁이 날 수도 있음을 안다. 새로 전쟁이 나는 게 아니라 지금 전쟁이 잠시 중단된 상태라 곧바로 전쟁이 날 수 있음을 안다. 그래서 불안한 것이다.

전쟁을 겪었거나 휴전 직후의 상황을 조금이라도 기억하는 사람은 그런 뉴스가 나오면 전쟁 공포와 트라우마가 살아나 두려워한다. 또다시 전쟁이 날까 봐 이민을 간 사람도 많다.

지금 우리가 정치·군사적으로 어떤 상태라고 생각하는지가 다른 만큼 통일에 관한 생각도 제각각 다르다.

'당연히 통일해야 한다'와 '따로 사는 게 낫다'

북한 잘못, 분명 있다

1990년대로 넘어오면서 통일을 향한 우리의 생각은 변했다. 국토분단 이후 정치분단, 이념분단, 민족분단의 3단계로 분단을 겪었지만 전쟁을 치르고도 30년 가까운 세월 동안 '우리는 원래 하나다. 이 분단은 비정상이다. 원상회복하자. 당연히 통일해야 한다'는 이야기가 설득력이 있었다.

역사적으로 우리는 분단시대보다 통일시대가 더 길었다. 단군조선으로 시작해 삼한시대를 거쳐 삼국시대도 있었지만, 통일신라 이후 고려까지는 계속 한 국가로 살아왔다. 일제강점기의 비극적인

36년 세월에도 관념적으로 조선은 있었다. 그런데 2차 세계대전이 끝나고 패전국 일본이 당해야 할 분리라는 제재를 난데없이 우리가 받아 남북으로 쪼개졌으니 이 분단은 원인부터 비정상적이고 불법적이다.

1980년대까지만 해도 이런 역사를 들먹이며 통일로 가야 한다고 말하면 많은 사람이 고개를 끄덕였다. 그래서 통일의 당위성을 교육하는 것이 어렵지 않았다.

북한이 한국을 군사적으로 위협하고 문제를 복잡하게 만드는 일을 많이 벌였어도 한국에는 '당연히 통일해야 한다'고 생각하는 사람이 많았다. 6.25전쟁은 말할 것도 없고 1968년 1월 21일 북한이 보낸 서른 명 이상의 특수공작원이 청와대 뒷산을 습격한 '김신조 사건'도 있었다. 북한이 한국 대통령을 암살하겠다고 부대를 보낸 것이다.

그 외에도 북한이 저지른 못된 짓은 숱하게 있다. 바다에서 고기를 잡다가 모르고 북한 수역으로 들어간 배를 끌어가는 것은 물론, 아예 우리 수역으로 넘어와 우리 어부들을 잡아간 적도 있다. 그래서 '납북어부'라는 말도 생겼다. 그럼에도 불구하고 그런 일이 재발하지 않도록 하기 위해서라도 빨리 통일해야 한다는 데 동의하는 사람이 많았다.

내가 청와대 비서관으로 있던 1996년에는 북한의 잠수정이 잘못 표류하다가 정동진 쪽에서 그물에 걸려 올라오는 바람에 난리가 나기도 했다. 이처럼 북한은 우리 어부들을 잡아가고 잠수정을 보내면서도 어려울 때는 쌀을 달라고 했다. 더구나 쌀을 싣고 간 배를 고맙게 맞기는커녕 총을 들이대며 인공기를 게양하게 하는 바람에 여론이 뒤집어지기도 했다. 실제로 북한은 한국을 상대로 이러저런 나쁜 짓을 많이 했다.

그런 상황이 이어지자 1990년대 들어 '한 민족이니 당연히 통일해야 한다'는 말에 설득력이 떨어졌다. 저런 사람들하고 무슨 통일을 하겠다고 하느냐, 통일정책 방향 자체가 잘못되었다, 통일해서 더 잘살 수 있다면 모르지만 여러 가지를 조율하고 조정하는 과정에서 불편한 문제가 많이 생길 거고 따로 사는 게 낫다 등등 부정적시각이 늘어난 것이다.

통일의 동반자로 삼아야 할 북한이 가한 여러 공격적인 행동이나 위협적인 행동, 뒤통수 때리기가 반복되니 그런 정서가 일어나는 것도 무리는 아니었다. 그러나 1990년대 중반부터 '분단을 기정사실화하자'거나 '분단을 운명으로 알고 사는 게 낫겠다'는 정서와 여론이 일어난 것은 다른 시각에서 중요하게 봐야 한다. 그 이유가 우리 쪽에 있기 때문이다.

분단이 더 좋다는 사람들

분단체제가 고착화하는 과정에서 만들어진 '북한 사람들과 함께 살기 불편하다' 같은 고정관념은 남북 모두에 있다. 북한은 자기들 체제 정통성을 대내적으로 부각하고 대남차원에서 선전하기 위해 미 제국주의를 공격하는 수법을 썼다. 지금은 없어졌지만 북한

산수책에 '영남이가 미국 놈 다섯 명을 죽였다. 철수는 세 명을 죽였다. 미국 놈을 도합 몇 명 죽였느냐' 하는 내용도 있었다. 이처럼 북한은 미국을 향한 적개심을 키우고 미 제국주의가 계속 자기들을 압살하는 탓에 북한 정권이 그걸 막기 위해 강압적인 통치를 할 수밖에 없다는 식의 정당화 논리를 폈다.

우리는 우리대로 북한이 6.25 남침과 인민을 무자비하게 총살하거나 아오지 탄광 같은 정치범 수용소로 보내는 부분을 강조해 북한 정권을 향한 적개심을 키웠다. 그리고 이 무시무시한 북한을 막을 수 있는 건 군사정권밖에 없다, 어설픈 민간인이 정권을 잡으면 북한이 그 틈새를 노려 얼마든지 내려올 수 있다, 군사정권 반대는 곧 북한을 불러들이는 것이므로 이런 일은 없어야 한다는 것이 군사정권 시절의 반공교육이었다.

북한 정권을 악마처럼 묘사하는 바람에 선량한 북한 주민까지 악마로 보는 시각이 상당히 퍼져 있는 듯하다. 이 편견과 고정관념을 깨기는 쉽지 않다. 그러나 여기에는 이해할 만한 맥락이 있으니 앞으로 해소해 나가면 된다.

이것이 분단체제를 이용해 구축한 기득권을 유지하려는 의도라면 곤란하다. 북한을 핑계로 안보장사를 해서 먹고사는 사람들은 평화와 통일이 오면 기득권이 사라진다. 방위산업 종사자, 지속적인 분단체제를 전제로 형성된 보수진영과 정치세력은 통일 자체가 아니라 통일하면 자신들의 존재 이유가 사라질까 봐 통일을 두려워한다. 특히 먹고살 기반을 잃을까 두려워하는 신문은 자기들만의 공포를 국민 전체의 공포로 만들려고 하는데 다수가 여기에 넘어가기 십상이다. 그들은 팩트 51퍼센트에 악질적인 의도성 메시지 49퍼센트를 섞어 당의정糖衣錠을 만들기 때문에 먹기는 좋고 가려내기는 어렵다.

우리가 분단된 채 지내온 세월은 국토분단부터 시작하면 73년, 1948년 정권수립부터 보면 70년이다. 이 중 이승만 대통령 때부터 전두환 대통령이 퇴임한 1987년까지 40년 가까이 반공정권이 구축한 반공 프레임 속에서 살아온 탓에 북한과 평화롭게 살 방법을 찾는 것까지 주저하게 만드는 '종북'이라는 단어가 나왔다.

냉전구도는 국제정치 원리에 따라 빠르게 해체될 수 있다. 반면 분단체제는 국내 정치 안에 아주 깊이 뿌리를 내린 세력이 있고 더욱이 기득권과 연결되어 있어서 시간이 오래 걸린다. 그 과정에서 한반도가 분단체제로 돌아가야 이익을 얻는 세력들이 북한을 자극하는 짓을 많이 할 수 있다. 이를테면 '사회주의 체제에서 살던 사람들이 일하지 않고 떼만 쓰면서 국가에 먹여 살리라고 할 거다. 그 모든 비용을 우리가 내야 한다. 통일세를 내야 한다' 하며 통일비용을 부풀리는 말로 겁을 줄 수도 있다.

사실 통일하면 비용도 들어가지만 분단비용이 나가지 않으므로 실제로 들어가는 비용은 얼마 되지 않는다. 이에 비해 통일 이후나 통일 과정에서 얻는 경제적 이익은 굉장히 크다. 이것을 알면 대다수가 절대적으로 통일을 환영할 확률이 높다.

반대로 통일하면 기득권을 잃는 사람들은 분단비용과 통일편익은 쏙 빼놓고 통일비용만 강조하는 분단 이데올로기를 계속 퍼뜨리려 할 것이다. 여기에는 마치 귀신 이야기처럼 공포를 부풀려 사람들이 그냥 현재 상태에 만족하도록 만들려는 저의가 있다. 남북 화해협력, 상호의존성 심화, 통일하려는 의지 심화를 가로막는 세력들이 나온다는 말이다.

이러한 분단 이데올로기는 아주 강력해서 통일로 가는 과정을 복잡하게 만들 수 있다.

'남남갈등'이라는 말은 언제 생겼을까? 이것은 군사정권 때만 해도 존재하지 않았다. 김영삼 정부의 남북교류 움직임에 가장 먼저 저항한 세력은 〈조선일보〉다. 사실 대북 적대의식, 대북 적대문화가 깨지면 〈조선일보〉는 존립 근거가 없어진다. 남북 화해시대가 열려 무기를 많이 살 필요가 없어지고 미국에서 수입하는 무기량이 줄어들면 그만큼 리베이트도 줄어드는 방위산업체 관련 종사자도 마찬가지다.

남남갈등이라는 말은 분단체제에서 누려온 기득권이 허물어질까 봐 불안해하는 사람들이 저항하는 것을 미화한 용어다. 이것은 그들의 이익과 직결되어 있다. '남북이 화해하면 우리가 죽게 되니 하지 않아야 한다'라고 하면 명분이 없으니 남한의 진보적인 대북정책에 갈등이 있는 것처럼 비춰지도록 남남갈등이라는 이름을 붙인 것뿐이다.

이렇게 남남갈등을 유발하면서 무슨 정책을 추진하느냐, 남북갈등을 해소하라고 했더니 남남갈등부터 일으키는 정책은 잘못됐다 하는 보수 쪽 목소리는 남남갈등이라는 이름으로 정당화되었다. 어디 그뿐인가.

'대북정책, 통일정책은 남북갈등을 해소하는 것이 목표여야 하는데 그걸 한답시고 자꾸 우리 안에서 분란을 일으키니 한 발도 못 나가게 되어 있다. 그러니까 이런 짓 하지 마라. 일색으로 가자.'

그들이 이처럼 남북화해에 남남갈등이라는 나쁜 딱지를 본격적으로 붙이기 시작한 것은 햇볕정책 때부터다. 김대중 대통령과 노무현 대통령이 정권을 잡고도 기반 없이 무너진 것은 반북反北을 전제로 한 보수 세력이 너무 강했기 때문이다.

남북관계뿐 아니라 한미관계, 한중관계에서도 분단체제에서 이득을 보는 분단 세력은 앞으로도 긴장을 조성하거나 배후에 북한이 있다는 구실로 북한을 응징해야 한다면서 평화체제로 가지 못하도록 시도할 가능성이 크다.

평화를 원하는 세력과 원치 않는 세력은 남북 모두에 있다. 그러므로 북한을 한 덩어리로 볼 게 아니라 평화를 원하는 세력과 원치 않는 세력으로 나누고 마찬가지로 우리도 그렇게 갈라서 봐야 한다.

'국민'이 고쳐줘야 한다

일본의 조그만 도시 나고야에서 강연을 할 때 200명 정도가 참석했는데 그때 주제가 '민족 간의 갈등'이었다. 그걸 주최한 기관은 재일대한민국민단(이하 민단)도 재일본조선인총연합회(이하 조총런)도 아닌 소위 중간 입장이었지만 민단은 참석하지 않았다. 그 자리에서 내가 이런 말을 했다.

"지금 일본 사회에서 총련과 민단의 갈등이 참 심각합니다. 그것도 남남갈등입니다."

조총련 사람들도 출신지역은 모두 남한이다. 일제강점기 때 살길을 찾아 일본으로 간 사람들은 대체로 전라남도, 경상남도, 제주도 사람들이고 광복 이후 밀항해서 간 사람들도 마찬가지다. 북한 사람들은 감히 일본에 갈 생각을 하지 못했다. 출신지역이 남한인데 왜 그들은 조총련이 되었을까?

이승만 정부 때는 해외에 사는 동포, 특히 일본에 사는 한국인에게 아무런 관심이 없었다. 먼저 눈을 떠 그들에게 손을 뻗친 곳이 북한이다. 북한이 잘살 때 몇몇 사람에게 돈을 제공해 일종의 신용조합을 만들게 했는데, 그 신용조합에서 영세 상인에게 돈을 꿔주기 시작했다. 가게를 확장하거나 국숫집, 빵가게 등을 여는 사람들에게 신용조합에서 돈을 빌려준 것이다. 말하자면 신용조합이라는 경제공동체를 만들어 운영하게 하고 그걸 뒤에서 조종하며 세력을 키워간 조직이 바로 조총련이다.

조총련은 정치공동체이기 이전에 경제공동체다. 그렇게 경제적으로 도움을 주니 사람들은 자연스레 거기에 의존했다. 나중에 그 돈줄이 북쪽으로 닿아 있다는 것을 알았다. 조총련 사람들은 본의 아니게 반정부단체에 가입한 셈인데, 한국에 들어올 수 없으니 고향에 있는 형이 아파서 죽은 것도 모르는 사람도 있었다. 그러다가 문재인 정부 들어 그들에게 1년짜리 단수여권을 만들어주었다고 한다.

조총련에 대항하기 위해 뒤늦게 등장한 민단은 반공 단체에 가깝다. 그런 상황이다 보니 나는 강연에서 노골적으로 얘기했다.

"미국과 북한 사이의 적대관계가 풀리면 남북 간에도 더는 적대하지 못한다. 분단체제는 깨진다. 북한을 핑계로 반북몰이를 하거나 대내외에서 정치적 결속을 유지해가는 짓을 더 이상 못한다. 본국에서 교류협력을 활성화하는데 어떻게 해외동포 사회에서 서로 적대할 수 있겠는가? 지금 남북이 정상회담을 하고 있다. 종전선언도 하겠다고 한다. 미국과 북한이 수교하겠다는 상황이다. 그런 시대가 오고 있으니 당신들도 화해해야 한다. 가만 보니 민단에서는 오지 않고 조총련 쪽 사람들이 훨씬 더 많은 것 같다. 조총련 쪽에서 먼저 다가가는 것도 한 방법이다. 지금 남북이 화해하고 있는데 우리끼리 적대하는 세월이 얼마나 지속되겠는가."

남북 적대는 어차피 끝나게 되어 있다. 나는 의식적으로 화해하려는 노력을 할수록 더 잘살 수 있을 거라고 본다. 영화 〈강철비〉에서 북쪽 요원 엄철우가 남쪽의 청와대 외교안보비서관 곽철우를 만나 날린 명대사가 있다.

"분단국 인민들은 분단 그 자체보다 분단을 정치적으로 이용하려는 자들 때문에 더 고통받습니다."

분단을 지속해야 보장되는 기득권은 보수 세력을 계속 유권자로 포섭해 국회의원도 되고 대통령도 되어야 한다. 그들은 분단을 지속하거나 긴장을 유지하고 고조하는 반북 상황에서만 보장받는 이익을 놓치고 싶어 하지 않는다. 아니, 반공장사를 못하게 하는 화해·협력·대화를 모두 싫어한다. 그런 사람들은 국민이 고쳐주어야 한다.

통일, 굉장히 오래 걸리는 일이다

북한의 두 얼굴을 다 봐야 한다

솔직히 말해 통일은 쉽지 않다. 우리는 적이자 동포인 북한의 두 얼굴을 다 봐야 한다. 그들이 군사적으로 한국을 괴롭히지 않을 때까지 대비하되 서로 동포, 부모, 형제라는 사실을 외면하지 말고 계속 도와주어야 한다.

주먹질을 할 수 있는 손을 붙잡은 채 결국 그 손을 주먹질에 쓰는 게 아니라 손잡고 협력해 나갈 마음이 생길 때까지 함께 이끌고 가야 한다. 그렇다고 통일이 안 된다는 얘기가 아니다. 굉장히 오래 걸린다는 말이다.

1945년 2차 세계대전이 끝나고 미국, 영국, 프랑스, 소련이 독일을 조각냈다. 2차 세계대전을 일으킨 일본도 쪼개야 하는데 섬나라 일본은 쪼개도 군사전략적 이익이 없었다. 그런데 당시 법적으로 한반도는 일본의 일부였다. 지도에 조선, 한국, 대한민국이라는 이름은 없었다. 그러니까 일본의 일부인 한반도를 쪼개면 미국에게는 대륙으로 올라갈 다리가 생기고 소련에게는 태평양으로 나올 다리가 생기는 전략적 가치가 있어 쪼개진 것이다.

그렇게 미국과 소련의 이익에 따라 38선으로 국토분단이 되었고 1948년 서울에 자유민주주의를 통치이념으로 하는 대한민국 정부가, 평양에는 사회주의를 통치이념으로 하는 친소정권이 각각 수립돼 정치분단이 일어났다. 이후 한반도는 한국전쟁을 겪었다. 북쪽에서 내려온 공산군은 한국 사람을 많이 죽였고 9.28서울 수복으로 반격을 가한 국군도 상대를 많이 죽였다. 여기에다 밀고 당기는 과정에서 미군 공군 폭격기가 평양을 완전히 초토화했다. 저쪽이 서울을 폭격해 폐허로 만든 것 이상으로 거의 아무것도 남기지 않고 쓸어버린 것이다. 그런 일을 겪으며 서로 엄청난 적대감이 생겼다.

우리에게 북한은 대체 어떤 존재일까? 현실적으로 남북은 서로 총부리를 겨누고 있다. 한반도를 가로지르는 군사분계선으로부터 각각 북쪽 2킬로미터, 남쪽 2킬로미터에 철조망이 쳐져 있다. 그리고 인구 2천500만 명인 북한에 군대가 115만 명이다. 이는 북한이 병영국가이자 그만큼 군사적으로 한국을 의식하고 있음을 증명한다. 우리는 5천만 인구에 군대가 63만 명인데 실은 이것도 많은 편이다. 각각 총인구 대비 병력수가 그토록 많다는 것은 군사적으로 적대관계가 치열하다는 것을 의미한다.

이 엄연한 현실에도 불구하고 이산가족상봉 행사를 하면 눈물바다를 이룬다. 이는 남북이 동포이고 혈연관계에 있다는 뜻이다. 사돈의 팔촌 정도가 아니라 부모, 형제, 부부, 모자, 모녀가 남북으로 흩어져 살고 있는 것이 분명한 사실이다. 그 점에서 남북은 동포고 피붙이고 가족이다. 한마디로 남북은 두 얼굴이다. 이념적으로 쪼개져 있고 군사적으로 적대관계지만 민족적으로는 동포고 피붙이고 가족이다.

한국인의 뇌리에는 북한을 공포 대상으로 여기는 인식이 박혀 있다. 북한을 무조건 무서워하고 북한 사람은 만나지 않는 게 좋다고 생각하는 사람이 많다. 더구나 체제와 경제 사정이 다른 상태로 서로 오랫동안 만나지 않다 보니 문화적으로도 이질적이다.

이처럼 국토분단, 정치분단, 이념분단의 세 단계를 거치는 동안 서로를 적으로 보는 관념이 뿌리를 내렸지만 그러면서도 계속 동포·혈연으로서 만나고 싶은 정서도 간직하고 있다. 둘 중 어느 쪽을 보느냐에 따라 정책이 달라지므로 정책을 세울 때 어느 한쪽만 봐서는 안 된다.

군사적 적대관계에 있는 북한을 강조하며 조심해야 한다는 말에도 일리가 있다. '북한은 적'이라는 측면을 중시하는 사람들은 대북 압박을 강조하고 대북정책도 그쪽으로 가야 한다고 주장한다. 이들은 북한이 붕괴되어 평양에 우리 정부를 수립하면 그게 통일이라고 쉽게 생각한다. 이것이 보수다.

그러나 북한 붕괴는 쉽게 일어나지 않는다. 설령 북한이 붕괴되더라도 우리 것이 되지 않는다. 그것은 불가능할 뿐 아니라 위험한 생각이다. 북한은 우리보다 먼저 UN에 가입 신청을 냈고 1991년 두 나라가 동시에 UN에 가입했다. 조선민주주의인민공화국도, 대한민국도 UN 가맹국이다.

1991년 UN총회를 계기로 남북은 완전히 국제법상 두 개의 나라다. 만약 저쪽에 어떤 변고가 생겨 권력 공백으로 치안과 질서가 문란할 때 '우리 동포니까 우리가 돕겠다'라며 군대를 끌고 올라가면 법적으로 명백히 침략이다.

헌법3조 '대한민국의 영토는 한반도와 그 부속도서로 한다'는 장차 그렇게 되어야 한다는 말이다. 군사적으로 적대관계지만 같은 동포고 언젠가 그들과 통일을 해야 한다. 다른 어떤 나라도 아니고 북한과 통일해야 한다면 그들을 통일의 '동반자'로 삼아야 하지 않겠는가. 그러므로 미워만 하지 말고 잘해줄 수 있으면 잘해주고 그들을 끌어안는 식으로 관계를 개선해 나가야 한다. 그것이 통일할 때까지 전쟁 공포 없이 살아가는 방법이다. 이것이 진보다.

김대중 정부 때 시작된 햇볕정책은 진보 쪽 정책으로 정식 명칭은 '남북화해협력정책'이다. 그 이전에는 특별히 대북정책이 없었다. 이전 정부는 북한이 곧 붕괴할 거라는 잘못된 전제 아래 교류를 끊고 압박하며 기다리다가 붕괴하면 그때 통일한다는 잘못된 시각으로 접근했기 때문이다.

40년 이상 통일 문제를 연구해온 내 경험상 두 얼굴의 북한 중 어느 쪽을 보느냐에 따라 그들을 상대하는 전략이나 정책은 달라질 수밖에 없다.

당장 통일할 수 있다고 말하는 사람은 사기꾼이다

남북 교류협력도 끊기고 왕래도 하지 않던 시절부터 통일은 한국인의 머릿속에 강하게 각인되어 있었다. 분단시대에 나온 '금강산 찾아가자 일만이천봉' 하는 〈금강산〉과 〈우리의 소원은 통일〉 같은 노래는 통일의 꿈을 키워주려는 의도에서 문교부(현 교육부)가 만들었을 것이다.

특히 이승만 대통령부터 박정희, 전두환 시절까지 통일은 '독재'의 명분이었다. 그들은 자신이 통치하는 동안 통일할 수 있고 통일을 앞당기려면 어렵게 사는 것을 참아야 한다, 민주주의도 잠깐 접어둬야 한다, 통일할 힘을 기르기 위해 독재를 하는 것이다 등의 주장을 내걸었다. 심지어 '경제 건설'이라는 말에도 확실한 체제 우위를 확보하기 위해서는 반정부와 반체제는 안 된다는 뜻이 담겨 있었다. 또 북한을 압박하면 금방 무너질 테니 압박하는 것에 토를 달지 말고 믿어달라고 했다.

이것은 북한도 마찬가지다. 2002~2004년 장관급 회담을 하느라 고려호텔에 묵을 때 나는 호텔 2층 식당에서 일하는 여성과 대화하다가 뜻밖의 말을 들었다.

"청혜(가명) 씨, 결혼했어요?"

"아직 안 했습니다."

"언제 할 거요?"

"통일되면 할 겁니다."

"아니, 언제 통일을 하는데?"

"장군님이 곧 통일될 거라고 하셨습니다."

사실 북한은 남한에게 경제적 지원을 받으려 했으면서 인민에게는 곧 통일된다는 식으로 자꾸만 아편주사를 놓았다. 그러니까 장군님이 곧 통일될 거라고 했으니 그때 결혼할 거라는 얘기가 거침없이 나오는 게 아닌가. 북한 지도부도 인민에게 이런 식으로 사기를 치고 있었다.

'통일하면 대박이다. 그러니 조금만 참아라. 미 제국주의와 남조선의 미제 반동이 침략하려 해서 국방에 투자해야 하기 때문에 어렵게 살 수밖에 없지만 통일하면 대박이니 참아야 한다.'

실낱같은 희망도 없고 통일 가능성이 오히려 줄어들고 있을 때조차 남북은 똑같이 통일을 통치 명분으로 삼았다. 그 탓에 통일은 해야 하는 것이라는 관념이 커지고 사람들은 그것을 쉬운 일로 여겼다.

70년간 떨어져 완전히 다른 길을 걸어왔는데 어떻게 7일, 7달, 7년 만에 통일할 수 있겠는가. 더구나 경제 격차가 너무 벌어졌다. 대개 경제 수준이 유사하면 사회문화적 패턴이 비슷하고 그 격차가 크면 거기에 비례해 사회문화적 이질성이 커진다. 이미 남북은 경제 수준 격차와 함께 사회문화 패턴이 완전히 달라져버렸다.

지금처럼 남북이 경제적으로 격차가 나면 통일하기 어렵다. 그래서 우리가 무조건 지원하는 것이 아니라 한국이 1960~1970년대 마산수출자유공단과 관광산업으로 자생력을 키웠듯 북한 경제도 개성공단으로 자생력을 갖추고 살아나도록 하려는 것이다. 사실 햇볕정책 시절 한국의 경제규모는 전 세계 20위권에 간신히 들어간 상태였다. 금강산 관광도 퍼주려는 게 아니라 자생력을 염두에 둔 조치다.

북한이 점점 자기 힘으로 격차를 줄이도록 시간을 줘야 한다. 스스로 경제력이 좋아져 같이 놀 정도가 되어야 한다. 이를테면 우리가 밥을 두 번 사면 저쪽에서 한 번 사거나 우리가 10만 원짜리를 사주면 저쪽에서 5만 원짜리는 살 수 있어야 왕래가 이뤄진다.

그러니 경제공동체부터 만들어야 한다. 서로 통하도록 자꾸 만나서 뭐든 함께하는 것이 중요하다. 법적, 제도적으로까지 완전하게 통일하는 것은 그다음 일이다. 라틴어로 표현하자면 '법적인$^{De\ Jure}$'이 아니라 '사실상$^{De\ Facto}$'의 개념으로 통일을 생각해야 한다.

북이든 남이든 빨리 통일해야 한다는 당위성만 강조하면 점점 공허해진다. 북미정상회담 결과 북미수교와 비핵화를 교환하면, 즉 평화가 뿌리내리면 그 평화 속에서 경제협력부터 해야 한다. 지금 한국은 1인당 GDP가 3만 달러인데 북쪽은 1천600달러다. 이렇게 격차가 클 경우 통일할 수 없다. 당장 통일하겠다고 덤비는 사람은 사기꾼에 가깝다.

분단한 채 지내온 세월이 70년이니 남북 모두 상대에게 적대감과 혐오감이 있음을 생각해야 한다. 아무리 통일이 당연하고 여러 가지 편익이 따를지라도 현실을 무시하고 당장 통일할 것처럼 말하는 정치가는 사기꾼이다. 지금은 하나로 가기 위한 소통과 교류, 협력, 왕래를 더욱 긴밀하게 하는 것이 훨씬 더 현실적이다.

이산가족상봉, 생각보다 어렵다

우리는 이산가족상봉을 지극히 당연시하며 '인도주의 사업'으로 여긴다. 이산가족이 만나 눈물바다를 이루는 걸 보면 이들이 세상을 뜨기 전에 한 번이라도 더 만나게 해주고 싶은 마음이 용솟음친다. 하지만 북한의 입장에서 이것은 굉장히 부담이 가는 사업이다. 남북한의 형편 차이가 극명하게 드러나는 현장이기 때문이다.

솔직히 남한 사람들은 살색이 뽀얗고 옷차림도 각양각색이며 윤택해 보인다. 북한 사람이 있는 그대로 나오면 남한 사람들과 너무 차이가 나기 때문에 일종의 행사용 복장을 만들어 입힌다. 그렇게 해도 나이가 훨씬 어린 북한의 동생이 남한의 언니나 오빠보다 더 나이 들어 보인다. 우선 외모부터 차이가 나는데 북한의 입장에서 이는 정말 속상한 장면이다.

또 하나 우리가 이해해야 할 일이 있다. 우리는 행정 전산화로 북한에서 만나고 싶어 하는 남한 가족 명단이 왔을 때 이름과 생년월일 정도만 입력하면 곧바로 연락할 수 있다. 반면 북쪽은 전쟁이 끝난 뒤 남한과 가까운 지역에 살던 사람을 전부 위험하다고 판단해 내륙이나 북한과 중국 국경 부근으로 강제 이주시켰다. 여기에다 호적제도를 없애 일일이 수작업으로 사람을 찾아야 한다. 통신도 그리 발달하지 않아 간신히 전화로 연결한 다음 자전거를 타고 현장에 가서 직접 수소문해 찾는 수밖에 없다.

북한 사람 중에는 이제 만나서 무얼 하겠느냐며 만나고 싶지 않다는 사람도 있는 모양이다. 설령 본인이 희망해도 북한 당국에서 내세우고 싶어 하지 않는 경우도 많으리라고 본다. 한마디로 이 산가족상봉은 북한에 큰 부담이 가는 일이다.

우리는 적극 호응하지 않는다며 북한을 욕하지만 입장을 바꿔 놓고 생각하면 이해는 간다. 그러므로 북한이 지속적으로 할 수 있도록 정치적 부담, 체제 부담을 상쇄하고도 남을 만큼의 반대급부를 주어야 한다.

2등 국민, 3등 국민이 없어야 진짜 잘 살 수 있다

이 아이는 한국인인가?

2018년 6월 26~28일 나는 '평화와 번영을 위한 제주포럼' 일정 때문에 제주도에 있었다. 그때 제주도에 온 예멘 국적의 난민을 둘러싸고 쏟아지는 뉴스를 보면서 예멘 사람들이 자기 나라에서 소위 '2등 국민' 대접을 받다가 목숨 걸고 낯선 나라까지 온 게 아닌가 하는 생각을 했다.

독일도 그랬지만 우리도 통일하면 반드시 '2등 국민' 문제가 나온다. 독일은 정치적인 이유로 분단을 빨리 끝내려고 동독을 서독 국민의 세금으로 먹여 살렸고 이 때문에 서독인이 동독인을 미워했다.

'저것들은 우리 돈으로 먹고산다.'

예멘 난민 문제를 보고 있자니 통일하면 반드시 이런 문제가 불거질 거라는 생각이 들었다. 무주, 진안, 장수 지역은 결혼이주민 며느리 숫자가 40퍼센트가 넘는다. 이곳이 가장 비율이 높다. 물론 내가 사는 강남에서도 동남아시아 여성을 곧잘 만난다.

아침에 나는 외손녀를 학교에 데려다주는데 어느 날 꼬마들 사이에서 몸집이 작은 남자애 하나가 부지런히 가고 있었다. 엄마로 보이는 사람이 아이를 유치원에 데려다주는 듯했다. 내가 나이가 들고 보니 지나가는 아이들만 봐도 귀엽고 예뻐서 가끔 말을 거는데 몇 살이냐고 물었더니 일곱 살이라고 했다. 엄마는 동남아시아 국가에서 온 듯했다. 내가 선입견이 있어서 그랬는지 모르지만 그 엄마는 아들의 외모가 남달라서 사람들이 자꾸 쳐다보는 것에 경계심을 보였고 자격지심이 있는 것 같은 느낌이 들었다. 어쩌면 그녀는 실제로 그런 대접을 받았을지도 모른다.

100년 전에는 우리도 난민이었다. 가령 북간도에 간 사람들은 지금도 거기에서 살고 있다. 문재인 대통령도 거제도로 피난 온 부모님에게서 태어났다. 나 역시 북만주까지 갔다 온 난민 중 하나다.

단일민족 개념 버려야 한다

관념적으로 우리는 단일민족이지만 실질적으로는 단일민족이 절대 아니다. 역사가 이어져오는 동안 수많은 혼혈이 있었다. 고려 때는 몽골이 침입했고 나중에는 여진과 청나라의 침략을 받았다. 원나라와 청나라 때는 공녀를 얼마나 많이 바쳤는가. 알다시피 크고 작은 왜란도 무수히 일어났다. 전쟁이 일어나면 여성들이 유린

당하는 경우가 많았고 그렇게 해서 태어난 아이가 있었다. 고려 이후만 해도 전쟁으로 인한 혼혈의 역사가 있다.

모두 단군 할아버지의 자손이라고 배워 DNA가 똑같다고 생각하는 사람도 있지만 실은 그렇지 않다. 고려 이후 통치 차원에서 계속 단일민족이라고 가르친 것이다. 신라 때까지만 해도 단일민족 의식이 없었다. 신라가 통일을 했어도 단일민족이란 것은 알지도 못했다.

고구려와 백제 사람들은 그저 정복당해 함께 사는 것뿐이었다. 그들에게 신라는 같은 단군 자손이 아니라 자신들을 정복하고 자기들 문화유산을 깡그리 없애는 정복자였다. 불국사를 비롯해 남쪽에 있는 절의 건물 배치, 탑을 앉힌 위치 같은 건축양식은 고구려나 백제가 아니라 신라의 것이다. 고구려와 백제의 절 양식은 몽땅 없애버렸고 지금 그것은 일본에 건너가 있다.

신라와 고구려 - 백제는 정복자와 피정복자의 관계였다. 통일신라라는 이름이 언제 생겼는지는 모르지만 신라 통치 아래에 있던 고구려와 백제 유민은 절대 자신들을 같은 민족으로 여기지 않고 피정복민이라고 생각했다.

그런데 세월이 흐르면서 고려로 바뀌고 몽골과 싸우다 보니 이들을 다 동원할 필요가 생겼다. 고구려와 백제 유민 후손에게 피정복자 의식이 약해졌을 무렵 비로소 단일민족 개념이 나오고, 몽골 침략을 받았을 때는 단군신화가 등장했다.《삼국유사》에 나오듯 '우리는 단군의 자손' 같은 국가적 신앙은 그 시절에 만들어졌다.

여기에다 이규보의 《제왕운기》 같은 책이 등장하면서 단일민족 의식을 고취했는데 그것이 조선시대까지 내려왔다.

외적과 싸우는 과정에서 필요에 따라 단일민족 의식을 불어넣으려 했을 뿐 혈통은 단일일 수 없다. 전쟁에 진 고려 여성을 몽골 병사들이 그냥 두었겠는가. 임금이 의주까지 도망가 버린 임진왜란 때는 어땠을까. 당시 도망치는 임금에게 화가 난 백성은 임금이 살던 경복궁을 불태워버렸다.

수많은 외침 속에서 한반도 여성은 주변국가 병사에게 농락당했고 혼혈은 불가피했다. 신라시대 향가 〈처용가〉에 이미 아랍 사람이 신라 여성과 잠을 잤다는 내용이 나온다. 나당연합군을 불러들였을 때는 그런 일이 얼마나 많이 일어났겠는가.

예멘 난민과 이주노동자, 결혼이주민 사이에는 큰 차이가 없다. 더욱이 지금 동남아시아에서 온 사람들이 3D 업종에 종사해주지 않으면 한국 경제는 굴러가지 않는다. 한국 경제의 상당히 많은 유통 인프라가 그들의 저임금 노동에 기대 굴러가고 있다. 미국 역시 한국인이 저임금을 받아가며 닭똥을 치우고 돼지목장을 관리해준 덕분에 고기를 먹고 살았다. 이제 그런 사실을 솔직히 털어놓고 인정하면서 누군가를 2등 국민 취급하는 짓을 하지 말아야 한다.

한국에 사는 탈북자가 3만 명이고 외국에서 온 제2국적취득자가 30만 명 정도다. 아직 1퍼센트도 채 되지 않으니 늦지 않았다.

출발점은 우리는 단일민족이라는 편견을 버리는 데 있다. 이주노동자와 다문화가정을 동등하게 대접하지 않고 낮춰 대하는 문화가 뿌리내리면 통일도 어려워진다. 다시 말해 북쪽 사람들을 2등 국민, 3등 국민으로 대할 경우 대한민국 국력은 더 클 수 없다. 지금 전 세계 강대국은 전부 다민족·다인종 국가다. 미국, 중국, 독일 영국, 프랑스를 비롯해 유럽 전체가 다인종이다.

일본이 유일하게 다인종이 아니면서도 잘사는 것은 불가사의한 일이지만 그렇다고 일본을 본받을 필요는 없다. 사회문화적 배경이 다른 사람들과 어울려서 살아갈 마음자세를 갖추지 못하면 국력은 더 이상 키울 수 없다.

통일한국, Unified Korea는 30년쯤 후 G7, G6로 올라선다. 국내 인구 규모가 7천만 명은 넘어야 규모의 경제를 실현할 수 있고 이를 실현할 경우 수출경쟁력이 생겨 삶이 풍요로워진다. 그런데 우리가 그 정도 인구 규모를 갖추려면 단일민족이라는 이데올로기를 뛰어넘어야 한다. 그렇지 않으면 통일한 후 남북 갈등이 우리 삶에 커다란 걸림돌로 작용할 수 있다.

지금 국내 이주노동자부터 끌어안는 훈련을 하자. 우리가 단일민족이 아니라는 사실을 인정하는 것은 근본적인 해법이라기보다 그 해법을 찾는 출발점이다.

우연히 만났지만
운명이 되었다

정세현

2018년이란 시간은 내게 흘러간 것이 아니라 패스를 하듯 획획 지나갔다. 특히 2018년 4.27 남북정상회담 이후 5월 중순부터 8월 말까지 나는 한국이 아닌 해외에서 더 많은 시간을 보내야 했다. 그 4개월 동안 베를린, 토론토, 몬트리올, 밴쿠버, 뉴욕, 애틀랜타, 시애틀, 샌프란시스코, 나고야, 오사카 등 세계 여러 지역을 돌아다니며 통일 관련 강연을 했는데 강연 요청이 그토록 많이 들어온 것도 처음이지만 반응 또한 여느 때와 달리 폭발적이었다.

이전까지만 해도 미국을 비롯한 캐나다, 독일, 일본의 교포사회에서는 통일에 반대하거나 햇볕정책을 비판하는 목소리가 거센 편이었다. 하지만 2018년 상반기 강연에서 나는 해외교포들의 통일

인식이 상당히 바뀌고 있음을 피부로 느꼈다.

2018년 7월에는 애틀랜타에서 교포 400명을 대상으로 강연을 했다. 애틀랜타는 LA에 살던 교포들이 은퇴 이후 여생을 보내는 곳이라 평균 연령대가 높고 굉장히 보수적인 곳이다. 그들에게 나는 직설적으로 얘기했다.

"세상도 바뀌고 판도 바뀌었습니다. 지금 그 변화에 올라타야 합니다. 옛날 것을 붙들고 있으면 구한말에 갓 쓰고 상투 틀고 도포 입고 자식을 한문 공부만 시키고 학교에 보내지 않은 사람과 다를 바 없습니다."

강연이 끝난 뒤 주최 측에서 내게 말했다.

"오늘 '태극기 부대'도 상당히 많이 왔어요. 아까 질문한 분도 태극기 부대인데 장관님 강연을 듣더니 크게 수긍하더라고요."

그뿐 아니라 나는 휴대전화로 이런 메시지를 받았다.

'우리 지역 평통자문(민주평화통일자문회의) 위원들 중에는 박근혜 정부 때 임명된 사람도 있고 성향이 보수적인 사람도 많은데, 장관님이 다녀간 뒤 생각이 많이 바뀌었고 '태극기 부대'도 생각을 바꾸고 있습니다.'

나는 지난 40년 넘게 통일 문제를 다루면서 국내뿐 아니라 해외에도 햇볕정책을 널리 알려왔다. 또한 남북이 화해하고 협력해야 한다고 목소리를 높였다. 그러나 아무리 진실을 알려도 사람들의 생각을 바꾸는 것은 결코 쉽지 않았다. 그 탓에 그간 많은 안타까움이 있었으나 최근 정세가 바뀌면서 내 말의 설득력이 강해졌고 덕분에 커다란 보람을 느낀다.

얼마 전 2018년 10.4 남북공동선언 11돌 행사에 참가하느라 10여 년 만에 평양에 갔다가 북한 사람들에게 이런 말을 들었다.

"장관 선생이 텔레비전이나 신문에서 말씀하시는 것들 우리가 보고 있습니다. 그런데 전망들을 정확하게 해주신단 말입니다. 라디오 방송 같은 데서도 전망하시는데 우리가 볼 때 결국은 그쪽으로 가더란 말입니다. 정확하게."

심지어 북한 사람들까지 내 얘기를 귀 기울여 듣는다고 하니 내가 느끼는 보람은 더욱더 크다.

솔직히 말해 지금까지 내가 특별히 삶의 계획을 세우면서 살아온 것은 아니다. 그저 하루하루를 열심히 살다 보니 어느새 여기까지 온 것뿐이다. 자기 운명을 내다보고 인생길을 걷는 사람이 어디 있겠는가. 내딛는 길이 죽는 길인지 사는 길인지는 아무도 모른다. 그럼에도 불구하고 지나온 내 삶을 돌아보면 나를 이 길로 이끈 계기가 몇 번 있었다.

중학교 2학년으로 올라간 첫 날 담임 선생이 단호한 표정으로 칠판에 이렇게 썼다.

'Boys, be ambitious! 소년들이여, 야망을 가져라!'

윌리엄 스미스 클라크^{William Smith Clark} 박사가 1800년대에 일본 삿포로농학교(현 홋카이도대학교)에 초대 교감으로 초빙받아 갔을 때 한 말로 당시 영어 참고서마다 이 문구를 인용했다. 담임 선생은 문구를 쓰는 것에 그치지 않고 학생들을 바라보며 말했다.

"여기 법과대학에 가려는 사람 다 일어서 봐라!"

그때 나도 벌떡 일어섰다. 그 시절 부모들은 하나같이 자식이 법대에 들어가 고등고시를 보고 판검사가 되기를 바랐다. 일제 식민통치의 잔재인 공무원들의 갑질에 휘둘려 평생 '을'로 살아온 부모들은 자식이 열심히 공부해 칼자루를 쥔 판검사가 되어 부모의 한을 풀어주기를 바랐다.

몇 명이 일어서자 담임 선생은 쭉 둘러보더니 모두 앉으라 하고는 다음과 같이 말했다.

"법과대학 가지 마라. 법대 가서 고등고시 패스해봐야 평생 죄지은 놈만 상대한다. 그보다는 정치외교학과에 들어가 외교관이 되어 나라를 먹여 살려라. 외교관이 되어 미국의 원조를 많이 받아내는 것이 애국이다. 애국자가 돼라."

이 말을 듣고 나니 외교관이라는 직업이 왜 그리 멋져 보이던지. 그 자리에서 나는 생각을 굳혔다.

'외교관이 되어 강대국에서 원조를 많이 받아와야겠다. 그러면 많은 사람이 잘살 수 있으니 훨씬 더 보람이 있을 거야. 정치외교학과를 가야겠다.'

담임 선생에게 그 말을 들은 뒤부터 나는 법과대학에 갈 생각을 아예 하지 않았다. 고등학교에 올라가 대학교 지망학과를 쓸 때 나는 처음부터 정치외교학과라고 썼다. 그런데 가만 보니 정치외교학과를 가려는 친구들이 상당히 많았다.

1970년대 중반까지만 해도 여대생이 가장 좋아하는 신랑감이 외교관이었다. 외교관과 결혼하면 외국에 나가서 살 수 있었기 때문이다. 그 시절에는 재밌게도 대학생뿐 아니라 여고생도 외교관과 결혼하고 싶어 했다. 그처럼 여성에게 인기가 많다고 알려지니 정치외교학과에 가서 외교관이 되려 하는 남학생이 아주 많았다. 중학교 때 담임 선생이 야망을 가지라고 했는데, 고등학교에 올라간 나는 그 야망에 약간의 흑심을 보태 꼭 외교관이 되어야겠다고 마음을 굳혔다.

대학교에 들어가자 학과 교수들이 분단국가 한국에서 외교학(국제정치학)을 공부하는 목적을 굉장히 강조했다. 그 내용은 대충 이랬다.

'우리가 국제정치학을 공부하는 이유는 미국이 주도하는 국제정치 상황을 이해하거나 시사 해설을 하기 위해서가 아니다. 통일문제와 관련해 통일을 하려면 어떤 일을 해야 할지, 그 과정에서 어떻게 해야 피해를 최소화할지 통찰력을 얻기 위해서다.'

특히 이용희 교수가 늘 학생들에게 한 말이 있는데 나는 그것이 무척 인상적이었다. 그는 1976~1979년 국토통일원(현 통일부) 장관을 지냈다.

"외교학과를 외교관 양성소로 잘못 알고 들어온 학생들이 있는 것 같은데, 외교관이 되고 싶은 사람은 별도로 공부해라. 우리 과에서는 그런 걸 가르치지 않는다. 여러분이 명심해야 할 것이 있다. 국제정치나 외교세계에서 '내 나라'와 '남의 나라'를 혼동하면 절대 안 된다. 가령 한국과 미국의 관계에서 두 나라의 국가이익은 각각 다르다. 혼동하지 마라. 한국과 미국은 비록 동맹이지만 미국은 한국을 위해 일하지 않고 절대로 한국의 입장에서 생각해주지 않는다. 동맹이라는 논리에 잘못 빠지면 대한민국의 국가이익이 아니라 미국의 국가이익을 위해 일하는 우를 범할 수 있다."

처음 이 말을 들었을 때 굉장히 어렵게 느껴지면서도 "와, 정말 멋있다!" 하는 감탄사가 절로 나왔다. 그 전에 그런 이야기를 들어본 적이 전혀 없었기 때문이다. 대학에 갓 들어온 신입생이라 대학 강의가 낯설어서 그랬는지도 모른다. 나는 일찍부터 신문을 챙겨봤지만 안타깝게도 당시 한국 언론은 정부 외교를 대책 없이 비판하기만 할 뿐 '내 나라' 의식 혹은 '국가이익'이란 개념이 부족했다.

좀 더 덧붙이자면 "한국은 미국이 아니고 미국과 한국은 따로따로다. 착각하지 마라" 하던 대목이 유난히 인상적이었다. 그 말이 어찌나 강하게 다가오던지 나는 그것을 내 철학으로 정립해야겠다고 생각했다. 이 교수는 특히 '내 나라'와 '남의 나라'라는 표현을 많이 썼다. 내 나라와 남의 나라는 절대 같지 않음을 강조한 것이다. 별것 아니게 여겼던 '안'과 '밖'이라는 표현도 우리는 안에 있고 밖은 미국, 즉 외국이라는 말로 내 마음을 뒤흔들었다.

내 나라와 남의 나라를 혼동하지 말라는 그의 절절한 외침을 들으며 나는 줏대 있고 입장이 분명해야 외교를 제대로 할 수 있겠구나 하는 생각을 했다. 사실 내가 외교학과에 간 목적은 그게 아닌지라 전혀 다른 세계가 있다는 얘기를 듣고 '이거 힘들겠네' 싶었다. 여기에다 외교학과를 졸업했다고 외무고시에 합격하는 것은 아니니 외교관이 되고 싶으면 별도로 공부하라는 말을 듣고 갑자기 흥미가 확 떨어졌다.

결국 나는 외교관의 꿈을 접고 국제정치학을 배워 교수가 되려는 생각으로 대학원에 갔다. 그렇게 새로운 꿈을 키워가던 그해 나는 먼발치에서 당시 김대중 대통령 후보를 만났다.

1971년 4월 18일, 7대 대통령 선거에서 야당의 김대중 후보가 서울 장충단 공원에서 연설을 했다. 사실 나는 국제정치학 교수가 되면 그다음으로 정치를 해볼 계획이었다. 그래서 연설을 잘하기로 소문난 김 후보에게 한번 배워보자 싶어 친구들과 함께 장충단 공원으로 갔는데, 그날 그의 연설을 듣고 커다란 충격을 받았다.

김 후보의 4대국교차승인론과 남북교류협력론을 듣고 진짜 놀랐다. 상업고등학교를 나왔다는 김 후보가 국제정치학을 배우는 대학원생, 아니 우리 교수들보다 훨씬 더 유식해 보였다. 그제야 나는 이용희 교수가 말한 안과 밖을 구분하고 내 나라의 입장에서 줏대 있는 외교를 해야 한다는 말의 의미를 깨달았다. 나아가 김 후보의 말을 들으며 '교수님이 말한 것의 해법이 바로 저거구나' 싶었다. 그 순간 내 머릿속에서 국제정치학과 통일 문제가 하나로 연결되었다.

직업 특성상 교수는 학생에게 큰 틀에서 이론을 설명해주고 문제를 보는 시각과 관점을 세워주어 문제를 분석할 능력을 키워주고자 한다. 그와 달리 정치인은 문제의 해결책을 제시해 대중의 지지를 이끌어내려 한다. 이런 차이 때문에 교수의 말은 추상적으로 들리고 정치인의 말은 구체적으로 와 닿는다. 그렇지만 나는 그때 교수와 정치인의 차이를 알지 못했다. 나중에 통일부에서 정책을 입안하고 그 정책을 설명하는 입장에 서보니 교수와 관료의 차이, 정치인과 관료의 차이가 확연히 느껴졌다.

이용희 교수가 '분단국가 한국에서 국제정치학을 공부하는 이유는 통일 문제와 관련해 해법을 찾기 위해서다'라고 말한 것을 실천하는 방법 중 하나가 김 후보가 말한 4대국교차승인론이다. 여기에 남북교류협력론을 더하면 4대국이 남북한을 교차 승인하는 조건에서 남북이 왕래하고 교류협력하며 평화롭게 살아야 한다는 주장과 연결된다. 그 자리에서 나는 이런 생각을 했다.

'국제정치학은 관련 국가에 우리의 필요를 어떻게 설명하고 협조를 이끌어낼 것인지 이론을 개발하는 쪽에 초점을 맞춰야 하는구나. 한국 외교도 이를 위해 뛰어야겠구나.'

그간 대학에서 귀에 못이 박이도록 들은 '분단국가 한국에서 국제정치학을 공부하는 목적'과 4대국교차승인론, 남북교류협력론이 내 머릿속에서 하나로 연결되었다. 그날 김 후보의 연설은 내게 전율을 일으킬 만큼 강한 인상으로 남았다.

1971년 8월 남북적십자회담을 할 때 학과 교수들이 앞서거니 뒤서거니 하면서 남북적십자회담 자문위원으로 활동했다. 덕분에 남북적십자회담의 막전막후 얘기를 들을 기회가 제법 있었다. 당시 나는 대학원생이자 학과 조교로서 교수들이 수시로 만나 남북대화 현장 이야기를 나누는 걸 들었다. 같은 해 4월에 들은 김대중 후보의 연설에 자극을 받아 부쩍 호기심이 커진 내가 먼저 교수들을 찾아가기도 했다. 이와 함께 나는 국제정치학을 실천적인 방향에서 제대로 공부해야겠다고 마음먹었다. 그게 통일문제에 깊은 관심을 갖게 된 계기가 된 것 같다. 물론 그때는 그게 내가 일생동안 걸을 길로 들어가는 입구라는 생각은 하지 못했다.

내가 대학원을 다니던 당시에는 많은 학생이 박사학위를 취득하러 미국으로 유학을 갔다. 미국 유학이 학자나 관료로서 출세의 지름길로 여겨졌지만, 이상하게도 나는 미국 유학이 마뜩치 않았다. 여하튼 나 역시 유학이라는 걸 다녀왔지만 미국은 아니었다.

그 시절 서울대학교 정치외교학과 박준구 교수가 나를 총애해 여러 가지로 배려를 해주었다. 박 교수는 나를 보기만 하면 물었다.

"정 군, 점심 먹었나?"

"아직 안 먹었습니다."

그러면 두말없이 "따라오게" 하고는 짜장면, 짬뽕 같은 밥을 사주었다. 어느 날 박 교수는 나를 연구실로 부르더니, 내게 당시 유명한 정치학자 카를 도이치^{Karl Deutsch}의 커뮤니케이션 이론 Communications Theory 으로 박사학위를 받아 한국에 들어오면 교수 자리는 따놓은 거나 마찬가지니 유학을 다녀오라고 했다.

"내가 책임지고 유학을 보내줄 테니 미국으로 갈 준비를 하게. 내가 추천하면 장학금을 받을 수 있을 거야. 지금부터 토플시험 준비나 하게."

그렇게 마음을 써주니 크게 감동을 받긴 했는데 가만 생각해보니 다른 사람처럼 미국으로 유학가면 경쟁력이나 차별성이 없을 것 같았다. 결국 나는 중국으로 유학 가서 중국 전문가가 되어야겠다는 생각에 중국 문제를 주제로 석사논문을 썼다. 그러나 아쉽게도 1972년에는 중국과 수교 전이라 방향을 바꿔 대만으로 유학을 갔다. 그때 대만은 한국보다 잘살고 중국은 '중공'이라 불리는 후진국이었지만, 나는 언젠가 중국이 과거에 천하를 호령하던 위상을 되찾을 것이라고 내다봤다. 땅이 넓고 인구가 많아 발전하기에 좋은 조건을 갖췄다고 봤기 때문이다.

나는 박 교수에게 실망을 안긴 채 대만으로 유학을 다녀왔고 이후 사소한 일로 그에게 지적을 받기도 했다. 어느 겨울날 추워서 빨간 터틀넥 셔츠에 머플러를 하고 학교에 왔는데, 교수가 나를 부르더니 이렇게 말했다.

"교수가 될 사람이 복장이 그게 뭔가? 추워도 넥타이를 매고 의관을 정제하고 다녀야지."

그 뒤로 나는 밖에 나갈 때 정장에 넥타이 매는 습관이 생겼다. 그는 1984년 간암으로 세상을 떠났는데 병상에 있을 때 나를 불러 말했다.

"내가 죽을 날이 얼마 남지 않았네. 내가 떠나면 여기저기 써놓은 내 글을 모아 책을 하나 내주게. 제목은 다 정해놓았네. 그 일을 시킬 만한 사람이 자네밖에 없군."

그 정도로 그는 나를 신임했고 나는 그 뜻에 따라 책을 만들었다. 제목은 《한반도 국제정치사론》이다.

내가 중국 문제를 주제로 논문을 쓸 결심을 한 데는 이용희 교수의 영향이 크다. 그 시절 이 교수는 모두가 미국 자료로 논문을 쓰는 것이 식상해서 7년 동안 석사논문 지도를 하지 않았는데 누가 아시아 문제로 논문을 쓰면 지도하겠다고 선언했다. 나는 호기 좋게 "제가 하겠습니다" 하고 나섰다. 그런데 누가 봐도 대단한 그 거물 교수는 논문지도를 할 때 그야말로 자상하고 미세하게 지도를 했다. 물론 내가 답답하다고 느껴질 때는 버럭 화를 내기도 했다. "목차를 이렇게 짜면 안 되고, 순서 바꾸고" 하면서 목차부터 하나하나 지적을 하는데 아무리 해도 성에 차지 않으니까 나중에 불쑥 한마디 했다.

"받아 적어!"

석사논문을 쓰고 학자가 되려고 대만으로 유학을 갔는데 아쉽게도 배울 것이 없어서 때려치웠다. 중국 정치학을 배우러 갔더니 난감하게도 미국 정치학을 가르치는 것이 아닌가. 그때 나는 이 교수에게 편지를 썼다.

"선생님, 공부가 재미없습니다. 저는 중국 고대 정치를 배우러 왔는데 가르치지 않네요."

우편료를 아끼려고 얇은 종이에다 사방에 글씨를 깨알같이 써서 접으면 보낼 수 있는 봉함엽서를 이용해 심정을 토로했더니 이런 답신이 왔다.

"돌아오게. 내가 중국 공부를 조금 해놨으니 나하고 같이 공부해서 논문을 쓰는 게 낫겠네."

그렇게 선생을 믿고 대만에서 돌아왔는데 내가 박사과정 입학한 직후인 1975년 5월, 국토통일원 정치외교 특보로 발령이 나버렸다. 그가 갑자기 발령이 난 배경은 이렇다.

1975년 4월 30일 베트남이 공산화했다. 그날 북부 베트남(흔히 월맹이라고 부름)은 탱크를 앞세워 남베트남 수도 사이공(현 호치민시)의 대통령 궁으로 들어갔다. 북베트남군은 호치민 루트, 즉 비밀통로로 내려와서 공산당을 승리로 이끌었다. 북베트남군은 농부로, 평민으로 변장해 호치민 루트로 내려온 다음 미군이 밀고 지나가면 뒤에 수류탄을 던지면서, 게릴라 방식으로 싸웠다.

베트남 북쪽에서 남쪽으로 내려온 베트콩은 '남베트남 민족해방전선'을 만들었고 나중에 '남베트남 임시혁명정부'로 승격했다. 북베트남에게 함락되기 전 남베트남에는 두 개의 정부가 있었고 당시 미 국무장관 헨리 키신저가 1970년대 초 베트남 문제를 서둘러 마무리하면서 베트콩의 존재를 인정했다. 실제로 파리에서 평화협정을 할 때 남베트남 민족해방전선이 만든 임시혁명정부도 미국의 인정을 받아 함께 서명했다. 한마디로 미국이 공산주의 세력을 인정하고 친미정권을 버린 순간이었다. 1973년 파리 평화협정 서명을 끝내고 미국이 떠난 2년 뒤 월맹군은 탱크를 밀고 내려와 남베트남을 점령했다.

베트남에서 벌어지는 일을 보고 덜컥 겁이 난 박정희 대통령은 북한의 대남전략을 두고 '제2의 월남화 전략' 혹은 '제2의 월남화'라는 표현을 썼다. 여기에다 미국이 언제 우리를 버릴지 모르고 우리도 베트남처럼 될 가능성이 크다며 반정부 세력, 즉 친북 세력을 확실히 통제하고 체제를 강화해야 한다고 주장했다. 그런 논리로 유신 후반기를 끌고 가려고 했다.

그 불똥은 나한테까지 튀었다. 이 교수와 중국 문제를 논의하면서 함께 논문을 쓰려고 대만에서 들어왔는데, 그만 이 교수가 정치에 몸담고 만 것이다. 이 교수는 내게 굉장히 미안해했지만 어쩔 수 없는 일이었다. 그 무렵 박준규 교수가 해준 말은 내가 통일문제를 연구하게 된 단초가 되었다. 그해 초여름, 나를 연구실로 부르더니 이렇게 말했다.

"내가 자네 가만 보니 통일문제에 관심 있던데, 앞으로 제대로 통일문제를 연구하려면 북한을 알아야 하고, 북한을 알려면 공산주의 공부부터 해야 할 거야."

우리 선생들은 나를 이렇게 자식처럼 챙겨주었다.

사실 이 교수와 나는 함께 읽을 고전도 다 정해놓은 상태였다. 공자가 엮은 《춘추》 해설서 중 《춘추좌전》이 가장 잘 썼는데, 이 교수는 나에게 청나라 때 정리해놓은 《춘추좌전》을 구해놓으라고 했다. 서울대학교 도서관, 국립도서관, 국회도서관 등을 찾아갔지만 책을 찾을 수 없었다. 헤매고 헤매다가 우연히 건국대학교에 갔는데 도서관에 그 책이 있었다. 무작정 도서관에 들어가 책을 빌려달라고 하자 같은 학교도 아닌데 빌려줄 리 만무했다.

고민 끝에 당시 건국대학교에서 중국 문제를 가르친 생면부지의 조일문 정경대 학장을 찾아갔다. 나는 그에게 하소연했다.

"교수님, 처음 뵙습니다만 저도 교수님처럼 중국 문제에 관심이 있어서 공부하려고 합니다. 이용희 교수님이 박사 과정 첫 학기에 강독 교재로 읽으라는 책이 여기에만 있어서 그걸 보고 싶은데, 책을 빌려주지 않습니다. 어떻게 했으면 좋겠습니까?"

그는 나를 힐끔 쳐다보더니 말했다.

"흠, 이용희 교수 제자라고 했나? 그럼 책을 떼어먹을 일은 없겠군."

마침 그가 정경대 학장이 되기 전에 도서관장을 지낸 덕분에 그의 보증으로 책을 빌렸다.

《춘추좌전》을 읽고 중국 정치사상의 뿌리를 캐도록 해주겠다던 선생이 외교안보 특보로 간 뒤에 박준규 교수의 배려로 공산주의 이론 비판 연구기관인 '자유아카데미'에서 공산주의 이론을 공부하게 되었다. 공산주의를 공부하면서 중국 쪽으로 파고들었고, 독학으로 모택동의 국제정치사상을 공부했다. 중국 고대 정치사상 대신 현대 중국 정치사상을 연구한 셈인데, 그것이 나중에 북한 문제 연구에 큰 도움을 주었다. 북한은 초기에 중국을 많이 모방했고 나중에 보니 모택동의 연설을 북한말로 옮겨놓은 것도 많았다. 중국말도 알고 북한말도 아니까 가령 김일성 주석이 자기가 처음 얘기한 듯 강조하는 것도 '어? 이건 모택동 〈십대관계론〉에 나오는 말인데' 하고 딱 알아차렸다.

모택동이 쓴 문건 중에 〈인민 내부의 모순을 정확히 처리하는 문제에 관하여〉가 있는데 북한에도 이와 비슷한 제목을 단 문건이 많다. 중국 대약진운동과 북한 천리마운동의 발전 단계가 비슷한 이유는 이들이 정권 수립 시기, 발전 단계, 조건, 발전 전략이 유사하기 때문이다. 중국 고대 정치사상, 중국 현대사, 공산주의 이론, 모택동 사상과 중국 현대사를 공부한 것은 특히 내가 나중에 통일원에 갔을 때 커다란 도움을 주었다.

1977년 가을, 논문을 쓰고 있는데 이용희 교수가 나를 집으로 불렀다. 1975년에 청와대 외교안보 특보로 간 선생은 1976년 통일원 장관으로 임명되었다. 내가 찾아가자 그는 대뜸 박사 과정 수업이 끝났을 텐데 논문 주제가 무엇이냐고 물었다.

"모택동 쪽으로 쓸 겁니다."

"내가 통일원에 연구직 자리 서른아홉 개를 받았어. 정 군은 교수가 되고 싶어 했으니까 통일원 연구직으로 일하면서 논문을 쓰게. 모택동 관련해서 쓰려면 그 자료를 볼 수 있는 곳이 통일원하고 중앙정보부밖에 없으니 여기 와서 논문 쓰고 좀 기다려. 내가 통일원 장관 임기를 끝내면 각하가 어디든 대학총장 자리를 주지 않겠어? 그때 내가 정 군을 데려갈게. 중앙정보부 근처에 오래 있으면 학교 못 가."

공석 한두 개 내는 것도 어려운 공무원 자리를 서른아홉 개나 만들었다는 것은 대단한 일이다. 워낙 옳고 그름을 논리적으로 설명하는 능력이 뛰어난 이 교수는 설득의 달인이었다. 다독가에다 고사성어부터 영어 격언까지 모르는 게 뭘까 싶을 정도로 박학다식해 얘기를 나누다 보면 내가 주눅이 들 정도였다.

자유아카데미는 중앙정보부 산하 연구소였기 때문에 월급을 5만 원 정도 받았는데, 통일원에 가자 그것이 뚝 잘려나가 2만 7천 원을 받을 터였다. 그러나 통일원 경력을 내세워 학교에 갈 수 있다면 월급이 깎이는 건 문제가 아니었다. 더구나 일하면서 자료를 마음껏 보며 논문을 쓸 수 있다는 것이 내겐 무엇보다 좋았다.

모택동을 연구하려면 공산주의를 다뤄야 하는데 1970년대 중반 한국에서 공산주의를 공부하는 것은 위험한 일이었다. 자칫하면 국가보안법에 걸려 잡혀갈 수도 있었다. 결국 나는 시험을 치르고 통일원에 들어갔는데 1979년 10월 26일 박정희 대통령이 암살되고 최규하 대통령 체제로 바뀌자 이 교수는 사표를 냈다.

"내가 최 군 밑에서 장관을 할 수는 없지."

나를 장차 대학 교수로 데려가겠다면서 통일원으로 건너와 논문을 쓰라던 선생이 또 떠난 것이다.

세상이 바뀌어 전두환 정부가 들어섰고 나는 빨리 학교로 가고 싶었지만 대학에 10년을 출강했어도 결국 교수로 임용되지 못했다. 1982년 나는 〈모택동의 대외관 전개에 관한 연구〉라는 논문을 써서 박사학위를 받았다.

모택동의 국제정치사상과 중국 외교를 공부해 논문까지 쓰고 나자 북한의 외교 문제와 정책을 분석하는 데 한결 눈이 뜨였다. 한 나라의 정책을 분석하고 평가하고 설명하면서 정책과 대책을 세울 때는 비슷한 나라와 비교하는, 비교공산주의 방법을 쓰면 훨씬 편리하다. 그러다 보니 1970~1980년대에 그 설득력 높은 비교공산주의가 상당히 유명했다.

예를 들어 나는 분석 보고서와 대책 보고서를 쓸 때 내가 공부한 공산주의, 중국, 모택동, 카를 마르크스 이론을 바닥에 깔아놓고 김일성 주석의 발언이나 지시 내용을 분석했다. 다시 말해 마르크스 – 소련 공산주의 – 중국 공산주의의 전체적인 틀을 바탕으로 북한을 분석하니 무턱대고 '과거에 북한이 이랬다' 하는 식으로 역사적 사실만으로 분석하는 것보다 훨씬 논리적이었다. 즉 '현재 소련과 중국, 동유럽이 이 방향으로 가고 있으니 북한도 그럴 가능성이 큰데 그 이론적 배경은 이렇다'라고 분석하자 위에서 보고서를 후하게 평가해주었다.

1980년 국토통일원 이범석 장관이 실국별로 업무 보고를 받을 때, 내가 대만과의 한중학술회의를 보고하자 그는 대뜸 "그만두라!"고 했다. 무슨 말씀이냐고 하자 이제 한국이 중공과 수교하려고 하는데 대만과 무슨 학술회의를 하느냐는 것이었다. 그때 내가 조목조목 얘기를 했다.

"장관님, 중국인은 국가 개념보다 민족의식이 강합니다. 우리가 지금 목욕재계하고 꽃단장하고 무릎 꿇고 앉아 기다린다고 중국과 수교가 되지는 않습니다. 제가 잠시 대만 유학을 다녀왔는데 중국인은 옛 친구를 버리지 않는 사람을 새 친구로 존중하지 새 친구를 만들려고 옛 친구를 버리는 사람은 별로 좋아하지 않습니다. 중국과 수교하려고 대만과의 관계를 바로 끊으면 우리가 관계를 소중히 하지 않는다고 생각할 겁니다."

어쩌다 보니 내가 팔짱까지 끼고 얘기한 모양인데 장관은 내가 마땅치 않았는지 더욱 힘주어 그만하라고 했다. 처음에 내게 노발대발한 장관은 보고서를 잘 쓰는 정세현을 내보내면 앞으로 보고서가 신통치 않을 거라는 말을 듣고 나를 자르지 못했다. 당시 나는 부이사관으로 3급 공무원이었는데 장관이 금요일마다 나를 불러 일을 시키면서 자신한테 충성하면 이사관으로 승진시키겠다고 했다. 이사관은 2급으로 그때는 만 40세가 되어야 가능했다.

그는 자신이 대통령에게 보고를 잘해서 출세 좀 하려고 하니 매주 보고서를 써서 일요일에 달라고 했다. 그는 화끈하고 뒤끝이 없는 성격이었다.

그때부터 그가 1982년 대통령비서실장으로 갈 때까지 매주 금, 토, 일마다 직원 몇 명과 함께 밤새워 일을 했다. 한데 전 대통령은 보고서를 읽는 스타일이 아니라서 슬라이드 필름으로 넘어가도록 만들어야 했다. 슬라이드 작업을 마치면 해설을 더빙해야 하는데 처음에는 아나운서를 섭외했으나 내용을 잘 몰라 붙일 말과 뗄 말, 강약 조절에 어려움을 겪는 바람에 내가 직접 나섰다.

그런데 내 목소리로 녹음한 걸 전 대통령이 듣더니 이러더란다.

"이 사람, 간이 안 좋은 것 같네. 왜 이렇게 가다가 자꾸 숨을 헐떡거리나?"

술도 많이 마시고 담배도 하루에 두세 갑 피우던 나는 결국 담배를 끊어야 했다. 여하튼 나는 규정 때문에 이사관까지 가지는 못했으나 덕분에 논문을 무사히 마쳤다. 내가 논문을 쓰려고 고심하는데 마침 장관이 통일원을 떠나기 전에 한 달간 유럽 순방에 나선다는 기사가 신문에 났다. 논문 때문에 주경야독하느라 매일 파김치가 되었던 나는 장관을 찾아갔다.

"장관님, 제가 박사논문을 마무리하는 중인데 실은 작년에 냈다가 한 번 낙제했습니다. 올해는 꼭 통과해야 하는데 장관님이 출장을 가시면 제가 보고서를 쓸 일이 없으니 한 달 동안 출근하지 않고 집에서 논문을 쓰면 안 되겠습니까? 한 달만 매달리면 이 고비를 넘길 것 같습니다. 그다음부터 열심히 하겠습니다."

"그래? 한 달이면 되갔어?"

"예. 됩니다."

그는 곧바로 총무과장을 부르더니 이렇게 말했다.

"야, 미스터 정이 박사논문을 쓴다는데 나 없는 동안 출근하지 않아도 출근한 걸로 만들어놓으라."

총무과장이 안 된다고 하자 곧바로 화끈하게 날렸다.

"야, 장관이 하라면 해!"

그렇게 박사학위를 받고 학교에 가려고 애썼지만 나는 학교에 가지 못했다. 당시 통일원에서 내가 유일하게 박사학위 소지자다 보니 경쟁력이 높아졌다. 초창기 통일원에는 박사학위 소지자가 많았으나 모두 학교로 가버리는 바람에 오히려 내가 고속승진의 기회를 잡았다. 그 결과 통일부 장관까지 하게 된 것이다.

1998년 나는 무려 27년 만에 김대중 대통령을 직접 만났다. 김대중 정부가 출범하기 전 나는 통일연구원 원장으로 있었고 그 전인 김영삼 정부 시절에는 청와대비서관으로 3년 8개월을 근무했다.

사실 김대중 대통령과는 일면식도 없었지만 통일부 차관 발령을 받고 나서 '이렇게 또 만나는구나' 싶었다. 그러나 김대중 대통령을 만났을 때 나는 1971년 4월 18일 당신의 연설을 듣고 통일 문제에 관심을 기울이게 되었다는 말을 차마 하지 못했다. 그 말은 대통령 퇴임 이후 노무현 정부에서 내가 장관 임기를 마친 뒤 김대중 대통령이 돌아가시기 전에 꺼냈다.

"사실 대통령님을 1971년 4월 18일 장충단 공원에서 먼발치로 처음 뵈었습니다. 그때 저는 정치인이 되고 싶어 선동적인 연설기법을 배우러 갔는데 '4대국교차승인론'과 '남북교류협력론'을 듣고 충격을 받았습니다. 우리 교수들보다 더 뛰어나다는 생각을 했죠. 이후로 국제정치학과 통일 문제를 연결시켜 공부하게 되었습니다. 통일원은 특별히 통일의식이 있어서가 아니라 유일하게 박사논문 자료를 볼 수 있는 곳이라서 간 건데 어쩌다 보니 계속 이 길을 걷게 되었습니다. 통일부 차관 자격으로 대통령님을 다시 만났고 장관 자리도 주셔서 이리 오랫동안 뵈었습니다."

김대중 전 대통령은 딱 한마디만 했다.

"그려?"

여기에는 이런 뜻이 담겨 있었던 것 같다.

'그런 과정을 거쳐 자네와 다시 만난 거구나. 이것도 전생에 인연이 있어서겠지.'

지나고 보니 내가 중국 문제로 박사논문을 쓴 까닭에 북한 문제 연구와 분석에 경쟁력이 있었던 듯하다. 중국 문제로 박사논문을 쓰기까지 우여곡절이 있었지만 결국 나는 미국 유학을 가지 않은 덕분에 통일 문제를 연구할 수 있었다. 통일원에 간 것도 애초의 목표는 학교였지만 돌아보니 내 운명이 처음부터 그리 정해져 그토록 오랫동안 거기에 몸담은 모양이다.

통일 문제에 관심을 기울이게 한 김대중 전 대통령의 장충단 연설도 내겐 커다란 계기였다. 더 올라가면 법과대학에 가지 말라던 중학교 때 담임 선생의 영향도 크다.

요즘 나는 여기저기에서 책을 쓰라거나 강연을 해달라는 요청을 많이 받는다. 한반도의 평화 분위기와 함께 내 인생에 제3의 전성기가 찾아온 것은 아닐까. 국내는 물론이고 해외에 사는 국민들이 통일에 관심이 많아졌다는 것을 느낄 수 있다. 누가 내게 언제 가장 큰 보람을 느끼느냐고 묻는다면 통일과 관련해 내 강연을 귀기울여 듣거나 글을 읽는 이들이 생각과 마음을 바꿀 때라고 대답하겠다. 통일 문제는 나의 운명인 것 같다. 이제 이 시대의 화두는 '통일'이다.

멀지만 함께 가야 할 길

황재옥

내 할아버지는 큰아버지와 큰고모만 남겨두고 휴전선 이북의 구舊철원에서 월남했다. 명절에 친척 어른들이 모여 고향인 북한 이야기를 나누며 추억에 잠길 때도 내게 북한은 우리 가족의 일부가 남아 있는 곳 그 이상도 이하도 아니었다.

대학 입학이 가까워질 무렵 나는 국민의 먹고사는 형편을 좌우하는 한 국가의 경제 정책은 국가 지도자의 신념과 철학이 결정하고, 한 개인의 삶의 질은 경제를 넘어 그 나라의 정치가 결정한다고 생각했다. 그래서 경제보다 정치가 더 중요하다고 보고 전공과목으로 정치외교학과를 선택했다. 지금도 강의시간에 선진국의 민주주의 사례를 배우며 만약 우리가 일제강점기와 6.25전쟁을 겪지 않았다면 보다 빨리 민주주의를 경험하지 않았을까 하고 생각했던 기억이 떠오른다.

대학졸업 후 결혼해서 아이 셋이 어느 정도 자라자 다시 배움의 열정이 꿈틀댔고 나는 용기를 내 대학원에 입학원서를 내고 면접을 치렀다. 풋풋한 대학 졸업생들 사이에서 나는 유일한 '아줌마'였다. 나이 많은 학생을 반기는 분위기가 아닌 탓에 어렵게 북한대학원에 들어갔지만 그런 만큼 더 열심히 공부했다.

북한학을 배우면서 어렸을 때 어렴풋이 알고 있던 북한을 보다 깊이 알게 되었다. 북한의 정치, 경제, 군사, 사회문화, 교육, 여성 등 각 분야를 하나씩 알아갈수록 북한 주민도 좀 더 나은 정치·경제 환경에서 잘 먹고 잘살았으면 좋겠다는 생각이 들었다, 언젠가 통일을 이루면 '통일한국'은 지금의 한국보다 더 강하고 잘사는 나라가 될 것이란 기대도 생겼다.

1989년과 2005년 그리고 2012년 나는 두만강과 압록강을 사이에 둔 북·중 접경지역을 답사하며 중국에서 북한 땅을 바라보았다. 북한과 국경을 맞댄 지린성과 랴오닝성, 그 옆의 헤이룽장성을 동북3성이라 하는데, 나는 그곳에서 선조들이 독립을 위해 싸운 현장을 목격했다.

동북3성 가운데 서간도, 북간도 지역은 우리 민족의 삶의 터전이자 독립운동 현장이다. 그곳에 1천여 명의 졸업생을 배출한 명동학교가 있었고, 홍범도 장군이 싸운 봉오동과 김좌진 장군이 일본군을 크게 무찌른 청산리도 있다. 조국과 후손을 위해 죽음을 무릅

쓴 이름 없는 많은 선열의 희생 위에 오늘의 대한민국이 있다는 생각을 하니 더욱 숙연해졌다.

안중근 의사가 이토 히로부미를 저격한 하얼빈 역에는 안중근 의사 기념관이 있다. 전시관 유리창 너머로 안중근 의사가 권총을 발사한 플랫폼이 눈에 들어왔다. 그가 그 플랫폼에서 이토 히로부미를 기다렸을 순간을 생각하니 온몸에 전율이 일었고 발자취를 더듬는 내내 나도 모르게 계속 눈물이 났다.

2003년 내가 본 평양 거리와 건물은 1960~1970년대 서울 모습과 비슷했다. 사람들의 표정은 어두웠고 옷차림은 마치 과거로 돌아간 듯한 모습이었다. 수도 평양이었지만 중심부로 들어가는 길가의 건물은 페인트칠이 벗겨졌거나 간혹 유리창이 깨져 있기도 했다. '바깥세상과 단절된 북한', '기본적 인권조차 누리지 못하는 북한 주민'은 바깥세상에 있는 우리가 익히 들어온 말이다. 그나마 1990년대의 혹독한 기아에서는 벗어났지만 2003년의 평양 거리는 활기와 거리가 멀었다.

기아가 가장 혹독했던 1995~1999년 이후 10여 년이 지난 2005년 내가 다시 북·중 접경지역을 답사할 때, 압록강과 두만강 건너로 보이는 북한의 경제 사정과 식량 상황은 나아 보이지 않았다. 나는 북한의 나진·선봉 자유경제무역지대를 드나들며 북한과 수산물 무역을 하는 일본인 기업가에게 1990년대 중반 북한의 심각한 경제난과 식량난을 상징적으로 드러낸 꽃제비, 장마당 관련 얘기를 들었다.

그는 나진·선봉 거리에서는 더 이상 꽃제비를 볼 수 없는데 외국인이 많이 드나드는 지역이라 북한 당국이 그들을 다른 곳으로 보낸 것 같다고 했다. 북한 주민이 스스로 생존을 책임지기 위해 당국의 눈을 피해 나선 장마당은 2003년 '종합시장'으로 합법화했고 현재 436개에 이른단다.

국제구호개발기구 월드비전 부의장 자격으로 북한에 들어간 앤드루 나초스[Andrew S. Natsios]가 자신이 체험한 북한의 기아 실상을 펴낸 《북한의 기아》(2001년)에는 국제사회를 향한 회의적 시각이 담겨 있다. 그는 국제사회가 북한의 기아에 소극적으로 대응해 적절한 구호시기를 놓치는 바람에 많은 희생자가 나왔고, 정치적·군사적 이유로 남북 간에 기아라는 윤리적 문제를 허심탄회하게 논의한 적이 없다는 사실도 지적했다.

아이오와대학교 아시아태평양연구소 연수 시절 나는 이 책을 번역하면서 북한을 한층 더 깊이 알게 되었다. 2016년 보고서에 따르면 북한 주민의 40퍼센트가 아직도 식량 부족을 겪는다고 하니 열 명 중 네 명은 굶주리는 셈이다.

1990년대 중반 이후 식량난으로 탈북해 남한으로 넘어온 사람들이 북한의 실상을 전하면서 국제사회는 점차 북한의 인권 문제에 관심을 보였다. 이것은 국제적 화두로 부상했고 국제사회는 북한의 인권 실태를 고발하거나 비난했다. 그럴 때마다 북한은 격한 반응을 보였다. 그들은 '북한에는 인권 문제가 없다', '이는 자주권 침해다'라고 항변한다. 이는 북한 '안'에서 인식하는 인권과 서구사회가 인식하는 인권 사이에 거리가 있기 때문일 것이다.

중국도 개혁개방 이후 먹고사는 것을 해결하자 인권을 인식하기 시작했다. 중국의 사례가 보여주듯 북한도 '보편적 인권'이라는 일반적 원리에서 예외는 아닐 터다. 북한은 국제 인권 감시의 사각지대에 있고 스스로 인권 문제가 없다고 주장한다. 정말 그럴까? 나는 《북한인권문제의 원인과 해법》을 저술할 때 이러한 북한의 인권 문제를 어떻게 개선해 나가야 할지를 염두에 두고 접근했다.

목함지뢰 폭발과 대북 확성기 방송 재개로 남북 간 긴장이 고조되던 2015년 8월, 나는 7박8일 일정으로 또다시 북·중 접경지역을 방문했다. 이명박정부의 5.24 조치로 남북 간 교류가 끊긴 상황에 더해 핵실험으로 UN 대북제재를 받고 있던 북한의 모습이 궁금했기 때문이다.

북한을 좀 더 가까이에서 보려고 압록강 하류부터 백두산을 넘어 두만강 하류까지 강을 따라 접경지역을 이동했다. 산 중턱에 있던 김 씨 왕조 우상화 입간판은 거의 눈에 띄지 않았다. 그 자리는 '산림애호'가 대신했다. 그리고 바람이 불면 금방이라도 휙 날아갈 것 같던 회색 기와지붕 대신 붉고 푸른 양철지붕을 얹은 집이 자주 눈에 띄었다. 수풍댐 아래 쓰러질 듯 서 있는 공장 건물 굴뚝에서는 연기가 피어올랐다.

2012년 8월 접경지역을 답사할 때보다 소가 더 자주 눈에 띄었다. 뙈기밭은 여전했으나 작물을 경작하고 있는 듯 빈 땅을 찾아보기 어려웠다. 자전거도 많이 늘었고 북한 주민의 옷차림도 이전보다 나아 보였다. 8월의 뜨거운 햇살 아래 강 건너 마을과 주민은 전에 비해 넉넉해 보였다.

2018년 현재 김정은 체제는 김정일 체제와는 다르다. 2017년 핵무력 완성을 선포한 김정은 위원장은 경제성장 의지를 보이고 있다. 그러나 국제여론과 강대국의 태도는 그리 녹록치 않다. 얼마 전까지만 해도 핵과 미사일을 개발하고 태평양 너머 미국을 향해 ICBM을 쏘아올린 '도발국가'였으니, 그 이미지가 하루아침에 변하기는 쉽지 않을 것이다. 그렇지만 2018년 문재인 대통령과 김정은 위원장은 세 차례의 남북정상회담을 열며 전쟁위협, 핵위협이 사라진 한반도에 평화를 구축하고 있다. 나아가 남북정상 간에 공감대를 형성하고 있다.

미국 보수진영에서는 장차 인권 문제를 북핵 압박 수단으로 써야 한다고 주장하기도 한다. 국내 보수진영도 인권 문제를 북핵과 연결하려 할 것이다. 하지만 인류의 보편적 가치인 인권 문제는 안보 차원의 북핵 문제와는 그 접근 방법이 달라야 한다. 인권 문제를 북핵 문제와 섞거나 북핵 해결 수단으로 삼으면 인권도 북핵도 해결할 수 없다.

북한은 말도 잘 바꾸고 잘 속이기까지 하니 아예 '말도 섞지 말자'고 하면 우리는 평화와 통일을 위해 아무것도 할 수 없다. 아무리 최신 무기를 사들여도 한반도의 전쟁 위기는 사라지지 않는다. 그런 상황에서는 더 나은 미래가 있을 리 없다.

현 상황을 견제하고 비판하는 세력은 대체로 새로운 전환 시대를 더 많이 두려워하는 사람들이다. 지금 한반도와 남북한에 기회가 왔다. 우리가 손 놓고 있으면 한반도가 평화와 번영으로 나아가는 입구로 들어설 기회는 영영 오지 않는다.

분단 세월 73년, 평화와 통일로 가는 길은 그만큼 멀다. 조급하게 굴어서도 안 되고 두려워할 필요도 없다. 단, 역동적으로 움직이지 않으면 아무것도 하지 않는 것이나 마찬가지다.

2018년 9월 평양선언 이후 비무장지대의 지뢰를 제거하고 열한 개의 감시초소GP도 시범적으로 철수하고 있다. 중국 어선이 불법적으로 드나들던 한강 하구도 남북이 평화적으로 이용하기 위해 공동조사를 시작했다. 남북관계 개선과 협력을 위한 노력이 곳곳에서 일어나고 있다.

그동안 나는 막연히 전쟁을 두려워했고 대학원에서 공부할 때도 '통일'은 멀고도 손에 잡히지 않는 일로 여겼다. 그렇지만 북한을 깊이 공부하고 여러 차례 방문하면서 두려움이 사라졌다.

최근 나는 금강산에 다녀왔다. 북한 주민들은 처음 볼 때는 경계하는 눈빛이었지만 이내 우리를 살갑게 대했다. 반갑게 미소를 짓고 남한 사람들의 귀에 거슬리는 얘기를 하지 않으려 말을 아끼는 모습도 보였다. 그들을 접하면서 비록 떨어져 살아온 시간이 길지만 자꾸 만나다 보면 언젠가 그 거리감이 좁혀지리라는 희망을 품었다.

닫는 말 ———— 어머니가 꿈꾸던 세상을 향해

정청래

"막내야, 삼시 세끼는 꼭 챙겨먹어라. 나는 간다."

1989년 10월 미국 농축산물 수입 개방 압력 반대를 위한 미 대사관저 점거농성 사건으로 내가 교도소에 들어갔을 때, 서울구치소로 면회를 온 어머니는 말없이 울기만 하다가 딱 한마디를 남기고 나가셨다. 그리고 사흘 뒤 어머니가 쓰러져 제대로 걷지 못하게 되었다는 소식을 들었다. 그것이 나 때문이라는 생각에 나는 아무것도 할 수 없었다.

일제강점기 때 태어난 내 어머니는 열여섯 살에 결혼한 뒤 나를 포함해 10남매를 낳았다. 남편이 강제징용을 당해 일본 홋카이도로 끌려가고 6.25전쟁 때는 인민군에 끌려가 죽을 고비를 넘기는 동안 어머니는 굳건히 집을 지키며 자식들을 키워냈다. 그 험난한 시절을 겪어내고 이제 잘 사는 일만 남았다고 믿었는데 동네에서 유일하게 대학생이 된 막내아들이 학생운동을 하다가 교도소에 간 것이다.

그런 내 어머니가 겪어온 삶의 여러 장면을 이어붙이니 이 땅의 많은 어머니들이 살아낸 대한민국의 아픈 현대사가 보였다. 그 어머니들은 어떤 세상을 꿈꿨을까? 주권을 빼앗기지 않은 독립국가, 전쟁 없는 평화로운 국가, 보릿고개 없는 풍요로운 국가, 자식이 학생운동을 하다가 잡혀가지 않는 민주국가에서 살기를 소망하지 않았을까? 남북한 통일로 전쟁 공포 없이, 이념 논쟁으로 교도소에 갈 일 없이 함께 잘 사는 나라가 그들이 꿈꾼 대한민국이 아닐까? 분명 그럴 것이라고 본다.

그것은 내 어머니도 마찬가지고 나는 그런 세상을 만드는 것이 어머니에게 효도하는 길이라고 생각했다. 그때부터 내 삶의 목표는 '분단극복, 조국통일'로 정해졌다.

비록 나는 효자는 아니지만 '효도해야지'라는 말을 입에 달고 살았다. 중학교 2학년 때 효행일기상을 받았는데 내 일기의 끝은 '나중에 대학을 나와 출세해서 어머니, 아버지에게 효도해야지' 하는 결심이었다. 그때는 출세가 효도의 길이라고 생각했는데 어쩌다 보니 통일이 효도의 길로 바뀌었다.

세상과 단절된 교도소 안에서 나는 그 목표를 이루려면 어떤 직업을 선택해야 할지 굉장히 고심했다. 아무래도 통일에 영향을 미치려면 정치를 해야 할 것 같았다. 외무고시나 사법고시를 볼 게 아니면 법을 바꾸고 만들 수 있는 국회의원만 한 직업이 없었다.

'좋아, 만 서른여덟 살 때 17대 국회의원이 되어보자.'

목표는 제법 그럴싸했으나 막상 출소하니 당장 먹고사는 것도 쉽지 않았다. 더구나 국회의원에 출마하려면 돈을 모아야 했는데 전과자라 취직은 언감생심이었다. 할 수 없이 나는 학원을 차리기로 했다.

학원을 차리긴 했는데 맨땅에 헤딩한 것이라 처음에는 무척 고전했다. 방을 얻을 돈조차 없어 학원에서 숙식을 해결해야 하는 형편이었다. 한데 세상사가 뒤통수만 치는 것은 아닌 모양인지 매일 학원에서 먹고 자다 보니 오히려 아이들을 집중 관리하기가 좋았다. 여기에다 여러 학교 시험지를 연구해 직접 만든 예상문제지가 몇 년 쌓이자 인근 중고등학교 시험문제를 콕 짚어내는 실력이 늘었다.

이것이 소문이 나 학생이 늘어나면서 나는 더욱더 화력을 집중해 홍보를 했다. 다른 학원들이 보통 12인승 승합차로 학생들을 실어 나를 때 우리는 학원 이름을 크게 써 붙인 45인승을 투입했다.

그러다가 1998년 IMF가 터지자 형편이 어려워 학원을 보낼 수 없다는 학부모의 전화가 매일 걸려왔다. 학원을 계속 운영해야 할까? 이런저런 고민을 하던 나는 먼저 IMF의 실체부터 알아야겠다고 생각했다. 여러 자료를 뒤적이며 한국의 상황을 가만히 살펴보니 제재는 6개월 뒤면 풀릴 것 같았다.

나는 곧바로 역공에 들어갔다. 주변 학원들과 반대로 강사들 월급을 올리고 인원도 더 확충한 것이다. 그렇게 6개월이 흐르자 350명이던 학생이 500명으로 늘어났고 3년 만에 매출이 500퍼센트 이상 올라갔다.

애초부터 내 꿈은 다른 데 있었고 그 꿈을 이루기 위해 시작한 학원이었기에 운영 초점을 '통일'에 두었다. 그래서 강사들과 함께 베트남을 여행하며 왜 전쟁이 무서운지, 왜 평화가 소중한지 함께 배우고 경험하는 시간을 만들었고, 수년 동안 스무 명의 학생을 백두산에 보내기도 했다. 훗날 이 땅을 짊어질 아이들에게 중국을 통해서만 볼 수 있는 우리 땅 백두산을 보여주고 작으나마 통일을 생각하는 씨앗을 심어주고 싶었기 때문이다.

그때 우리는 학원 원장실, 상담실, 강의실, 복도에 백두산 천지 사진을 하나씩 걸어놓았다. 학원의 모토도 '민족을 생각하는 학원, 큰 꿈 작은 실천의 배움터'였다.

나는 여기에서 그치지 않고 통일정책 대학원에 입학해 열심히 공부한 끝에 수석으로 졸업했다. 중3 이후 그토록 열심히 공부한 건 처음이었다.

학원을 운영한 지 10년째인 2004년 나는 만 서른여덟 살로 17대 국회의원에 당선되었다.

2006년 10월 9일 오전 11시, 북한이 1차 핵실험을 했다.

그날 오후 4시 반, 북한이 핵실험을 했으니 대북 포용 정책 수정이 불가피하다는 노무현 대통령의 발표를 들은 지 얼마 지나지 않아 나는 라디오 생방송 토론 프로그램에 출연했다. 북한 핵실험을 두고 내가 처음 여당 입장을 말해야 했다. 사실 나는 국회 문화관광위원회 소속이었으나 원래 나가기로 한 의원이 약속을 어기면서 공교롭게도 내가 걸려들고 말았다.

갑작스러웠지만 대학교 4학년 때부터 통일 문제를 공부했고 국회의원으로서 통일을 바라보는 입장을 말하는 자리니 나가지 못할 것도 없다고 생각했다. 그때 방송에서 이렇게 말했다.

"저도 북한 핵실험에 반대합니다. 하지만 북한의 핵무기는 남한을 침략하기 위한 용도가 아닙니다. 북한이 미국 부시 행정부의 대북 강경책에 대항하는 협상용 카드니 우리는 두려워하지 않아도 됩니다."

라디오 프로그램에 나가 덜컥 그렇게 말을 던져놓고 보니 슬슬 겁이 났다. 아무도 내 편을 들어주지 않으면 어떡하지? 청와대에서 햇볕정책을 바꾸면 어떡하지? 나는 임종인 의원과 밤새 전화를 돌려 국회의원 서른 명을 모았고 그들과 함께 성명서를 발표했다.

'북한이 핵실험을 한 것은 남침용이 아니고 대미 협상용 카드로 이는 부시의 대북 강경책이 불러온 재앙이다. 따라서 햇볕정책을 수정하면 안 된다.'

그때 라디오 프로그램에서 첫 번째로 내 편이 되어준 사람이 고故 노회찬 의원이었다. 이틀 뒤인 10월 11일, 김대중 대통령이 전남대 특강에서 이런 말을 했다.

"북한의 이번 핵실험은 절대로 용납할 수 없는 행위다. 핵실험으로 북미 간의 직접 대화를 이끌어내겠다는 벼랑 끝 전술로는 성공하기 어렵다. 우리가 주장해온 핵무기와 북미 대화를 주고받는 일괄타결을 클린턴 정권은 적극 수용해 거의 성공 단계까지 갔으나, 부시 정권은 이를 외면하다가 오늘의 실패를 불러온 거다.

'악의 축'인 북한과 대화할 수 없다고 하지만 닉슨은 '전쟁 범죄자'로 낙인찍힌 중국의 모택동을 찾아가 대화했고 레이건은 '악마의 제국'이라던 소련과 대화했다. 아이젠하워는 한국전쟁 중에도 북한과 대화해 휴전협정을 맺게 했다. 오늘의 평화는 그 덕이다. 한반도 햇볕정책을 두고 여러 논의가 있다. 지금까지의 결과로 볼 때 햇볕정책은 남북 간에는 성공한 셈이다. 무엇보다 긴장이 완화되었다. 옛날 같았으면 북한이 핵실험을 했을 때 공포 분위기 속에서 피난하는 소동이 일어났을 거다. 그러나 지금 우리나라는 안정되어 있다. 국제 신용기관도 북한 핵실험이 있음에도 불구하고 한반도의 안정에는 변화가 없을 것이라고 발표했다."

그 뒤로 정치권에서 햇볕정책을 바꾸자는 말이 사라졌고 남북관계는 한고비를 넘겼다. 나도 한시름을 놓았다.

문재인 정부가 들어서고 2017년 11월 29일 북한의 화성15형 발사로 한반도에 핵 위기가 최고조일 때도 나는 기회만 있으면 "곧 남북대화가 다시 열리고 반드시 남북관계가 진전될 것"이라고 주장했다. 남북관계에 위기가 닥치면 반드시 대화가 열리는 패턴을 알고 있었기 때문이다.

2018년 세 차례의 남북정상회담과 최초의 북미정상회담이 열리면서 우리는 70년 간 한 번도 가보지 않은 새로운 길을 가고 있다. 무엇보다 남북이 경제·문화·학술 등 다양한 분야에서 교류와 협력을 이뤄가는 것을 보며 평화통일은 남북이 더 성장하는 길, 더 좋아지는 길, 더 잘사는 길, 더 행복해지는 길임을 눈으로 확인하고 있다.

전쟁 공포 없이 자유롭게 왕래하는 평화로운 나라, 반쪽짜리 경제가 하나가 되어 크고 힘차게 움직이는 풍요로운 나라, 증오와 불신을 해소한 행복한 나라. 바로 우리네 어머니들과 내가 꿈꾸던 세상이 열리고 있다.

정세현·정청래와 함께
평양 갑시다

첫판 1쇄 펴낸날 2018년 12월 3일
2쇄 펴낸날 2018년 12월 7일
3쇄 펴낸날 2018년 12월 17일

지은이 정세현·황재옥·정청래
발행인 김혜경
편집인 김수진
책임편집 조한나
편집기획 이은정 김교석 최미혜 김수연 유예림
디자인 박정민 민희라
경영지원국 안정숙
마케팅 문창운 정재연
회계 임옥희 양여진 김주연

펴낸곳 (주)도서출판 푸른숲
출판등록 2003년 12월 17일 제406-2003-000032호
주소 경기도 파주시 회동길 57-9, 우편번호 10881
전화 031)955-1400(마케팅부), 031)955-1410(편집부)
팩스 031)955-1406(마케팅부), 031)955-1424(편집부)
홈페이지 www.prunsoop.co.kr
페이스북 www.facebook.com/prunsoop 인스타그램 @prunsoop

ⓒ정세현·황재옥·정청래, 2018
ISBN 979-11-5675-771-9(03340)

이 도서의 국립중앙도서관 출판시도서목록(CIP)은 e-CIP 홈페이지(http://www.nl.go.kr/ecip)와
국가자료공동목록시스템(http://www.nl.go.kr/kolisnet)에서 이용하실 수 있습니다. (CIP 2018037559)